Wolf Ehrhardt

Ich mache doch, was ich nicht will

Wie wir täglich manipuliert werden
und wie wir uns dagegen wehren können

BusinessVillage

Update your Knowledge!

Wolf Ehrhardt
Ich mache doch, was ich nicht will
Wie wir täglich manipuliert werden
und wie wir uns dagegen wehren können
1. Auflage 2011
© BusinessVillage GmbH, Göttingen

Bestellnummern
ISBN 978-3-86980-139-1 (Druckausgabe)
ISBN 978-3-86980-140-7 (PDF)
ISBN 978-3-86980-152-0 (E-Pub)

Direktbezug www.BusinessVillage.de/bl/864

Bezugs- und Verlagsanschrift
BusinessVillage GmbH
Reinhäuser Landstraße 22
37083 Göttingen
Telefon: +49 (0)5 51 20 99-1 00
Fax: +49 (0)5 51 20 99-1 05
E-Mail: info@businessvillage.de
Web: www.businessvillage.de

Layout und Satz
Sabine Kempke

Illustration auf dem Umschlag
giz, www.fotolia.de

Druck und Bindung
www.booksfactory.de

Inhalt

Über mich (den Autor)

Ich habe die Erfahrung gemacht, dass Leser mehr von einem Autor erfahren wollen, als der Verlag üblicherweise im Klappentext bekannt gibt. Wer schreibt da eigentlich für mich? Ist er groß oder klein? Ist er von sanftem Gemüt oder ein Choleriker? Welche Eigentümlichkeiten oder Marotten hat er? Ist er verheiratet oder geschieden? Reich oder arm? Warum schreibt er überhaupt Bücher?

Ich möchte diese Neugierde etwas befriedigen und ein wenig über mich berichten. 1,85 groß, etwas größer als der Durchschnitt der Männer und in meiner Familie der größte. Schwarze Haare hatte ich einmal – jetzt sind sie grau meliert. 55 Jahre alt. Schlank. Kürzlich habe ich mich darüber geärgert, dass mein Fitnessstudio jetzt Rabatte anbietet für „Senioren über 50". Ich fühle mich nicht so. Im Gegenteil. Je älter ich werde, desto stärker neige ich dazu, „gegen den Stachel zu löken" und die Dummheiten auszuleben, zu denen ich als 20-Jähriger zwar genug Fantasie, aber nicht genug Mut hatte. Meine Prinzipien weichen mit fortschreitendem Alter langsam aber sicher auf. Meine Gesichtszüge nicht. Sie haben die Zeitläufe nicht ignoriert, sondern mit Falten und Narben gleichsam aufgezeichnet. Ich habe immer intensiv gelebt. Oft zu viel getrunken, zu viel gegessen oder gar nichts gegessen. Meine Kopfschmerzen dabei tapfer als Konsequenz ertragen. Nicht als Strafe. Drei Tage durchgearbeitet oder eine Woche in Müßiggang vertrödelt. Über Petitessen kann ich mich kaum mehr aufregen. Entrüstung ist keine Charaktereigenschaft, die mich häufig überfällt. Eigentlich nie. Diese Gelassenheit geht manchen Zeitgenossen bisweilen auf die Nerven. Sie fühlen sich fälschlicherweise herausgefordert.

Ich suche nur. Nicht dogmatisch und überhaupt nicht zielgerichtet. Antworten darauf, wie die Menschen wirklich sind, will ich lieber gar nicht haben. Dazu mag ich sie viel zu sehr. Dass ich manchmal von Dummheit umstellt bin, empfinde ich eher mit Heiterkeit als mit Bitterkeit. Dumm bin ich häufig genug selbst. Meine Autos übersteigen mein Budget. Meine Eitelkeit meinen Verstand. Was Verstand überhaupt ist, interessiert mich übrigens brennend. Ich berate andere Menschen. Versuche Begeisterung dafür zu wecken, was Wissenschaft schon alles über den Menschen herausgefunden hat. Psychologie und Neurowissenschaften, Philosophie und Geschichte faszinieren mich unmittelbar. Ende der Durchsage.

Kontakt:
Internet: www.vertriebslabor.ch
E-Mail: weh@vertriebslabor.ch

1.
Vorwort – Trotzdem sollten Sie es lesen

„Wie viele Psychologen braucht man, um eine Glühbirne einzuschrauben?
Nur einen – die Glühbirne muss aber auch wirklich wollen!"

Jetzt habe ich Sie schon mit dem ersten Satz dieses Buches manipuliert. Bediene ich doch die gängigen Vorurteile gegen die Psychologie perfekt. Ich habe Ihrer Stimmung einen ganz bestimmten „Drall" gegeben – ein klein wenig „Priming" betrieben. Sie also vorgeprägt. Jetzt weiß ich aber nicht, wie ich Sie davon wieder befreien kann. Denn einerseits sollen Sie Spaß dabei haben, dieses Buch zu lesen, andererseits will ich aber die Ernsthaftigkeit des Stoffes nicht verkaspern. Was tun? Am besten erzähle ich Ihnen etwas über das Buch und meine Motive, warum ich es geschrieben habe. Einverstanden?

Es geht um Manipulation. Nicht um irgendein Wortgeklingel – sondern um die täglichen kleinen Manipulationen, denen wir unterliegen – und um den Fehlschluss, wir würden bei sogenannten „großen Entscheidungen" besser nachdenken oder uns mehr Zeit nehmen als bei alltäglichen Entscheidungen. Leider ist dem nicht so. Eigentlich ist es geradezu umgekehrt: Je komplexer eine Entscheidung ist, desto wahrscheinlicher unterliegen wir Manipulationsmustern. Aber das werden Sie ja alles lesen. Dieses Buch richtet sich an Leser, die keine oder nur wenige Vorkenntnisse in der Psychologie oder den Neurowissenschaften haben. Aber auch an Menschen, die Psychologen oftmals mit Skepsis begegnen. Ich habe daher alles weggelassen, was aus meiner Sicht nur in den universitären Bereich gehört.

Mein Text ist nicht unwissenschaftlich – im Gegenteil –, aber ob Professoren mein Buch gut finden, ist mir gar nicht wichtig. Wichtig ist alleine, dass **Sie** eine Brücke zwischen Ihrem Alltagsleben und der Wissenschaft schlagen können. Ich habe daher auch viele psychologische Fachausdrücke durch eigene Ausdrücke ersetzt, nämlich dann, wenn die Psychologie mal wieder (da ist sie ganz groß drin) sehr schwammig formuliert und Synonyme verwendet. Wenn Sie zehn Psychologen nach dem Begriff: „Framing" fragen, bekommen Sie zehn verschiedenen Antworten. (Wenn die Physik so unpräzise formulieren würde, kauerten wir alle noch um ein Höhlenfeuer herum und nagten an einem Rentierunterschenkel.)

Welterklärungsformeln für Leichtgläubige

Das Ziel meines Buchs: Ganz konkrete Hilfestellungen zu geben, wie Sie in Zukunft den diversen Manipulationsversuchen entgehen können. Ich habe demgemäß darauf verzichtet, die teilweise sehr komplexen Versuchsaufbauten und Experimente im Detail zu beschreiben, auf die ich mich stütze. Entscheidend sind aus meiner Sicht nur die Auswirkungen dieser Forschungsergebnisse und natürlich deren Anwendungsmöglichkeiten, um das Thema Manipulation zu erhellen.

Psychologie besteht zu 50 Prozent aus Statistik. Auch damit will ich Sie nicht quälen. (Nur ein bisschen …) Sie können sich aber darauf verlassen, dass ich nur über die psychologischen Theorien berichten werde, die mit wirklich **großen Kontrollgruppen** durchgeführt wurden und die mit einer statistischen Wahrscheinlichkeit von mindestens 70 Prozent zutreffen beziehungsweise mittlerweile als weltweit anerkannte Theorie gelten dürfen. 70 Prozent heißt aber auch: bei 30 Prozent der Probanden ist das geschilderte Phänomen eben **nicht** zu beobachten gewesen. Absolute Wahrheiten oder die Welterklärungsformel? Wer hat die schon? Ich schlage daher vor, mit Neugierde und auch etwas Demut an den Stoff heranzugehen. Ich selbst bin beim Verfassen dieses Buches jedenfalls immer demütiger geworden. Sehr häufig habe ich mich ertappt gefühlt, weil mir plötzlich eigene Verhaltensweisen und Reaktionen in den Sinn kamen, bei denen ich mir eingestehen musste (im stillen Kämmerlein) – dass ich wohl **doch** nicht so ein rational entscheidender Zeitgenosse bin wie ich immer dachte. Das wird Ihnen auch passieren. Trotzdem empfehle ich Ihnen wärmstens dieses Buch keinesfalls mit Abstand zu lesen. Nach dem Motto: „Das trifft ja alles auf **mich** nicht zu. Ich gehöre eben zu den restlichen 30 Prozent." Das kann durchaus sein.

Mit Händen und Füßen habe ich mich auch dagegen gesträubt, ein Ratgeberbuch zu schreiben. Zusammenfassungen, Merk-Boxen – Bildchen oder Texteinschübe werden Sie daher nicht finden. (Nur an einer Stelle!) Ich mag sie selbst nicht. Ständig wird das Lesevergnügen gestört durch Hervorhebungen des Autors. So, als wenn er damit rechnet, Sie als Leser würden es nur kapieren, wenn es möglichst simplifiziert daherkommt. „Die 10 Goldenen Regeln gegen Manipulation". Wenn es die gäbe, dann hätten Sie nicht 24,80 Euro für dieses Buch ausgeben müssen.

Weiterhin: damit ich es Ihnen etwas leichter mache, die vielen psychologischen Merkwürdigkeiten zu verdauen, störe ich auch Ihren Lesefluss nicht damit, dass ich endlose Fußnoten oder Literaturverweise einstreue, nur um zu demonstrieren, was für ein „belesener Experte" ich bin. Und: „Bundestagsdeutsch" versuche ich zu vermeiden. Lieber Leser, liebe Leserin. Draußen im Lande. (Wo denn sonst? Auf dem Mond vielleicht?) Das nervt. Frauen und Männer dürfen sich also gleichermaßen angesprochen fühlen, wenngleich ich meistens im Maskulin formuliere. Bin ja auch ein Kerl. Lassen Sie sich auch bitte nicht von meinem gelegentlich eingestreuten schrägen Humor verwirren.

Stinklangweilig

Alles, was staatstragend belehrend und mit großer Ernsthaftigkeit vorgetragen wird, ist meistens stinklangweilig. Wenn Sie kein Vergnügen dabei haben zu lesen und weiterzulesen oder keinen Drang verspüren dieses Buch später noch einmal zur Hand zu nehmen, dann wird es in Ihren Bücherregalen verschimmeln. Das wäre schade. Aber eins verspreche ich Ihnen jetzt schon: Sie werden an einigen Stellen höchst erstaunt sein. Erstaunt darüber, wie wenig wir rein rational entscheiden und wie häufig wir völlig irrationale Verhaltensweisen an den Tag legen. Obwohl wir uns zumessen „im Prinzip" oder „im Großen und Ganzen" vernünftig zu entscheiden.

Aber warum bemerken wir unser irrationales Verhalten nicht sofort? Dafür gibt es klare Gründe. Sie finden Sie in diesem Buch.

Die in diesem Buch so häufig herangezogene Verhaltensökonomie hat übrigens große Schnittmengen mit der Ökonomie und den Neurowissenschaften. Sie ist im Moment der mit Abstand spannendste Bereich dieser Disziplin. Sie hat ganz gut aufgeräumt mit dem Modell des homo oeconomicus. Dem „Standardtyp" aus der Volkswirtschaft, der aus seinen Fehlern lernt und immer rational entscheidet. Wenn ich mich in meiner Welt so umschaue (ich hab ja nur die eine) – dann kommen mir größte Zweifel an der Lernfähigkeit unserer Spezies. Die Modelle der Verhaltensökonomie sind mir erheblich plausibler. Sie sind gleichzeitig auch menschlicher. Aber „Funke oppjepasst": Menschen sind leicht zu verführen. Oftmals zu ihrem Schaden. Hier kommt eine kleine und bescheidene Anleitung, wie Sie auf viele Manipulationen – ob absichtlich oder unabsichtlich gegen Sie gerichtet – in Zukunft nicht mehr hereinfallen. Viel Spaß!

Wolf Ehrhardt, August 2011

Danksagung

Für D.H. (E.) – die mich gerettet hat.

2.
Einleitung: Was ist bewusst? Was ist rational?

● ● ● ● ● ● ● ● ● ● ● ● ● ● ● ● ● ● ● ●

Hier nur ein kleiner Vorgeschmack und eine wichtige Begriffserklärung, die Sie dringend verstehen müssen, bevor Sie sich über den weiteren Stoff hermachen.

Drei Pfund Eiweiß zwischen Ihren Ohren

Da ist zum einen das sogenannte „Unbewusste". Die meisten Menschen können mit dem Begriff des „Unbewussten" oder „Unterbewusstsein" spontan etwas anfangen. Manchmal wird dabei aber glatt übersehen, dass Informationen aus dem Unbewussten nicht mehr unbewusst sind, sobald sie unser Aktualbewusstsein erreicht haben. Wir können diese **Quelle** von unbewussten Informationen dann nicht mehr erkennen. Wir können nur erkennen, welche Informationen über unsere Sinnesorgane **von außen** auf uns einwirken. Und auch das noch nicht einmal mit absoluter Genauigkeit. Was uns **von innen** dazugespielt wird, identifizieren wir in dem Augenblick, wo es hochpoppt, nicht mehr als unbewusst.

Zum anderen neigen wir sehr stark dazu, uns die wesentlichen Begründungen einer Entscheidung erst **im Nachhinein** zu suchen. Wir rationalisieren **rückwirkend** Entscheidungen, die wir in Wirklichkeit auf der Grundlage einer Mixtur von vollständig unbewussten Emotionen und bewusst erkannten Tatsachen getroffen haben. So sind wir programmiert. Und das ist sehr gut so. Anders könnten wir die Kakofonie der sekündlich auf uns einprasselnden Informationen gar nicht verarbeiten. Dabei wären sogar die 100 Milliarden Neuronen überfordert, die sich als Mega-Computer in den drei Pfund Eiweiß zwischen Ihren Ohren befinden.

Wir entscheiden nach Mustern. Die Verhaltensökonomie hat genau diese Muster erforscht. Ein wenig erschreckend ist dabei, dass diese Muster ganz gut vorhersagbar sind. Nicht alle. Aber doch eine so große Anzahl, dass sie beschreibbar sind. Alles, was ich beschreiben kann und was sich mit ziemlicher Genauigkeit wiederholt, ist aber leider auch die Steilvorlage für

Manipulationen. Manipulationen sind allerdings nicht per se schlecht. Sie sind nur dann schlecht, wenn man uns veranlasst etwas zu tun, was wir eigentlich nicht tun wollten **und was uns Schaden zufügt**.

Ein Tag und eine Nacht mit dem Bewusstsein

Ich wälze mich unruhig hin und her. Bin auf dem Sofa eingeschlafen. Ganz tief. Jetzt wache ich langsam auf. Sehr langsam. Manchmal kommt es mir vor, als wenn ich mich im Schlaf verpuppe und mich erst mühsam aus einem Kokon befreien muss. Es ist vielleicht 15:00 Uhr? Weiß nicht so recht. Sonntagnachmittag. Meine Frau läuft im Haus herum. Ich höre ihre Schuhe auf dem Parkett. Tack, Tack, Tack. Ich rolle mich in Embryo-Haltung und mache die Augen wieder zu. Vielleicht bringe ich sie damit zum Verschwinden? ICH WILL NICHT SPAZIERENGEHEN! Ich will hier weiter vor mich hindösen. Ich will jetzt lieber in der Finsternis meiner Träume leben als meine Gedanken im Licht dieses Nachmittages sterben lassen. „Schatz – die Sonne scheint! Der Hund muss auch Gassiiiiiii!"

Ich werde gerade manipuliert. Im Halbschlaf. Wieder einmal. Mit Appellen. Man GEHT SONNTAGS EBEN SPAZIEREN! Das nervt. Wirklich, das nervt. Ich stehe trotzdem auf. Etwas wackelig. Der Fernseher läuft noch. Nachrichten: Die US Regierung gibt bekannt: „Wir haben einen Schuldenberg von 14.000 Milliarden Dollar aufgebaut." Timothy Geithner (derzeitiger US-Finanzminister) wendet sich heute an den US-Kongress mit dem flammenden Appell, die Schuldenobergrenze zu lockern, weil den USA sonst innerhalb von drei Monaten die Zahlungsunfähigkeit droht. Und Portugal ist gar nicht pleite. Wir sind nämlich „auf einem guten Weg" – sagt Angie. Westerwelle sagt gar nichts mehr. Er schreit aber wieder. Das hilft mir dabei aufzuwachen.

Haben Sie sich schon eine Schrotflinte gekauft, um Ihre Lebensmittelvorräte am Gartenzaun zu verteidigen? Ich bin wohl zurück in der sogenannten Realität. Mein Verstand fängt gemächlich an zu arbeiten. Ich komme langsam wieder zu Bewusstsein.

Bewusstsein ist eine seltsame Selbstverständlichkeit. Es ist ausgestattet mit einem Besitzer, der gleichzeitig Protagonist für seine Existenz ist. Es trägt ein selbst erschaffenes Bild der Welt in sich und ist ein Akteur – jederzeit bereit Überlegungen und Handlungen anzustoßen. Das Bewusstsein ist der Sitz des Verstandes. Der Gefühle. Der Erinnerungen. Kann man ihm trauen?

„Es" denkt jetzt über die Geräusche nach, die ich vernehme. Heute Nachmittag noch etwas langsam. Geräusche, die Informationen enthalten. Spreche ich zu mir selbst? „Nun ja – ich habe die beiden gewählt. Schließlich bin ich ein mündiger Bürger. Und selbstverständlich habe ich gut nachgedacht. Vor dem Einwurf meines Stimmzettels. Und das mit der Schuldenkrise hat mir auch nur einen (recht angenehmen) Gruseleffekt in den ansonsten eher langweiligen Abendnachrichten gebracht. "

Bin ich noch bei Verstand?

Als ich mir dieses Buchprojekt „Strategien gegen Manipulation" vornahm, dachte ich noch ich wäre bei Verstand. Jetzt bin ich mir nicht mehr so sicher. Natürlich – dass wir alle ein wenig manipuliert werden – das hätte ich sofort unterschrieben. Ein wenig eben. Letztlich entscheidet aber wohl mein Verstand. Mindestens bei den wichtigen Dingen des Lebens. Jetzt ist dieses Buch fertig – und es liegt vor Ihnen. Ich für meinen Teil bin immer noch sehr erschrocken. Erschrocken über die große Anzahl von Manipulationsmustern. Die bewussten – und auch die unbewussten. Über die Manipulationen, die andere auf mich wirken lassen, die Manipulationen, die mir selbst gönne, und die Manipulationen, die durch Ereignisse herbeigeführt werden. Da sollte man mich doch gefälligst auch mal schlafen lassen. Meinen Sie nicht auch? Wer schläft, sündigt bekanntlich nicht. Es ist so schön, „wegzuticken" – und die Welt um sich herum einfach simpler oder schöner erscheinen zu lassen als sie eigentlich ist. Wegducken.

Manipulation ist die eigentliche Realität

Die in diesem Buch geschilderten Verhaltensmuster von Menschen trösten mich etwas. Der Mensch, ob er manipuliert oder manipuliert wird, ist wohl doch nicht so bösartig, wie er sich manchmal geriert. Sein größtes Problem scheint zu sein, dass er sich für ein rational handelndes Wesen hält und diese Fata Morgana heftigst verteidigt. Das ist eigenartig. Wenn ich mich in dieser Welt umsehe, kann ich kaum erkennen, wo wir uns „rational" verhalten. Was ich erkennen kann, sind jedoch Verhaltensmuster der Irrationalität, die immer wiederkehren und somit vorhersagbar sind. Das tröstet mich. Solange ich nicht vollständig von Unwissenheit umstellt bin und es atemlos aufgeben muss zu erklären. Stammtische sind mir daher ein wahrer Graus: Menschen, die ihre Lebensweisheiten zur heiligen Monstranz erheben und sie lautstark aufdrängen. Nehme ich die sogenannten Realitäten um mich herum vielleicht nur noch durch die Brille eines eingebildeten Philosophen wahr? Durchaus nicht. Das, was ich sehe, ist auch da. Es entsteht nicht etwas erst in dem Augenblick, in dem ich meinen Blick darauf richte. Richten wir unseren Blick also wieder auf das Thema dieses Buches. Manipulation. Sie ist nämlich da. Manipulation ist die eigentliche Realität.

6,5 Millionen Menschen in Deutschland kommen mit ihrem Einkommen nicht mehr aus. Sind ergo hoch verschuldet. 228 Milliarden Schulden haben private Haushalte auf der Uhr. 6,7 Millionen Menschen bezogen in 2010 Hartz IV. Wir konsumieren trotzdem weiter. Warum? Weil wir uns so verhalten, wie es schon Vance Packard 1957 formuliert hat: „Werbung ist die Kunst, auf den Kopf zu zielen und die Brieftasche zu treffen." Sind wir wenigstens mündige Verbraucher? – Die Fakten sprechen im Moment dagegen.

Werden wir etwa wirklich manipuliert?

Gibt es Führer, die über eine Art von Geheimwissen verfügen? Dieses aber nicht bekannt geben wollen, weil sie eine Massenpanik befürchten? Das wäre eine Erklärung. Stimmte sie nicht, müsste man annehmen, wir würden langsam aber sicher verdummen. Über 4 Milliarden Seitenaufrufe pro Jahr bei Google. Das sind etwa 120 pro User. In Deutschland. Ganz nebenbei kaufen wir noch 400 Millionen Bücher pro Jahr. Elf pro Bundesbürger. 18 Millionen Tageszeitungen werden täglich verkauft. Etwa vier Stunden täglich verbringt der Deutsche nebenbei noch vor der Glotze. (Wann schlafen wir eigentlich?)

Machen wir einen Sprung in die große weite Welt: Facebook. Facebook übertitelt seine Seite gerne mit: *„Facebook ermöglicht es dir, mit den Menschen in deinem Leben in Verbindung zu treten und Inhalte mit diesen zu teilen."* 750 Millionen Menschen weltweit nutzen Facebook. (Laut Herrn Zuckerberg, dem Gründer von Facebook …). Weitere Statistiken über die Anzahl von versendeten SMS, E-Mails oder die Nutzung von „Twitter" etc. würden hier nur langweilen. Es kann also **nicht** daran liegen, dass wir über **zu wenig** Informationen verfügen. Als mündige Bürger oder mündige Verbraucher. Aber warum ändert sich nichts? Warum nehmen wir Katastrophen hin? Warum fragen wir nicht weiter nach? Davon werden Sie in diesem Buch noch viel hören.

Zunächst einmal: Sie müssen schon ein Heiliger sein, wenn Sie sich nicht ehrlich zugestehen, dass sich trotz Ihres enormen Medienkonsums weder Ihre Weltkenntnis verbessert hat noch Ihre Fähigkeit, aus historischen Ereignissen irgendwelche Schlüsse zu ziehen. Schlüsse, die Ihnen eine auch nur annähernd bessere Prognosefähigkeit für zukünftige Ereignisse gibt. Sie glauben allerdings, dass die *nächsten* Meldungen Ihnen die wirklich tiefen Erkenntnisse bringen. So, wie Sie sich ständig vornehmen mit dem Rauchen aufzuhören oder eine neue Diät wirklich durchzuhalten, weniger Alkohol zu trinken oder ins Fitness-Studio zu gehen. Nächste Woche. Garantiert.

Fassen wir zusammen:

1. Dass die Menschen langsam verdummen, ist unwahrscheinlich.
2. Dass wir über zu wenig Informationen verfügen, stimmt definitiv auch nicht.
3. Die Hersteller von Schrotflinten verzeichnen auch keinen Umsatzsprung.

Jetzt zu Ihnen persönlich: Vielleicht gehören Sie nicht zu den bedauernswerten Opfern der Schuldenkrise. Ich wünsche es Ihnen von Herzen. Ihr Arbeitsplatz ist gleichfalls nicht gefährdet. Sie engagieren sich natürlich in politischen Foren und Debattierklubs, um halbwegs informierte Wahlentscheidungen zu treffen. Ihre Ehe ist nicht in der Krise und Ihre Kindererziehung läuft prima. Mit Ihren Nachbarn verstehen Sie sich perfekt. Ihr Freundeskreis ist groß und interessant. Sie konsumieren selbstredend auch nur im Rahmen Ihres monatlichen Budgets. Frustkäufe unterlaufen Ihnen nicht. Und – ganz klar – Sie fahren ein vernünftiges Auto. Keinen X6 oder Porsche Cayenne. Sie liebäugeln noch nicht einmal damit. Ihr Bausparvertrag ist bald zuteilungsreif und die Hypotheken des Häuschens zahlen Sie aus der Portokasse. Wenn das alles so ist – dann beglückwünsche ich Sie herzlich. Sie schlafen vermutlich auch besser als ich und sind nicht auf sonntagnachmittägliche „Powernaps" angewiesen. Das meine ich gänzlich ohne Ironie, wenngleich Sie vielleicht ein ganz klein wenig Ironie aus den Zeilen herausgelesen haben mögen.

Sollte Sie allerdings das Gefühl beschleichen, die Wirklichkeit um Sie herum entwickelt sich langsam zur Kakofonie einer Pekingoper, die Sie aber leider nur durch das Guckloch einer Peepshow betrachten können – dann sind Sie hier richtig. Alle Probleme wegzuschlafen ist keine wirklich gute Strategie.

Ganz kann alles ja an Ihnen nicht vorbeigegangen sein. Es sei denn, Sie gehören zu den 13 Prozent Mitarbeitern, die laut einer Studie des renommierten Gallup-Institutes vom Februar 2011 noch eine starke emotionale

Bindung an ihren Arbeitsplatz und ihren Arbeitgeber haben. Diese Studie besagt weiterhin, dass jeder fünfte Arbeitnehmer bereits innerlich gekündigt hat. Über 60 Prozent haben eine nur noch geringe emotionale Bindung an ihre tägliche Arbeit. Trotz der Tatsache, dass sie eigentlich froh sein sollten, überhaupt noch eine vernünftige Arbeit zu haben.

Downsizing, Mergers & Acquisitions, Outsourcing, Lean Management, Zeitarbeitsverträge, Aufweichung des Kündigungsschutzes, Massenentlassungen, um 1 Prozent mehr Profit zu machen, Lohndumping, Billigjobs, Rentenlüge, Politikverdrossenheit, Bildungsnotstand – und so weiter? Verstehen Sie mich nicht falsch. Ich möchte keinesfalls, dass Sie dieses Buch jetzt verdrossen zuschlagen, nur weil ich Ihnen viele verdrängte Fakten wieder ins Gedächtnis rufe.

Das Sein bestimmt das Bewusstsein

Ich möchte Sie an dieser Stelle auf eine sehr merkwürdige Funktion unseres Gedächtnisses aufmerksam machen. Diese Funktion ist der Tatsache geschuldet, dass wir immer noch eine Spezies sind, deren Gehirne auf unmittelbare und schnelle Aktionen aus der momentan erlebten Umwelt reagieren. Großartig überlegen tun wir selten. Obwohl wir uns das immer zuschreiben. (Und das ist gut so. Schließlich wollen wir nicht den ganzen Tag mit Suizidabsichten herumlaufen.) Unser Gedächtnis funktioniert induktiv. Es fällt uns nämlich sehr viel leichter, aus Fakten eine plausible Geschichte zu machen, wenn wir den Eindruck haben, diese Fakten würden irgendwie zusammenhängen und eine konsistente Abfolge von Ursache und Wirkung ergeben.

Geschichten memorieren wir besser. Das trifft auf gute Geschichten zu – und auf schlechte gleichermaßen. *Das Sein bestimmt das Bewusstsein* – ist von Karl Marx und eigentlich in einem anderen Zusammenhang gemeint, aber besser kann man es kaum umschreiben. Wir neigen dazu, die

Wirklichkeit rückwirkend erklärbar zu machen, indem wir Versatzstücke aus unserem Gedächtnis unbewusst so zusammenstellen, dass sie einen Sinn ergeben. Einen Sinn, der das Jetzt und Hier erklärbar macht und der uns Trost für die Zukunft gibt. Nein – es ist doch alles nicht so schlecht. Ich kann es mir mindestens erklären. Nichts ist schlimmer als Verwirrung. Verwirrung führt zu Unsicherheit und zu Stress. Unsere Reaktionen sind dann gleichfalls panikartig – der Teufelskreis ist in Gang gesetzt. Ob diese Funktion des Gedächtnisses quasi „eingebaut" ist – oder tatsächlich noch aus unserer Vorzeit stammt, wie oben behauptet – dass wird kein Wissenschaftler jemals erkunden können. Aber sie ist überwiegend ein sehr guter Mechanismus, der uns dabei hilft, die Kakofonie zu verarbeiten. Wir würden sonst verrückt.

Nackte Tatsachen – bunte Welt

Wenn ich Sie also im Folgenden auf manchmal sehr merkwürdige Wahrnehmungsfallen aufmerksam mache, dann tue ich das keinesfalls, um Ihnen die Welterklärungsformel zu liefern. Das Erkennen von nackten Tatsachen (sogenannten Wirklichkeiten) ist meistens gar nicht gut. Das Leben ist bunt, schön und überraschend vielfältig. Wie schrecklich wäre es, wenn Sie in Zukunft alles so erkennen würden, wie es wirklich ist? Wenn Sie andere Menschen mit hundertprozentiger Exaktheit einschätzen könnten? Ihr Verhalten und ihre Handlungsmuster? Ihre Aktionen und Reaktionen? Und Sie alleine wären dafür der Maßstab? Na viel Spaß. Sie würden sich vermutlich bald wie Diogenes in eine Tonne zurückziehen oder ihren Valiumkonsum stetig steigern. Oder beides. Es ist schön, sich manchmal zu irren – und dann darüber zu lachen. Es ist schön, mal einen Frustkauf zu tätigen, sich aber trotzdem über das zehnte Paar Schuhe zu freuen. Es ist schön zu sehen, dass wir alle, Sie und ich – unvollkommene Wesen sind. Es ist tröstend, Hoffnungen zu haben – wenngleich sie auch manchmal nur Luftschlösser sind. Träumen Sie! Trösten Sie sich mit Fantasien. Dafür sind Träume da. DAS macht das Leben eigentlich aus.

Aber hier und da gibt es Entscheidungen, bei denen Sie aus Ihren Träumen erwachen müssen. Das sind nicht schrecklich viele, aber sie können Ihr Leben ganz schön vermiesen, werden sie falsch getroffen. Schrecklich ist es nur, wenn Sie Entscheidungen unter dem Einfluss eines Manipulators treffen. Eines Einflüsterers. Soll ich meinen Arbeitsplatz wechseln, weil mein Chef mich so oft ignoriert? Soll ich meine Ehe beenden, weil mein Ehepartner wenig Verständnis für meine Gedankengänge hat? Oder meinetwegen: Soll ich mir eine Eigentumswohnung kaufen oder weiter zur Miete wohnen? Wenige Entscheidungen haben lebenslange Folgen. Und jeder muss für sich selbst definieren, was für ihn ertragbar ist und was nicht mehr. Bei **diesen** Entscheidungen sollten Sie sich freimachen von Manipulationen, die andere auf Sie ausüben wollen. Ihr Leben zwischen diesen wenigen Entscheidungen darf ruhig weiter „irrational" sein. Das macht nichts. Ein wenig „Bluna" sind wir sowieso.

Ich liefere Ihnen mit diesem Buch eine Strategie. Für die wirklich wichtigen Entscheidungen. Eine Strategie, um sich aus der Kakofonie der täglichen Manipulation zu befreien, immer dann, wenn es ernst wird.

„Hören Sie auf gelebt zu werden. Fangen Sie an zu leben". Schöner Spruch, oder? Bücher über das „Glücklichsein" führen die Bestseller-Listen an. Hat man sie gelesen, wird man an den Ausspruch von Lichtenstein erinnert: *„Ein Buch ist wie ein Spiegel, wenn ein Affe hineinschaut, kann kein Apostel hinausschauen."* Sie sind gehaltvoll geschrieben – ich zumindest kann mit ihnen wenig anfangen. Nur dass ich mir manchmal wie ein Affe vorkomme, der es nicht schafft, die vielen Gesetzestexte zum Glücklichsein auch tatsächlich anzuwenden.

Hängen wir die ganze Melange doch etwas tiefer. Holen wir sie heraus aus den wabernden Rezepten des Glücks, das immer nur andere haben und auch recht erfolgreich in Rezepte verpackt verkaufen. Sie bedienen mit dem Anspruch der Absolutheit nur den großen Markt der Sinnsucher und Falschversteher. Nette Anekdoten, die jeder schon mal so oder ähnlich erlebt hat – die aber nicht dazu führen, dass ich mein Leben an einigen entscheidenden Stellen mit einem umsetzbaren Instrumentarium positiv verändern kann. Umsetzbar. Ja – Sie haben ganz richtig gelesen. Auch wenn ich mir den Vorwurf gefallen lassen muss, hier ein Rezeptbuch abzuliefern. Ist mir egal. Wenn ich im Beliebigen schwebe, dann erzeugt das vielleicht ein angenehm einlullendes Gefühl. Aber ganz konkret? Was können Sie daraus lernen? Und können Sie es überhaupt anwenden?

Forschungsgebiet Manipulation?

Zu meinem Leidwesen gibt es (noch) kein explizites Forschungsgebiet Manipulation. Das liegt daran, dass sich Manipulation aus verschiedenen Blickwinkeln betrachten lässt, aber vielleicht auch daran, dass ein Professor für Manipulation nicht in die akademische Vorstellungswelt passt. In den Vorarbeiten zu diesem Buch bin ich aber in der noch recht jungen Disziplin der Verhaltensökonomie und Bereichen der Psychologie und der Neurowissenschaften fündig geworden.

Wir arbeiten daher jetzt gemeinsam die gut erforschten Fakten der Verhaltensökonomie durch. Dieser (relativ) neue Zweig der Wirtschaftswissenschaften legt seit Jahren sauber durchgeführte Studien vor, die immer wieder aufzeigen, wie leicht wir uns manipulieren lassen. Wie wenig rational wir handeln. Die Verhaltensmuster wiederholen sich. Bei kleinen Entscheidungen und leider auch bei ganz großen. Es ist durchaus **nicht** so, dass wir bei komplexen Entscheidungen plötzlich andere und deutlichere Muster erkennen, – länger nachdenken oder ganz plötzlich Zugriff hätten auf den ungeheuren Datenspeicher unseres Gehirns: das Unbewusste. Leider nicht. Im Kleinen wie im Großen sind wir fast immer behindert. Limitiert durch die Arbeitsweise unseres Gehirns. Eingeschlossen in den Tiefen unseres Bewusstseins.

Lernen Sie mindestens, wie man sich gegen Manipulation wehrt

Dabei geht es meistens nicht alleine um die „großen Manipulatoren" aus den Medien oder der Politik. Wir werden häufig auch im täglichen Nitti-Gritti manipuliert. Und wir manipulieren uns auch vielfach selbst, beziehungsweise lassen uns gerne manipulieren, wenn es um Frustbekämpfung geht, – zum Beispiel durch „Kauferlebnisse". Am Arbeitsplatz, im Freundeskreis – ja sogar im inneren Kreis der Familie: Überall können wir Opfer von Manipulation werden. Das muss nicht immer zu negativen Resultaten führen. Manchmal müssen wir erst durch geschickte Manipulation vor Entscheidungen bewahrt werden, die uns in eine Sackgasse führen. (Später – zu spät – erkennen wir dann, dass man die Zahnpasta nicht mehr in die Tube zurückbekommt.)

Wir tun etwas, was wir eigentlich nicht tun wollten

Wäre es nicht sehr praktisch, wenn wir mindestens hier und da **Manipulation erkennen** könnten? Denn eines ist wohl klar: Manipulation entfaltet nur dann ihre Wirkung, wenn sie als solche nicht erkannt wird.

Zugegeben: Psychologie ist ein glitschiger Boden. Und die Verhaltensökonomie ist auch ein Teilbereich der Psychologie. Zu oft haben die Apologeten dieser Lehre dabei die Haftung verloren. Man traut ihnen nicht mehr ganz über den Weg. Aber es gibt Hoffnung. Seit etwa zehn Jahren macht die Neurowissenschaft ganz atemberaubende Fortschritte. In vielen Bereichen hat sie sich dabei mit der Psychologie und den Wirtschaftswissenschaften zusammengetan. Daraus ist die Verhaltensökonomie gewachsen. (engl. behavioural economics). Neurowissenschaft ist eine sogenannte „harte Wissenschaft". Sie stützt sich auf beweisbare und wiederholbare Forschungsergebnisse. Damit vermeidet sie die Minenfelder der Statistik, in die uns die Psychologie und die Wirtschaftswissenschaften schon so oft geführt haben.

Diese Zusammenarbeit und Koordination von Psychologie und Wirtschaftswissenschaft führt uns jetzt an einen Punkt, von dem aus wir die Welt ein wenig besser vermessen können. Mit besseren Landkarten finden Sie Ihre Ziele leichter. Das ist schon eine ganze Menge. Mehr will ich gar nicht versprechen. Nur bessere Landkarten. Dazu: Eine kleine Anleitung, wie man diese Landkarten, mögen sie auch noch so gut sein, nicht aus Versehen mit dem Terrain verwechselt.

Wir können heute sehr gut beweisen, warum der Mensch sich häufig völlig irrational verhält. Und alles, was wir beweisen können, können wir vorhersagen. Alles was wir vorhersagen können, ist zu kalkulieren. Weiter noch: Alles was wir vorhersagen können, hilft uns dagegen, manipuliert zu werden.

Irrationales Verhalten ist tatsächlich ziemlich gut vorhersagbar. Die Muster, nach denen wir Entscheidungen treffen, sind faktisch in Kategorien einzuordnen. Lassen Sie sich nicht einreden, der Mensch wäre ein zu komplexes Wesen, um ihn in ein Regelwerk einordnen zu können. Das behaupten nur die Leute, die schon gelernt haben, wie man manipuliert. Es aber natürlich nicht verraten wollen. In diesem Regelwerk gibt es hier und da fließende Übergänge. Aber nicht viele. Man kann sie getrost ignorieren.

Satzergänzungstest: Was ist rational? Was ist irrational?

Jetzt machen wir einen Satzergänzungstest. (Den werte ich dann aus und sage Ihnen anschließend, ob Sie noch alle Tassen im Schrank haben. Kleiner Scherz.) Früher haben Psychologen sogar mit einem Test gearbeitet, den sie Rohrschachtest nannten. Man musste sich wilde Tintenkleckse anschauen und dann spontan sagen, was man dabei empfindet. Wenn der Proband (das Opfer) das nicht wirklich ernst nahm, konnte er schnell als „gefährlicher Paranoiker mit narzisstischer Persönlichkeitsstörung" eingestuft werden. Das ist kein Scherz. Aber trotzdem – probieren wir es einmal.

Lesen Sie den Satz und ergänzen Sie das fehlende Wort. Bei dem ersten Satz habe ich die richtige Ergänzung schon gemacht.

1. In Europa produzieren wir Butter- und Getreideberge – in Afrika sterben jede Woche 25.000 Menschen an Hunger. Das ist ... **irrational**.
2. Alle Politiker predigen ewigen Frieden. Es hat aber zu **keinem** Zeitpunkt in der Geschichte absoluter Friede auf der Erde geherrscht. Das ist ...
3. Manche Menschen halten Atomenergie für eine hundertprozentig sichere Technik. Das ist ...
4. Trotz völliger Überbevölkerung wird die moderne Genetik uns irgendwann erlauben Menschen zu klonen. Das ist ...
5. Manche Menschen halten gentechnisch behandelte Lebensmittel für absolut ungefährlich. Das ist ...
6. Jedes Jahr heiraten etwa 400.000 Menschen in Deutschland. Die Scheidungsrate mit allen unangenehmen Folgen liegt etwa bei 40 Prozent. Das ist ...
7. Manche Menschen halten Rauchen für ungefährlich. Das ist ...
8. Viele Menschen halten Kokain für eine Partydroge. Das ist ...
9. Im März 2011 hielten 70 Prozent der Bundesbürger einen Betrüger für den besten deutschen Politiker. Das ist ...
10. Viele Bundesbürger fühlen sich jetzt und in Zukunft von der Finanzkrise nicht persönlich betroffen. Das ist ...
11. Viele Christen halten den Islam für eine tolerante Religion. Das ist ...
12. Präsident Bush wurde von den Amerikanern wiedergewählt. Das ist ...
13. Viele Bundesbürger beschweren sich über unfähige Politiker, gehen aber nicht zur Wahl. Das ist ...
14. Manche Leute glauben, durch TV-Konsum ihre Weltsicht verbessern zu können. Das ist ...
15. Heidi Klum hat mit ihrer Model-Sitcom mehr Zuschauer als die Tagesthemen. Das ist ...
16. 16,3 Prozent der Amerikaner glauben fest an UFOs. Das ist ...

17. 17,6 Prozent der Amerikaner glauben an die Schöpfungsgeschichte im Wortsinn. Das ist ...
18. 18,6 Prozent der deutschen Männer sind übergewichtig. Die verkaufte Auflage an Diätbüchern lag 2010 bei 55.000.000 Exemplaren. Das ist ...
19. Alle Deutschen sind glücklich – und schlucken im Jahr über eine Milliarde Tagesdosen Antidepressiva, Tranquilizer und Neuroleptika. Das ist ...
20. 100 Millionen Menschen glauben fest daran, dass Elvis nicht tot ist. Das ist ...

Alles klar? Zwanzig einfache Fragen. Nur auf den ersten Blick ungeordnet. Wenn Sie bei mehr als drei Fragen nicht das Wort *irrational* ergänzt haben, dann melden Sie sich bitte unter *weh@vertriebslabor.ch*. Ich empfehle Ihnen einen guten Psychiater :-)

3.
Wie wir uns selbst ein Bein stellen

● ●

3.1 Manipulation durch Risikoaversion und Verlust-aversion

Wir bedauern Verluste mehr als wir Gewinne begrüßen. Angenommen, Sie wollen Ihr gebrauchtes Auto verkaufen. Natürlich sagt Ihnen ein Käufer niemals: „Herr Toppmüller, ich zahle Ihnen freiwillig 800 Euro mehr. Ich glaube, Sie haben den Preis zu niedrig angesetzt." Wäre ja auch zu schön. Er sagt wahrscheinlich das Gegenteil: „Also Herr Toppmüller, ich bin bereit das Auto zu kaufen, wenn Sie mir einen Nachlass von 800 Euro geben." Das klingt deutlich wahrscheinlicher. Wie aber werden Sie darauf reagieren?

Grundsätzlich bewerten wir Gegenstände immer höher, die wir besitzen, als Gegenstände, die wir kaufen wollen.

Das führt zu seltsamen Verhaltensweisen. Manchmal werden sie ausgenutzt und dann eingesetzt, um uns zu manipulieren.

Wie zum Beispiel reagieren wir auf ganz neue Produkte? Sie haben – angenommen – die Wahl zwischen einem altbewährten traditionsreichen Produkt, das Sie schon lange benutzen und schätzen, und einem Produkt, das ganz neu auf dem Markt ist. Ich selbst bin aus Gründen, die ich mir rational nicht erklären kann, seit vielleicht 30 Jahren ein Fan von Nivea-Creme. Was könnte mich veranlassen ein neues, moderneres Produkt zu wählen? Eine andere, vielleicht viel wirksamere Hautcreme? (Ja – ich fühle mich zwar noch wie 20 – aber nur so lange, bis ich mir ein Foto anschaue, auf dem ich gemeinsam mit meiner Tochter abgebildet bin.) Die Wahrscheinlichkeit, dass ein neues Produkt 50 Prozent besser ist, erscheint mir dabei genauso hoch wie die Wahrscheinlichkeit, dass es 50 Prozent schlechter ist als meine „altbewährte" Hautcreme. Bei Preisgleichheit treffe ich keine Entscheidung. Ich schwenke nur um, wenn mein „Risiko" mit einem mir angemessen erscheinenden Preisnachlass (Risikoprämie) entschädigt wird.

Bedeutet dass, das ich „am Regal im Supermarkt" meine Entscheidungen rein unter Preisgesichtspunkten fälle? Nein, das heißt es nicht. Da spielen noch andere Faktoren eine Rolle. Natürlich. Aber der Preis wird häufig „gegen uns eingesetzt" um uns zu manipulieren völlig sinnlose Einkäufe zu tätigen.

Vom Supermarkt in den Schuldturm

Bevor wir wieder darauf zurückkommen, lassen Sie mich noch andere Einflüsse schildern, die uns zu Käufen veranlassen, die wir besser gelassen hätten. Ich erinnere: 6,5 Millionen Menschen in Deutschland kommen mit ihrem Einkommen nicht mehr aus. Sind ergo hoch verschuldet. 228 Milliarden Schulden haben private Haushalte auf der Uhr. 6,7 Millionen Menschen bezogen in 2010 Hartz IV.

Da ist zum Beispiel unsere Stimmung und die damit zusammenhängende selektive Erinnerung an Ereignisse, Zahlen oder Daten. Psychologen nennen das *„mood congruent memory"*. Informationen, gleich welche, nehme ich nämlich immer auf in Abhängigkeit von meinen ganz subjektiven Stimmungen und Gefühlen. Die gleichen Informationen werden einmal positiv, das andere Mal negativ bewertet. Damit wird meine Risikoaversion entweder vermindert oder verstärkt. Es geht aber noch weiter: Informationen, die ich in bester Stimmung aufgenommen habe, kann ich erheblich besser wieder aufrufen (memorieren), wenn die gleiche Umgebungsbedingung wieder hergestellt wird, in der ich diese positive Stimmung empfunden habe. Psychologen nennen das „state dependent memory".

Ein Beispiel: Ich bin nur ein moderat interessierter Fußballfan. Wenn mich jemand nach den Namen der derzeitigen Nationalelf fragt, fallen mir vielleicht vier oder fünf Spieler ein. Mehr nicht. Auf dem Fußballplatz allerdings habe ich null Probleme, die Namen aller Nationalspieler auswendig herzusagen, inklusive der aktuellen Mannschaftsaufstellung. Es ist fast so, als wenn mein Gehirn auf dem Fußballplatz die Bereiche schneller und freiwilliger memoriert, die mit den angenehmen Gefühl „Fußball" verbunden sind, wohingegen ich mich im Büro partout nicht daran erinnern kann, wie diese Nationalspieler denn jetzt alle heißen.

Dass Ihr Gedächtnis stimmungsabhängig und ortsabhängig funktioniert, kann man – natürlich – auch gegen Sie einsetzen. Versucht man Ihnen eine Entscheidung abzuringen, eine vielleicht vorschnelle Entscheidung – dann wird ein Manipulator versuchen eine Atmosphäre wieder herzustellen, die Sie gemeinsam mit ihm schon einmal als positiv memoriert haben und die in einer Art von „Zusammenhang" mit der vom Manipulator erwünschten Handlung steht. Seien Sie also vorsichtig, wenn jemand darauf besteht, das Folgegespräch unbedingt am gleichen Ort und vielleicht sogar zur selben Uhrzeit stattfinden zu lassen. Dabei sei vorausgesetzt, dass ein erstes Gespräch positiv verlaufen ist. Zwar wurde noch keine Entscheidung von Ihnen getroffen, aber mindestens dieses Folgegespräch soll sie nun bringen.

Meine Empfehlung: Wenn Sie schon drauf und dran sind, etwas zu kaufen, dann bestehen Sie darauf, dass ein Abschlussgespräch grundsätzlich woanders stattfinden muss. Haben Sie mit dem Autoverkäufer also bisher in den Geschäftsräumen des Autohauses verhandelt, umgeben von den blitzenden Objekten Ihrer Begierde, dann führen Sie das letzte Gespräch zuhause. „Bestellen Sie ihn ein!"

Eine von mir durchgeführte Untersuchung bei einem bekannten Autohersteller hat eindeutig ergeben, dass Abschlussgespräche über ein Auto **zuhause** immer dazu führen, dass:

1. Die Unterschrift grundsätzlich noch einmal gut überlegt wird. Bis hin zum Abbruch der Verhandlung.

2. Deutlich weniger „Extras" bestellt werden als man ursprünglich wollte. (Da kommen nämlich die berechtigten Bedenken, ob zum Beispiel Ledersitze für 2.500 Euro Aufpreis wirklich notwendig sind.)
3. Finanzierungsangebote noch einmal durchgerechnet werden. (Eine viel zu niedrige Leasingrate zum Beispiel, die dazu führt, dass man nach drei Jahren eine irre hohe Ablösesumme für die Mehrkilometer nachzahlen muss.)

Aber es kommt noch dicker. Zwar sind Sie grundsätzlich, wie die meisten Menschen, bei großen Investitionen (Auto/Haus/Kreuzfahrt etc.) risikoavers – aber Sie werden trotzdem immer noch leicht das Opfer des Glaubens an Ihre Vernunft und Ihre Fähigkeit, Fakten in den richtigen Zusammenhang zu stellen. Ein weiteres Beispiel soll Ihnen das verdeutlichen.

Heute Abend in Monte Carlo

Stellen Sie sich vor, Ihr Bankberater bespricht mit Ihnen die Kursgewinne und Kursverluste Ihres Portfolios. Sie diskutieren, was Gewinne gebracht hat (Sie freuen sich still), aber auch die Verlustbringer. (Sie sind plötzlich tief deprimiert.) Sie besprechen alle Kursverläufe und Ihre möglichen Handlungsalternativen. „Soll ich ein bestimmtes Papier jetzt verkaufen, weil es in den letzten zwei Monaten stetig verloren hat, oder soll ich ein Papier verkaufen, weil es seit zwei Monaten stetig gewonnen hat? Es könnte ja seinen Aufwärtstrend auch ganz plötzlich wieder beenden?" Bankberater kennen die Antwort: Unerfahrene Anleger erkennen den Unterschied zwischen empirischen Daten (Chartverläufen) und kausalen Ursachen (Fundamentaldaten der Unternehmen) nicht. Übrigens auch ein Grund, warum Menschen in Spielcasinos Haus und Hof verspielen können. Stellen Sie sich vor, die Kugel wäre zehn Mal auf weiß gefallen. Wie setzen Sie? Wieder weiß (eher unwahrscheinlich) oder setzen Sie dieses Mal auf rot (sehr wahrscheinlich)? Sie vergessen dabei, dass die Kugel kein Gedächtnis hat.

Unerfahrene „Wetter" – und nichts anderes sind die Akteure der Börse – realisieren Verluste immer zu spät und Gewinne zu früh. Einen Verlust, der tatsächlich genauso hoch ist wie ein Gewinn, bedauern wir erheblich mehr als wir den Gewinn begrüßen. Dabei unterliegen wir häufig weiteren Trugschlüssen. Wir überschätzen auf ziemlich drastische Weise unsere:

1. Fähigkeit zur Beeinflussung.
2. Fähigkeit zur Vorhersage.
3. Kenntnis der Einflussvariablen in einer Entscheidungssituation.

… und wir unterschätzen unsere:

1. Denkfallen beim retrospektiven Erklären von Ereignissen.
2. Neigung zu Schönfärberei.

… und unterliegen dadurch gleich mehreren Kontrollillusionen. Wir überschätzen unsere Fähigkeit Vorhersagen zu treffen.

- Overconfidence Bias: Man ist sich einer Entscheidung sicher, obwohl man nur wenig Kenntnis über die Sachlage hat.
- Selbstwertdienliche Attribution: Einbildung, dass man selbst für eine Situation verantwortlich ist und nicht äußere Umstände.
- Hindsight Bias: Nach Information über ein Ergebnis ist man sich sicher, dass man dieses Ergebnis schon immer wusste.
- Stress („Fight or Flight"-Strategie): Das Gefühl, bei einer Entscheidung nur eine Wahlmöglichkeit zu haben – Angriff oder Flucht.

Wenn wir diskutieren und eine Entscheidung treffen müssen, findet immer zugleich mentale Buchführung statt. Der Begriff „Buchführung" assoziiert so etwas wie Ordnung. Nichts könnte falscher sein. Mentale Buchführung ist eine fürchterliche Falle. Besser wäre, es mentales Chaos zu nennen, denn unser Denken beruht auf einer großen Anzahl von Fehleinschätzungen. Daumenregeln können so verführerisch sein. Und ja – mit Mathe haben wir es alle nicht so. Wer rechnet sich schon Wahrscheinlichkeiten wirklich exakt durch?

Welches Risiko gehen Sie ein?

Stellen Sie sich vor, Sie hätten bei einem Einsatz von 1.000 Euro die Auswahl zwischen einem sicheren Ertrag von 100 Euro und einer Lotterie, die mit einer Wahrscheinlichkeit von 50 Prozent einen Gewinn von 0 Euro und mit einer Wahrscheinlichkeit von 50 Prozent einen Gewinn von 200 Euro auszahlt. Wie entscheiden Sie sich?

Da Sie risikoavers sind, entscheiden Sie sich mit ziemlicher Wahrscheinlichkeit für den „sicheren Ertrag". Das tun Sie, obwohl die erwartete Auszahlung der Lotterie im Durchschnitt ebenfalls (0×0,5+200×0,5=) 100 Euro beträgt. Unter welchen Umständen entscheiden Sie sich für die Lotterie? (Weil Sie nicht gerechnet haben ...) Sie entscheiden sich für die Lotterie, wenn Ihr Einsatz kleiner sein darf. Zum Beispiel 500 Euro. Damit vermindern Sie aber gleichzeitig den möglichen Gewinn aus der Lotterie um die Hälfte. Sie können jetzt nur noch 50 Prozent aus der Lotterie erhalten. Das, obwohl die Wahrscheinlichkeit 50/50 ist. Aber wer rechnet sich das schon aus? Ihre Angst, Verluste zu machen, bringt Sie damit um einen sicheren höheren Gewinn. Diese schlechte intuitive Entscheidung steigert sich jetzt lustigerweise noch mehr, wenn Ihr Reichtum wächst. Also wenn Sie sich leisten können größere Einsätze zu spielen. Angenommen, Sie hätten 150.000 Euro zur Verfügung. Sie investieren 70.000 Euro in Aktien. 80.000 Euro legen Sie in sicheren Staatsanleihen an. Jetzt machen Sie eine Erbschaft und haben plötzlich weitere 100.000 zur Verfügung. Was tun Sie? Sie belassen es bei dem Verhältnis – und kaufen daher jetzt deutlich weniger Aktien als vorher. Das ist aber nicht unbedingt sehr plausibel.

Rauch aus dem Grab

Sie können sich jedoch trösten. Den Profis geht es überhaupt nicht anders. Ob das nun die Banken sind oder der Staat. Überall treffen Experten Investitions- oder Sparentscheidungen, die nicht wirklich gut durchgerechnet sind. Bei komplexen Datenmodellen neigen nämlich auch die „Cracks" dazu, Daumenregeln anzuwenden. Und da auch „Cracks" im Grunde ihres Herzens risikoscheu sind, führt das zu einer nicht mehr nachvollziehbaren und überkomplexen Zufallsheuristik.

John Maynard Keynes (1883–1946), der Erfinder des deficit spendings, rotiert in diesen Monaten in seinem Grab. Er war der Erfinder des „Staates als Investor" und hat damit die Wirtschaftskrise 1929, die lange zehn Jahre andauerte, beendet. Seine Strategie führte dazu, dass sich innerhalb kürzester Zeit das Bruttoinlandsprodukt der USA verdoppelte und die Arbeitslosenquote von 17 Prozent auf 1 Prozent fiel. Hurra. Jetzt rotiert er, wie gesagt. Sein Grab raucht schon. Inflation! Inflation! Aus einem anderen Grab, dem Grab von Adam Smith, dem Begründer der Volkswirtschaftslehre (1732–1790) winkt die „unsichtbare Hand". Mit dieser Metapher beschrieb Smith seine Annahme, dass sich „Märkte selbst regulieren würden". Denn das, was die Experten im Moment tun, hat mit deficit spending so wenig gemein wie ein Sparschwein mit einer Großbank. Und dass Märkte sich selbst regulieren? Wer kann das noch glauben?

Nun – es gibt eben viele Ursachen dafür, dass wir in Angelegenheiten, die mit Geld zu tun haben, noch öfter Fehlentscheidungen treffen als sonst schon. Wie wir jetzt wissen, haben wir kein eingebautes und unbestechlich arbeitendes Bewertungssystem im Kopf. Eingebaut wird es schon sein – die Hirnareale sind recht gut bekannt – aber „unbestechlich" ist es sicher nicht. Wir haben im täglichen Umgang mit Geld Probleme, zum Beispiel unser Einkommen mit unserem Haushaltsbudget in Einklang zu bringen. Die meisten Menschen machen dies mit einer überschlägigen Kalkulation im Kopf – und wundern sich dann, warum sie ihr Konto ständig im „roten

Bereich" haben. (Upps – ist Ihnen das auch schon passiert?) Geld scheint eine Größe zu sein, die wir noch weniger einschätzen können als irgendeine andere Dimension. Uns fehlen dort noch *mehr* Bezugspunkte. Wir können recht gut beurteilen, ob ein anderer Mensch ein ethisch wertvolles Verhalten an den Tag legt. Wir können irgendwelchen Gegenständen auch emotionalen Wert zumessen. Wir möchten wertvolle Menschen nicht verlieren und trennen uns nur sehr schwer von emotional aufgeladenen, „wertvollen" Gegenständen. Aber wie beurteilen wir den „Wert des Geldes"? Gute Frage. Geld an sich ist nichts wert. Wert erhält Geld erst dadurch, dass ich mir damit ein echtes oder vermeintliches Bedürfnis befriedigen kann. Und wenn ich alles habe – und soviel Geld, dass ich es nicht mehr ausgeben kann – dann verliert Geld sehr schnell wieder einen realen Bezug zu „Werten". Geld macht nicht glücklich. Das stimmt ab einer gewissen Größenordnung sicher hundertprozentig. Aber eben nur bis zu einer gewissen Größenordnung. Wenn ich Hartz IV-Empfänger bin, sind mir 200 Euro Zusatzeinkommen sehr wertvoll. Wenn ich allerdings Milliardär bin, dann sind mir 200 Euro keinen einzigen kurzen Gedanken wert.

So wenig, wie wir uns vorstellen können, wie groß das Universum ist, so wenig haben wir ab einer bestimmten Größenordnung noch das Gefühl für Geldmengen. Im Gegenteil. Je höher die Beträge sind, desto leichtsinniger gehen zum Beispiel Investmentbanker damit um. Sie können sich verteufelt nicht mehr vorstellen, dass sie mit einem einzigen Tastendruck auf ihrem Keyboard vielleicht ganze Existenzen vernichten. Die Beträge haben sich völlig abgelöst von irgendwelchen rationalen Überlegungen. Da diese Tastendrücke ja auch große Belohnungen für den Spieler nach sich ziehen können (Provisionen), befindet sich das Bankergehirn wieder in einem ständigen Zustand der Erwartung. Erwartung von Belohnungen. Und wir haben ja schon gelernt, dass Erwartungen das Gehirn weit mehr stimulieren als das Eintreten des tatsächlichen Gewinnes. Dopamin-Junkies. Mehr ist das nicht. Da können die sogenannten „Experten" aus den Wirtschaftswissenschaften noch so viele Erklärungsmodelle für Fehlverhalten von Investmentbankern postulieren – und neue Sicherheitssysteme empfehlen. Das Problem liegt in uns selbst. Das ist mit dem Verstand nicht mehr zu erklären. (Aber wer hat denn jemals behauptet, dass Geld etwas mit Verstand zu tun hat?)

Zusammengefasst: Dass Sie Verluste mehr fürchten als Gewinne zu begrüßen, ist ein eingebauter Mechanismus. Er ist sehr gut und bewahrt uns vor Fehlentscheidungen. Behalten Sie ihn bei. Aber hüten Sie sich vor den diversen und oben geschilderten Fallen. Fallen, die sich selbst stellen, und Fallen, die von anderen aufgebaut werden, um Ihre Risikoaversion zu „drehen".

3.2 Manipulation durch Rückschaufehler

Man kann sich trefflich selbst manipulieren. Wir bilden uns Meinungen, die aus einer seltsamen Melange von zurückliegenden Ereignissen zusammengemischt sind. Das halten wir dann für „die Wirklichkeit". Philosophen zerbrechen sich seit 2.000 Jahren darüber den Kopf. Resultat bisher? Null. Eine Meinung ist aber Grundlage, um eine Entscheidung zu treffen. Ist unsere Meinung – oder meinetwegen unsere Ansicht über einen bestimmten Sachverhalt – schon falsch, kann die darauf abgesstimmte Handlung nicht richtig sein. Zufallstreffer ausgenommen. (Keine Sorge, dies wird kein philosophischer Exkurs. Was unter der Überschrift „Wirklichkeit" an Philosophen-Stammtischen diskutiert wird, interessiert mich herzlich wenig.)

Für mich ist Wirklichkeit das, was ich sehe, schmecke, taste, rieche und höre. Und natürlich das, was ich mir manchmal unbewusst, aber sehr oft ganz bewusst daraus ableite, um Trost zu finden. Interessanter ist die Frage, ob es immer gut ist, die harten Fakten zu sehen. Ich glaube nicht. Diese Haltung hätten meine Eltern sicher nie akzeptiert – im Gegenteil. Mir ist von ihnen immer eingeredet worden, ich wäre ein Träumer und dazu ein unordentlicher Mensch, der seinen Träumen auch noch nachgibt. Ihnen fast mehr Realität zumisst als der „Wirklichkeit". Na ja – der

Wirklichkeit meiner Eltern eben. Ich will sie gar nicht schelten. Jeder Mensch führt sein Leben eben selbst – ganz für sich alleine – und ordnet Erlebnisse nach subjektiven Bewertungen in sein Lebensbild ein. Dabei manipuliert er sich.

Lesen schadet dem Verstand

Das subjektive Lebensbild entsteht sehr viel mehr aus der Vergangenheit als aus dem unmittelbaren Erleben des Jetzt und Hier. Wir neigen stark dazu, ganz zufällige Ereignisse aus der Vergangenheit irgendwie zusammenzu-kitten – ein Muster anzunehmen – und dann daraus eine Regel abzuleiten. Wir glauben, dass rein zufällige Ereignisse mit unseren Handlungen zu-sammenhängen. Dass wir sie quasi herbeigeführt hätten, oder dass sie gar nicht passiert wären, wenn wir uns an irgendeiner Stelle unseres Lebens-Tagebuches anders entschieden hätten.

Ereignisse, in die wir völlig zufällig hineingestolpert sind, werden in einen Ursache-Wirkungs-Zusammenhang gestellt, der nichts, aber auch gar nichts mit uns und unseren Handlungen zu tun hatte.

Meine Eltern sind zum Beispiel nach wie vor fest davon überzeugt, dass mein ungeheurer Lesekonsum, den ich schon als Kind entwickelt habe, zwingend etwas damit zu tun hat, dass meine schulischen Leistungen eher mager waren. Ich hätte damit etwas kompensiert. (Um es milde auszudrü-cken: Reiner Quatsch.) Aber sie haben sich eben diese Meinung gebildet und leiten daraus auch eine ganze Reihe von weiteren Lebensweisheiten ab. Man nennt das in der Verhaltensökonomie „Rückschaufehler" – oder Hindsight Bias. Wie viele dieser Phänomene hat auch der Hindsight Bias eine gute und eine schlechte Seite. Er hilft uns Fehler im Nachhinein zu verbrämen und damit für uns erträglich zu machen. Nicht schlecht. Wer trifft schon immer die richtige Entscheidung? Schlecht und geradezu bor-niert ist es jedoch für alles und jedes sofort eine Erklärung zu postulieren und eine Entscheidung mit einer Rückschau völlig zufällig eingetretener Ereignisse zu begründen.

Ich kenne viele Menschen, die dazu neigen, zu jedem ungelösten Rätsel eine fest gefügte Meinung abzusondern. Sofort und im Brustton der Überzeugung. (Verbale Inkontinenz sozusagen.) Für Psychologen ist das besonders unerträglich. Auf Partys oder am Stammtisch sollten sich Psychologen übrigens niemals outen. Zu ihrem Fach scheint nämlich jeder etwas zu wissen. Und er gibt es auch bekannt. Mit einem Physiker diskutiert niemand. Ob er den Urknall für bewiesen hält oder eben nicht – das kann er frei formulieren und wird keine gegenteilige Meinung hören. Eher betretenes Schweigen, wenn er ein wenig zu tief in die (sehr spannende) Materie abgleitet. Psychologie? Da werden dann Anekdoten zum Besten gegeben, aus denen man allgemeine und spezielle Kenntnisse menschlichen Verhaltens ableitet. Ganz fürchterlich. „Ja, ich habe es doch selbst erlebt?" Das mag ja sein. Aber was war daran reiner Zufall, und was war eine bewusst herbeigeführte Handlung? An Zufälle glauben viele Menschen nicht. Oft höre ich die Frage: „Glauben Sie an Schicksal?" Mit einem seltsamen Unterton und wissendem Gesicht herausgeflüstert. Was soll das bitte heißen? Wenn ich – Gott behüte – daran glauben würde, setzte ich den Zufall außer Kraft. Jemand müsste dieses Schicksal dann auch „geschrieben" haben. Und wenn das stimmt? Wer wäre das dann? Es scheint uns unerträglich zu sein, die Welt so zu nehmen, wie sie ist, und sich fragend in ihr zu bewegen. Wir sind Weltmeister im Verwechseln von Ursache und Wirkung. Das ist ungefähr so, als wenn Sie das Verlassen Ihres Hauses, um Ihren Lottoschein abzugeben, für die Ursache Ihres Gewinnes (oder Verlustes) halten würden.

Kausalpfeile falsch herum

Ich erinnere noch einmal: Der Hindsight Bias ist wichtig für unser psychisches Überleben. Und nichts spricht gegen eine humorige Plauderei auf der Gartenparty. Darf auch ruhig provozierend sein. Man muss nicht immer alles in der Tiefe beleuchten. Wozu wäre das gut? Aber bei **wichtigen** Entscheidungen sollten Sie sehr vorsichtig bei der Einholung und vor allem Bewertung einer zweiten Meinung sein. Oftmals bekommt man wohlfeile Lebensweisheiten vorgesetzt, die nur zusammengeschustert sind aus der subjektiven Erlebniswelt des Gefragten und die ihm ein willkommenes Stichwort geben, unglaublich langweilige Anekdoten aus seinem Leben zu erzählen. In der Rückschau neigen wir dazu, vorschnell Annahmen zu treffen und dann in den Folgejahren nur nach dazu passenden Mustern zu suchen. Passend zu einer einmal (vor)gefassten Meinung. Das meint der Gefragte noch nicht einmal böse. Rückblickend kann ich mir vieles erklären. Irgendwie passt alles zusammen. Irgendwie. Und weil wir dazu neigen, uns vorschnell ein Selbstbild zu erschaffen – aus welchen Versatzstücken unserer psychischen Kramkiste (auch Unterbewusstsein genannt) auch immer – glauben wir dann auch an „Schicksal" und leiten daraus Meinungen ab. Und die geben wir ehrlichen Herzens bekannt. Merke: Wir sind gar nicht gut darin, Zufälle als solche zu akzeptieren. Wir neigen weiterhin dazu, unsere guten Eigenschaften auf dem Kausalpfeil in die falsche Richtung zu drehen. In die Vergangenheit.

Wie wahrscheinlich ist es zum Beispiel, dass jeder hart arbeitende, intelligente und gebildete Mensch beruflichen Erfolg hat? Ziemlich wahrscheinlich? Stimmt es dann auch, dass **alle** Menschen, die beruflichen Erfolg haben, hart arbeiten, intelligent und gebildet sind? Was ist Ihre Lebenserfahrung? Schauen Sie sich in Ihrer unmittelbaren Umgebung einfach mal ganz ohne Emotionen um. (Weiß gar nicht, ob das überhaupt geht. Aber probieren wir es mal.) Keine Ahnung, ob Sie DAX-Vorstandsmitglieder zu Ihren Freunden zählen. Oder Hausmeister. Oder Lehrer. Oder Professoren. Oder Manager. Oder Arbeitslose. Oder Hausfrauen. Oder. Oder. Oder. Die einen stehen ganz oben und haben keinerlei Sorgen mehr um ihre finanzielle Zukunft (die Daxe) – die anderen haben noch nicht einmal 5.000 Euro Ersparnisse auf dem Konto und wissen nicht, wie sie der Altersarmut entfliehen können. Ganz eigenartig. Jeder, wirklich jeder schreibt seine momentane Lebenssituation persönlicher Tüchtigkeit oder besonderem

Weitblick/Durchsetzungsvermögen/Charme/Intelligenz/Bildung etc. zu. Wenn er ganz oben auf der Leiter steht. Steht er ganz unten – dann macht er „die Umstände" dafür verantwortlich, selten sich selbst. Rückblickend betrachtet beleuchtet die warme Sonne der Selbstverliebtheit unsere Erfolge. Dass es sich dabei NICHT um den Zusammenhang von Ursachen und Wirkungen handelt, die ich mir selbst gerne zuschreibe, sondern dass mein Erfolg zu einem großen Prozentsatz dem Faktor „Glück" zuzuschreiben ist – das gestehen wir uns selten zu. Das soll kein Vorwurf sein und es schwingt auch keine Bitterkeit mit. So sind wir eben. Unser Gehirn ist leider nicht sehr gut darin, Wahrscheinlichkeiten zu berechnen. Kausalitäten richtig einzuordnen. Fakten von Fiktionen zu unterscheiden. Ursachen und Wirkungen in den richtigen Zusammenhang zu stellen.

Die zweite Meinung ist die schlechteste

Was hat das alles mit Manipulation zu tun? Sehr viel. Manipulation wird nicht nur durch „geheimnisvolle Wortakrobatik" herbeigeführt, oder durch trickreiches Aufstellen von Fallen. Manipulation ist natürlich auch völlig unbewusste Selbstmanipulation. Manche Menschen sind so besoffen von ihrer Wichtigkeit, dass Ihnen die Fähigkeit abhanden gekommen ist, gut zuzuhören. Zu Ende reden zu lassen. Nachzufragen. (Tell me more.) Um weiterführende Erklärungen zu bitten. Sie erkennen solche Menschen daran, dass sie schon eine Antwort auf den Lippen haben, bevor Sie selbst auch nur ausgeatmet haben. Oder Ihnen schlicht ins Wort fallen und Sie dann mit absoluten Binsenweisheiten zutexten. Sie sind auch (sehr unangenehm) Weltmeister darin, Sie bei falschen Formulierungen oder ungeschickt gewählten Beispielen sofort zu erwischen und dieses kleine Detail dann zum Zentrum der nachfolgenden Diskussion zu machen. Und alles ist nur halb gar. Halb wahr. Also falsch. (Menschen, die ohne gründliche Recherche versuchen, etwas Treffsicheres und Intelligentes zu sagen. Gruselig.) Nicht alle Menschen sind so gestrickt. Aber viele Menschen leiden fürchterlich unter ihren Rückschaufehlern. Die Super-Erfolgreichen besonders. Sie sind qua

Beruf eben häufiger in sogenannten Entscheidungssituationen. (Irgendein Management-Guru hat mal gesagt, dass Manager am Tag etwa 60 wichtige Entscheidungen treffen müssten.) **Zufällig** sind dabei manche Entscheidungen richtig. Öfter zufällig als sie es wahr haben wollen. Und die greifen sie gerne auf, speichern sie ab und benutzen sie unreflektiert als „Muster". Und weil wir dazu neigen, „erfolgreiche" Menschen für automatisch gebildet, fachkundig und intelligent zu halten, werden wir hier sehr leicht Opfer einer Manipulation. Wohlgemerkt: Einer unbewussten Manipulation. Der Erfolgsmensch glaubt ja an das, was er sagt. Sie können ihm deswegen also noch nicht einmal böse sein. Das sind auch die Menschen, die sich diese Bücher kaufen: „In 100 Tagen zum Millionär". Wie viel mehr könnte die Menschheit aus Büchern mit dem Titel „Wie ich pleite gemacht habe" lernen.

Was tun?

Holen Sie sich Rat bei Menschen, die NICHT sofort eine Antwort parat haben. Die NICHT sofort eine selbst erlebte und irgendwie dazu passende Anekdote zum Besten geben. Holen Sie sich Rat bei den Menschen, die Ihnen zuhören können und die auch mal den wunderbaren Satz sagen können: „Das weiß ich nicht." Dass wir uns selbst manipulieren, ist nicht wirklich schlimm. Dass unsere Wahrnehmungsfähigkeit beschränkt ist, können wir sowieso nicht ändern. Aber vor wichtigen Entscheidungen sollten Sie nicht *den* Menschen zuhören, die über alle Lebensprobleme sofort eine platte Weisheit absondern. Das potenziert die Fehlentscheidungen und manipuliert Sie in Ihrer Handlungsfähigkeit.

3.3 Manipulation durch Selbstüberschätzung

Wir treffen sehr viele Entscheidungen an einem Tag. Kleine Entscheidungen. Aber immerhin. Großartige Gedanken machen wir uns dabei nicht. Ob wir heute Abend „Tatort" schauen oder lieber eine andere Sendung (unter den 50 verfügbaren), ist nicht weltbewegend. Was essen wir heute? Telefonieren wir mit dem Handy oder lieber übers Festnetz? Spielen wir noch eine Runde *World of Warcraft* oder hören wir lieber Musik? Haben wir schon alle E-Mails gecheckt? Wasche ich mir die Haare heute oder lieber morgen? Lasse ich die Flasche Wein diesen Abend einmal weg? Das könnte man noch endlos weiter ausführen. Unsere Entscheidungsmatrix ist ganz sicher deutlich komplexer geworden, schneller, undifferenzierter und auch oberflächlicher. Die Anzahl der möglichen Alternativen endlos. Unsere Großeltern müssen ein völlig uninformiertes Leben geführt haben. Wir sind aber informiert. Besser als zu jedem Zeitpunkt in der Geschichte der Menschheit. Treffen wir deswegen auch bessere Entscheidungen? Das darf kräftig bezweifelt werden. Entscheidungen kann ich aber nur treffen, wenn ich meine Erfahrungen aus der Vergangenheit, meine Erwartungen an die Zukunft und mein Erleben im „Jetzt und Hier" in einen einigermaßen sinnvollen Zusammenhang stelle. Was Ihnen wie eine Selbstverständlichkeit erscheint – es ist ja ein permanent erlebter Automatismus – ist überhaupt nicht trivial. Wir waten dabei durch eine ungeheure Datenflut. Wenig davon verarbeiten wir ganz bewusst. Weil wir aber zig-tausendmal mehr Informationen verarbeiten müssen als unsere Großeltern, müssen wir diese Flut ständig einer Art von „Wahrscheinlichkeitsrechnung" unterwerfen. Sequenziell abarbeiten können wir die Informationen nicht mehr. In Echtzeit nach Wichtigkeit und Wertigkeit ordnen auch nicht. Berechnen schon gar nicht. Was machen wir also? Wir vertrauen unserer Intuition, in der Hoffnung, sie würde alle unbewussten und bewusst aufgenommenen Informationen richtig ordnen. Dieser Vorgang wird nicht „gedacht" – er „passiert" irgendwie. Ist er aber auch von Manipulatoren beeinflussbar? Selbstverständlich. Sehr einfach sogar. Ein Arbeitsloser wird sicher anders über die Arbeitslosenstatistik nachdenken als jemand, der Arbeit hat. Wer sich gerade an der Börse verzockt hat, sieht die Zukunft des Aktienmarktes sicher negativ. Das unmittelbare Erleben verführt uns dazu, Dinge sehr subjektiv zu beurteilen. Wir neigen dazu, die Vielzahl von Informationen dann äußerst selektiv zu ordnen und zu verbiegen, so, dass sie im Zusammenhang zu einer zufälligen Lebenssituation in einer einigermaßen sinnvollen Beziehung stehen. Wenn diese subjektive Beurteilung von einem Manipulator erst erkannt und dann noch bestätigt wird, dann kann er sie deutlich verstärken und für seine Zwecke einsetzen.

Perception is Reality

„Das Leben ist ungerecht – alle denken nur an sich – die Reichen schröpfen die Armen – Zufriedenheit ist ein sehr ungleich verteilter Wert – Glück haben nur die anderen." Vorsicht vor Manipulatoren, die Sie in einer momentanen Lebenskrise erwischen. „Ja – da haben Sie völlig recht" ist der Einstiegssatz für eine handfeste Manipulation. Wenn ich gerade (aus purem Zufall) eine Pechsträhne habe, dann bin ich solchen Bestätigungen meiner momentan negativen Weltsicht gegenüber sehr viel anfälliger.

Egal, was ich an konkreten Informationen dazu eigentlich zur Verfügung hätte. Wir bewerten sie eben anders. Oder ignorieren sie schlicht. Ihre Antwort auf das harmlose: „Na – wie geht's Ihnen heute?" gibt dem aufmerksamen Manipulator erste Hinweise auf Ihre momentanen Befindlichkeiten. Er kann daraus ziemlich einfach heraushören, wie Sie Ihre momentane Leistungsfähigkeit einschätzen. Oder Ihre Leistung relativ zu anderen Menschen. Er weiß auch: Jemand, der ziemlich arrogant – oder hochmütig – daherkommt, leidet oft unter Selbstüberschätzung, weil er damit seine Unkenntnis oder Schwäche kompensieren muss. Jetzt wird der Manipulator keinesfalls objektiv überprüfbare Fakten besprechen wollen. Zum Beispiel durch Sachlichkeit versuchen nachzuweisen, dass die momentane Lebenssituation nicht der eigenen Unfähigkeit geschuldet ist – sondern eher zufällig eingetretenen Faktoren, die überhaupt nicht von mir beeinflussbar waren.

Der Fall der Mauer hat Hunderttausende in die Arbeitslosigkeit geführt und war sicher zu diesem Zeitpunkt nicht vorhersagbar. Trotzdem fühlten sich viele nicht als Opfer der Umstände, sondern stellten ihre eigenen Fähigkeiten infrage.

Nein – der Manipulator wird uns in unserer völligen Fehleinschätzung einer Situation noch bestätigen. In aller Unsachlichkeit. Damit er sein Ziel erreicht. Ihnen zum Beispiel einen Lehrgang „zur Persönlichkeits-entwicklung" zu verkaufen oder (schlimmer noch) Ihnen einen wertlosen „Selbsterfahrungs-Kursus" aufzuschwatzen. Kaum ein Mensch ist in der Lage, eine realistische Einschätzung seiner Lebenssituation abzugeben. (Vielleicht ist das manchmal auch ganz gut so ...) Wir sind aber unerschüt-terlich fest davon überzeugt, dass unsere Einschätzung völlig richtig ist und wir aufgrund dieser Einschätzung hinlänglich genug Informationen verarbeitet haben, um eine rationale Entscheidung zu treffen. Ein anderer Ausdruck für die Manipulation durch Selbstüberschätzung ist Overconfi-dence Bias. Vermessenheitsverzerrung.

Nervöse Frösche

Wir rechnen uns ja sogar ganz simple physikalische Gegebenheit so zurecht wie es unserem Erfahrungsschatz entspricht. Erscheint ein Gegenstand vor unseren Augen zum Beispiel scharf, dann schließen wir daraus, dass er näher ist als ein Gegenstand, der unscharf erscheint. Dass es auch einfach schlechte Sicht sein könnte, ignorieren wir. Wir suchen nach einfachen Regeln. Einfache Regeln sind schnell zu verarbeiten, führen aber oft zu kompletten Fehleinschätzungen. Für den Steinzeitmenschen mag das ganz anders gewesen sein. Einfache Regeln haben vermutlich täglich sein Leben zwei Mal gerettet. Heute? Wenn wir nicht in kompletter Verwirrung erstar-ren wollen, dann müssen wir die Datenfluten geordnet kriegen. Wir gehen sonst unter.

Vorsicht also vor Manipulatoren, die Sie in einer momentanen Lebenskrise erwischen (das Leben ist sowieso eine einzige Krise). „Ja – da haben Sie völlig recht" ist der Einstiegssatz für eine handfeste Manipulation. Er weiß ja ganz genau: „Wer nicht tanzen kann, schimpft auf die Musik."

Wir sind viel zu schnell im Abgeben von Werturteilen. Diese Unfähigkeit, Realitäten vorurteilsfrei zu erkennen, geht einher mit der Überschätzung unserer Prognosefähigkeit. Können wir Fehlentscheidungen erkennen, auf die wir zusteuern? Sicher können wir das. Dann, wenn es meistens zu spät ist und die Realität uns mit der Nase in einen Haufen Sch... drückt. Das überzogene Konto zum Beispiel. Dann neigen wir wie nervöse Frösche dazu gegenzusteuern. Und natürlich führt das zu Ausschlägen, die genauso irreal sind. Es gibt tatsächlich eine Theorie der „nervösen Frösche" in der Verhaltensökonomie. Sie beschreibt exakt die Phänomene, von denen Sie hier lesen: Pendelartige Überreaktionen, die sich hochschaukeln und mit den Ursachen nur noch wenig zu tun haben.

*„Nein – Peterchen – heute gibt es **kein** Eis!"*

Fassen wir zusammen:
1. Wir verfügen heute über erheblich mehr Informationen als uns manchmal gut tut.
2. Wir neigen stark dazu, diese Informationen so zu ordnen, wie es unserer momentanen Lebenssituation oder sogar Stimmung entspricht.
3. Wir überschätzen unsere Prognosefähigkeit völlig, weil wir die Wahrscheinlichkeiten des Eintretens von bestimmten Ereignissen so „berechnen", wie es uns in den Kram passt.

Ich habe einmal ein Experiment mit mir selbst gemacht, um mich auf Fehlurteile zu stoßen, die ich ansonsten nicht erkannt hätte. Ich habe meiner Bank gesagt, dass ich meine monatlichen Abhebungen vom Geldautomaten auf 250 Euro pro Woche beschränken möchte. Die fanden das zwar komisch, haben es dann aber klaglos getan. Was ist dann passiert? In einer einzigen Woche musste ich an vielen Angeboten der bunten Warenwelt da draußen schlicht vorbeigehen. Nein – ich brauche im Grunde nicht noch ein Polohemd von Lacoste. Nein – ich gehe jetzt nicht essen, sondern koche selbst. Nein – ich kann nicht eben mal 300 km fahren, um einen Freund zu besuchen. Nein – ich leiste mir diese teuren Opernkarten jetzt nicht. Ich kaufe mir lieber die CD. Nein – einen Zusatzlautsprecher für meine Heimkinoanlage brauche ich gleichfalls nicht wirklich, sie ist laut genug. Und die neue schicke Sonnenbrille von Ray Ban auch nicht. Und bei Thalia tun's auch zwei neue Bücher. Nicht gleich ein ganzer Stapel. Sie können sich nicht vorstellen, wie deutlich ich bei diesem Experiment erkannt habe, wie wir durch Konsumterror täglich manipuliert werden.

3.4 Manipulation durch Priming

Was Sie jetzt lesen, ist keine Werbebotschaft für Urlaub in England. Aber es ist so passiert. Wem? Mir! Ich war damals noch „Senior Vice President" einer großen amerikanischen Firma. Diese kleine Geschichte zeigt überdeutlich, wie wir durch Umgebungsbedingungen beeinflussbar sind. Die Umgebungsbedingungen einer Diskussion sind sogar manchmal wichtiger als Fakten. Mehr noch: Wir beurteilen Fakten manchmal völlig anders, und zwar in Abhängigkeit von dem Ort, an dem wir uns gerade befinden. Damit meine ich tatsächlich „Ort" – im Wortsinne und nicht als Metapher oder im übertragenen Sinne. Dieses Phänomen nennen Psychologen Priming. Wir haben die absolut gleichen Fakten am Ort A gehört, beurteilen wir sehr häufig komplett anders als wenn sie uns am Ort B zur Kenntnis gebracht werden. Unglaublich? Lesen Sie weiter.

London begrüßt mich an diesem Morgen, wie es nur London tun kann. Es gibt kaum einen so beeindruckenden Anflug auf eine Metropole. Aus dem Fenster der Lufthansa 376 sieht man die Tower Bridge im hellen Licht glänzen. Die Sonne ist gerade beschäftigt, die letzten Nebelfetzen der Nacht wegzuputzen.

Die Maschine befindet sich schon im Sinkflug, und wie üblich müssen wir noch ein paar Schleifen über der Stadt drehen. Heathrow ist abermals völlig überlastet. Zeit, meine Unterlagen beiseite zu legen und mich darauf einzulassen, dass dieser Tag mich gerade einstimmt. Als wenn er einen eigenen Willen hätte. Ich kann mich ihm nicht entziehen.

Wir haben ein Meeting geplant in Windsor. Putziges nettes Hotel. Dieses Mal nicht eines der üblichen unpersönlichen Tagungshotels in der City. Windsor ist eine kleine Stadt im Norden von London. Ganz beherrscht von Windsor Castle. Der Taxifahrer, ein Pakistani, hält respektvollen Abstand zu den Soldaten des First Coldstream Regiments, dem Wachbataillon der Königin, das jeden zweiten Tag gemessenen Schrittes und mit den typischen bunten Galauniformen der Engländer zur Ablösung der Wache ausmarschiert. Jetzt ist dieser „odd day". Wir müssen warten. Etwa eine halbe Stunde. Oft, wenn ich in England bin, beeindruckt mich dieses stoische Festhalten an Traditionen. Der jederzeit höfliche, aber zurückhaltende Stil dieses Inselvolkes. Ihr ruhiger Stolz und ihre unaufgeregte Art, mit Misslichkeiten umzugehen. Der Taxifahrer würde eher auf seine Bezahlung verzichten als zu überholen. Ich bin jetzt in eigentümlich geordneter Laune und nicht mehr so aufgedreht wie heute früh, als ich die Maschine bestieg. Ich weiß aber, dass sich eine große Gruppe meiner Mitarbeiter wieder tagelang auf dieses Treffen vorbereitet hat und nun mit angstvoller Spannung meine Ankunft erwartet.

Ich habe mich schon daran gewöhnt, als der Überbringer schlechter Nachrichten angesehen zu werden. (Das letzte Quartal ist komplett vermasselt. Fiat und Telefonica haben sich für IBM entschieden. Infineon hat den Deal auf das nächste Jahr verschoben. Uns fehlen glatte 1,8 Milliarden Euro. Die gesamte Jahresplanung ist über den Haufen geschmissen. Schlimmer könnte es gar nicht sein.) Dass solche „Gaps" nicht mehr aufzuholen sind, weiß jeder. Dass es sinnlos ist, einzelne Mitarbeiter dafür mit individuellen Schuldzuweisungen zu foltern, weiß auch jeder. Trotzdem. „Kann man eben nicht ändern" ist keine gute Entschuldigung. Mindestens würden meine Vorgesetzten bei der EDS in Dallas so etwas nicht akzeptieren. Ich könnte mir

gleich meine Papiere abholen. Also muss ich entsprechend robust und un-
gnädig auftreten. Meine Mitarbeiter müssen den Geßlerhut grüßen. Gut fühlt
sich niemand dabei. Weder vorher noch nachher. Wichtige Entscheidungen
werden gleichfalls nicht getroffen.

Obwohl Unbeteiligte den Eindruck gewinnen könnten, dass hier gearbeitet
wird. In diesem kleinen putzigen Hotel im Tudorstil, nicht unter 30 PowerPo-
ints pro Redner. Glauben Sie mir, wenn Sie das erst einmal zehn Mal hinter
sich gebracht haben, müssten Sie schon ein Heiliger sein, um nicht entweder
vor Langeweile einzuschlafen oder aggressiv zu werden. (Ich habe leider den
Ruf, gelegentlich aggressiv zu werden.) Man kann daher die Anspannung im
Meeting-Raum mit Händen greifen. Seltsam, ich selbst bin immer noch ganz
aufgeräumt und heiter gestimmt. Völlig untypisch für mich.

Mit Marschmusik ins Irrationale

Jack Morgan ist der Erste. Seine Stimme zittert ein wenig. Er bringt seine
Slides durcheinander. Fängt sich aber nach zehn Minuten wieder. Ich habe
ihn schließlich nicht unterbrochen. (Was ich sonst sehr gerne tue, wenn sich
mir der Kern der Präsentation nicht augenblicklich erschließt.) Ich höre mit
aufmerksamem Gesicht zu. Eine zweite Ebene meines Bewusstseins ist aber
nicht recht bei der Sache. Irgendetwas manipuliert mich. Ich denke an den
letzten Soldaten des Regiments. Etwas beleibt. Rotberockt und mit Bärenfell-
mütze. Eine riesige Pauke vor dem Bauch. So war er leicht schwankend vor
mir hergegangen. Ich habe die sentimentale und gleichzeitig „aufrüttelnde"
Marschmusik noch in den Ohren. Würde er wohl verstehen, was ich hier
mache? Wäre er unglücklich darüber, dass er im Monat nur soviel verdient
wie ich umgerechnet in einer Stunde? Würde er mich um meinen Status und
meine Position beneiden? Meinen Firmenwagen? Meine großen Büros? Ver-
mutlich nicht. Er ist stolz darauf, in einem Eliteregiment zu dienen. Seine
Gedanken kreisen um das morgendliche Putzen der Stiefel. Den Appell. Und
seine größte Sorge ist, dass sein Unteroffizier vielleicht einen nicht perfekt

polierten Knopf an seiner Uniform entdeckt. Er genießt den Respekt seiner Familie. In seinem Pub rangiert er ganz oben in der Rangordnung. Er ist zufrieden. Rundum. Will nicht mehr. Braucht nicht mehr. Er ist glücklich. Wir beide funken auf ganz verschiedenen Planeten. Unsere Planeten üben dabei sehr unterschiedliche Einflüsse auf uns aus. So stark, dass wir unsere Welt anderen Tugenden, anderen Wertmaßstäben und völlig anderen Glücksmustern unterwerfen. Wir befinden uns zwar im gleichen Kosmos, sind aber Lichtjahre voneinander entfernt. Bin ich etwa unglücklich? Nein – natürlich nicht. Allerdings: Ich kenne nur diese eine Form des Glücks. In das Glücksgefühl eines Soldaten kann ich mich zwar hineindenken, es aber nicht mehr wirklich empfinden. Wir sind beide geprägt von unserer persönlichen Welt. Daraus entwickeln wir Wertesysteme. Unsere eigenen Wertesysteme. Jeder für sich.

Das Wertesystem eines Soldaten enthält wohl solche Attribute wie: Ehrlichkeit, Tapferkeit, Kameradschaft, Hilfsbereitschaft, Gehorsam, Disziplin, Demut. Was sind meine Wertesysteme? Auf den ersten Blick die gleichen. Natürlich. Ich belüge meine Vorgesetzten nicht. (Na ja – ab und zu lasse ich einige Informationen weg, damit ich besser dastehe.) Ich bin tapfer (… aber nur so lange, bis ich in Gefahr komme). Ich bin ein guter Kamerad (… ganz selten nur lasse ich Kollegen in eine Falle laufen, damit sie nicht immer so verdammt gut aussehen, beim nächsten Review). Hilfsbereit? Selbstredend. Ich helfe einer alten Oma über die Straße (… manchmal bunkere ich aber die eine oder andere kleine neue Information, statt sie allen ungefragt zur Verfügung zu stellen). Gehorsam? Natürlich bin ich gehorsam. Wenn mich mein Vorgesetzter einbestellt, bin ich pünktlich da (… allerdings interpretiere ich seine Anweisungen, wenn sie mir nicht in den Kram passen, hier und da nach den ungeschriebenen Gesetzen der firmeninternen „politics"). Niemals bin ich undiszipliniert (… wenn ich auch zugeben muss, dass ich gelegentlich, dazu neige, aus der Marschordnung auszubrechen, wenn das gefahrlos möglich ist). Und last but not least – ich bin demütig dankbar dafür, dass ich ein gutes Jahresgehalt beziehe (… jedenfalls so lange, bis ich zufällig erfahre, dass ein Kollege 5 Prozent mehr verdient).

Der Soldat und ich unterliegen einem Priming durch die Umgebungsbedingung, in der wir uns gerade befinden. Das erscheint Ihnen als Binsenweisheit. Erscheint es Ihnen auch als Binsenweisheit, dass sich durch Priming Wertesysteme verschieben können? Dass uns Umgebungsbedingungen sogar **manipulieren** können, über die Welt und ihre Tugenden ganz unterschiedlich nachzudenken? Wie selbstverständlich? Ich habe ein Gutteil meines Lebens in militärischer Umgebung verbracht. Als junger Mann. Die oben beschriebenen Werte waren mir dort regelrecht antrainiert worden. Als ich begann meine zivile Karriere aufzubauen hatte ich trefflich Schwierigkeiten damit, dass Werte zwar überall postuliert wurden, sich aber niemand ernsthaft darum zu scheren schien. Erst als selbstständiger Berater hatte ich Zeit, die Jahre noch einmal Revue passieren zu lassen. Beide Wertesysteme zu reflektieren. Das hat tatsächlich anfangs zu heftigem Zynismus geführt. Bis ich verstanden hatte, wie stark Umgebungsbedingungen uns manipulieren können und wie sehr diese Manipulation (völlig unbemerkt) dazu führt, die Welt sehr subjektiv zu beurteilen. Und sich selbst in dieser Welt ganz subjektiv zu positionieren. Meine Empfindungen, meine Urteile über andere Menschen, meine Entscheidungen waren sehr deutlich geprägt von der Welt, in der ich mich gerade befand. Meiner kleinen Welt. Diese Welt übte erheblich stärkeren Einfluss auf mich aus als ich mir jemals zugestanden hätte. Meine Wertesysteme habe ich oft flugs umdefiniert. Ohne es zu merken: angepasst.

Die Höflichkeit des Taxifahrers

Menschen sind wie gesagt sehr stark durch die Umgebung geprägt, in der sie sich gerade befinden. Nicht nur durch Beruf oder Stellung im Leben. Sogar durch kleine, auf den ersten Blick vielleicht unwichtige Ereignisse. Wir sind milde gestimmt, wenn die Sonne scheint und wenn wir dabei einen Blick von oben auf den Globus werfen können. Wie aus der Lufthansa 376. Wenn wir angenehme Pausen einlegen müssen, die nur der Höflichkeit eines pakistanischen Taxifahrers geschuldet sind. Oder wenn uns ein kleiner Ort seltsam anrührt. Ein Musikstück neu eintaktet. Dann gehen wir gleichsam heraus aus unserer Prägung. Unserem Priming. Andere Menschen merken das. Andere Menschen empfinden das häufig sogar als angenehm und spiegeln das auch freudig zurück. Mein Meeting in Windsor war das beste, das ich jemals abgehalten habe. Dank der Lufthansa. Dank dem pakistanischen Taxifahrer. Dank den First Coldstreams. Alles Nebensächlichkeiten?

Nie wieder ohne Rückfahrkamera

So weit so gut. Dies ist aber ein Buch über Manipulation! Und natürlich können uns Manipulatoren durch eine bewusst herbeigeführte, neue Umgebungsbedingung manipulieren. Sie kaufen sich ein neues Auto. Was glauben Sie? Werden mehr Kaufverträge in den Geschäftsräumen des Autohauses abgeschlossen oder bei Käufern zu Hause? Schlechte Autoverkäufer versuchen zu Ihnen nach Hause zu kommen. Es fühlt sich vordergründig eben privater an. Man könnte meinen, dass Sie in Ihren eigenen vier Wänden schneller zu überreden wären. Sie befinden sich ja in Ihrer Komfort-Zone. Das macht Sie angeblich ruhiger. Man kommt sich emotional näher. Irrtum! Zu Hause sind Sie nicht von den glänzenden Objekten Ihrer Begierde umgeben. Aber im Autohaus sind Sie das. Priming. Die cool-elegante Atmosphäre eines schicken Autohauses beeinflusst Ihre Entscheidungsfähigkeit. Nein – natürlich nicht bewusst. Sie denken keine Sekunde über dieses Phänomen nach. (Vielleicht aber nach der Lektüre dieses Buches …) Trotzdem neigen Sie dort zu leichtsinnigen Handlungen. Sie haben recht – Autos kauft man nicht spontan – und schon gar nicht, weil das Autohaus so chic ist. Zugegeben. Aber vielleicht entscheiden Sie sich etwas früher? Oder bestellen die eine oder andere Sonderausstattung, die kein Mensch braucht, gleich mit? (Eine Rückfahrkamera zum Beispiel …)

3.5 Manipulation durch Maskierung

Auch Ereignisse, die *nicht* von einem Manipulator herbeigeführt wurden, können manipulieren. Es bleibt trotzdem Manipulation.

Kommen wir erst zu Letzterem: Manipulation durch Ereignisse.

Lesen Sie diese spannende Geschichte. Sie hat sich tatsächlich so zugetragen:

Der Fall der USS Vincesses

In der Kammer des Kommandanten des Kriegsschiffes USS Vincennes klingelt das Telefon. „Sir, ich glaube, Sie sollten in die Operationszentrale kommen. Wir haben hier ein Problem." Captain Will C. Rogers III knöpft sich hastig sein Hemd zu und spurtet über die Niedergänge des Schiffs in Richtung Operationszentrale. Hat sich nicht gut angehört, die Stimme des Wachoffiziers. Nachdem die USS Samuel B. Roberts (FFG-58) im April 1988 während der Operation Earnest Will auf eine Seemine gelaufen war, musste die Vincennes ihre Teilnahme an der laufenden Übung Fleet Exercise 88-1 abbrechen. Jetzt, nur einen Monat später, befindet sich der Kreuzer im Persischen Golf, um den Rückmarsch der beschädigten Roberts auf der Route Mighty Servant 2 durch die Straße von Hormuz zu beschützen.

In der Operationszentrale ist die Luft fast elektrisch geladen. Zusammen mit mehreren Mannschaftsdienstgraden, die vor zehn großen Bildschirmen sitzen oder andere Instrumente ablesen, befinden sich weitere Offiziere in diesem höhlenartigen Raum. Rogers wird kurz darüber informiert, dass man sich in einem kleineren Seegefecht mit iranischen Schnellbooten befinde und der eigene Aufklärungshelikopter mit dem Rufzeichen „Ocean Lord" bereits beschossen wurde. In den letzten Monaten sind bereits über 50 Tanker angegriffen worden, um die Versorgung mit Öl für Saddam Hussein zu stoppen. Irak und Iran befinden sich im Kriegszustand. Die Amerikaner stehen noch auf der Seite von Saddam.

„Sir, wir haben hier ein unidentifiziertes Flugobjekt, das sich auf direktem Kurs zu uns befindet. Schnell näherkommend. Militärischer squawk", ruft Obermaat Leigh laut. Er sitzt vor dem Radarschirm zur Luftraumbeobachtung. Rogers wirft einen kurzen Blick auf den Schirm. Sein Wachoffizier versucht Sprechfunkkontakt mit dem Flugzeug aufzunehmen: „US Kriegsschiff, US Kriegsschiff. Was sind Ihre Absichten. US Kriegsschiff, US Kriegsschiff, was sind Ihre Absichten?" Der Pilot eines iranischen P-3 Orion-Aufklärungsflugzeuges antwortet: „Wir sind auf einer Aufklärungsmission. Werden uns von Ihrer Einheit entfernt halten." Und ändert seinen Kurs. Rogers weiß nun, dass er entdeckt ist und beobachtet wird. „Captain, wir haben hier ein anderes Flugobjekt. Schnell näherkommend. Sieht aus wie eine iranische F 14 Tomcat." Rogers gibt sofort den Befehl: „General orders, general orders, all men on their battlestations, general orders, general orders, all men on their battlestations."

Überall im Schiff beginnt es zu vibrieren. Die laute Sirene lässt die Nackenhaare der Besatzung hochgehen. 390 Mann laufen hektisch zu ihren Gefechtsstationen. Mit Helm und Weste, Brandschutzsalbe im Gesicht. Für einen Laien sähe es aus wie das totale Chaos. Aber dieser Drill wird ständig geübt und in wenigen Minuten befindet sich das Schiff in vollem Gefechts- und Verteidigungszustand. Die USS Vincennes verfügt über zwei Starter für Seezielflugkörper, zwei Dreifach-Torpedowerfer, zwei Geschütze 127 mm, zwei Doppelarmstarter für Raketen. Seine beiden Gasturbinen mit zusammen 80.000 PS beschleunigen das Schiff jetzt auf 33 Knoten (etwa 70 km/h). Der Kommandant hat „AK" befohlen: „Äußerste Kraft voraus". In der OPZ kann man die Anspannung mit Händen greifen. Alle starren auf die Radarschirme. Das neue Flugobjekt sendet gleichfalls einen militärischen squawk. Eindeutig ein Militärflugzeug. Es befindet sich mit 50 Meilen Abstand bereits in gefährlicher Nähe. „US Kriegsschiff, US Kriegsschiff. Was sind Ihre Absichten. US Kriegsschiff, US Kriegsschiff, was sind Ihre Absichten?" Der Wachoffizier versucht wieder Sprechfunkkontakt aufzunehmen. Mehrfach. Der Pilot antwortet nicht. Die Offiziere der USS Vincennes haben gesehen, dass es vom Flughafen Mehrabad International Airport gestartet ist. Einem

Zivilflughafen, auf dem aber auch Kampfjets stationiert sind. Die USS Vincennes befindet sich in Küstennähe – fast in iranischen Hoheitsgewässern. Alle schauen Captain Rogers an. Während laufend Meldungen ausgerufen werden, richtet sich die volle Aufmerksamkeit aller in der Operationszentrale auf den Kommandanten. Nur er hat das Recht, Verteidigungsmaßnahmen einzuleiten. Über dem Knopf zum Starten der Raketen ist die Abdeckhaube noch heruntergeklappt. Rogers hat aber bereits seinen Finger draufgelegt. Er beginnt jetzt laufend Fragen zu stellen. Er übernimmt aktiv die Führung dieser Krisensituation. Der Kommandant eines Kriegsschiffes besitzt ungeheure Autorität. Er ist neben Gott der gefürchtetste Mann an Bord. Man versucht ihm möglichst wenig über den Weg zu laufen und er hat in allen Dingen das letzte Wort. Seine Befehle werden unbedingt und sofort ausgeführt. Seine Anwesenheit in der Operationszentrale hat die Atmosphäre noch weiter aufgeladen. Die Crew beobachtet unbewusst alle seine nonverbalen Signale. Seine Mimik, seine Handbewegungen. Ja, Sie hat das ganz leichte Zittern in seiner Stimme gehört. Er sieht jetzt entschlossen und aggressiv aus. Sie sehen seine Hand auf dem Abschussknopf. Es werden noch schneller Kommandos ausgerufen. Der Wachoffizier versucht verzweifelt Kontakt zu dem Flugzeug aufzunehmen: „Iranian aircraft, Iranian aircraft, course 211, speed 3539. US warship, operating in international waters. You are standing into danger and may be subject to United States defense measures." Dieser Funkspruch wird mehrfach und vergeblich wiederholt. Die Operationszentrale ist dunkel. Nur beleuchtet durch das Licht der vielen Bildschirme. Rogers stellt die Frage nach dem Flugmuster der anfliegenden Maschine. Sein Wachoffizier ruft dazwischen: „Sir, beabsichtigen Sie Verteidigungsmaßnahmen anzuordnen?" Rogers quittiert mit einer leichten Handbewegung. In den Köpfen der Crew beginnt die Überzeugung zu wachsen, dass der Kommandant beabsichtigt in wenigen Sekunden seine Raketen loszuschicken. Es sind nur noch wenige Minuten, bis sich das anfliegende Flugzeug in bedrohlicher Nähe befinden wird. Obermaat Leigh, der auch für die Beobachtung des Flugmusters verantwortlich ist, blickt auf seine Anzeigen. „Steigt das Flugzeug? Oder sinkt es?" Ein Sinkflug könnte einen bevorstehenden Angriff signalisieren. Leigh hat Angst. Er schwitzt. Er liest seine Instrumente mit großer Hektik ab. Sein

*Blick schweift ständig zum Gesicht des Kommandanten. Kampfjets feuern ihre Bordwaffen aus größerer Entfernung ab. Einmal auf die Reise geschickt kann eine Exocet Rakete ein Schiff zerstören. Abzufangen ist sie nicht mehr. Der Kommandant hat offensichtlich einen starken Adrenalinschub. Seine Miene verdunkelt sich weiter. Sein Mund ist zusammengekniffen. Tiefe Stirnfalten bilden sich. Der Tonfall seiner Stimme wird hart. Er spricht nur noch in kurzen, fast abgehackten Sätzen. Aber unmissverständlich. Er dominiert jetzt das Entscheidungsverhalten seiner Crew zu hundert Prozent. „Frage Flugmuster." „Sinkflug Sir, Sinkflug!", ruft Leigh laut aus. "Das Flugobjekt befindet sich im Sinkflug." „**Fire!**" Captain Rogers gibt den Befehl zu feuern. Er drückt auf den Startknopf. Zwei Raketen verlassen ihre Schächte und machen sich auf den Höllenritt in Richtung des anfliegenden Flugzeuges. Wenige Sekunden später treffen sie das Passagierflugzeug Airbus A300B2 mit der Kennnummer EP-IBU. Flugnummer Iran-Air- 655. 290 Passagiere und Besatzungsmitglieder sterben sofort. Die Offiziere der USS Vincennes haben einen fürchterlichen Fehler gemacht.*

Diese Geschichte hat sich genau so zugetragen. Sie ist nicht erfunden. Vielleicht erinnern Sie sich noch. Was ist tatsächlich passiert? Die Untersuchungen nach dem Zwischenfall und die Auswertung der log files ergeben ein eindeutiges Bild. Rogers wird nicht verurteilt. Er wird sogar noch befördert und Präsident Georg H. W. Bush hält es nicht für nötig, sich international zu entschuldigen. Wo ist die Befehlskette gebrochen? Und vor allem: Warum? Gut, es gab einige technische Probleme. Die Radarsysteme hatten einen militärischen squawk gemeldet, weil direkt hinter dem Airbus eine iranische F-14 Tomcat auf dem Vorfeld des Flughafens Mehrabad International gestanden hatte. Aber das alleine war nicht die Ursache. Iran-Air-Flug 655 befand sich nämlich tatsächlich im **Steigflug**. Nicht im Sinkflug. Ein eindeutiges Indiz für eine Passagiermaschine. Nicht das Flugmuster eines angreifenden Jets.

Obermaat Leigh ist einer objektiven Sinnestäuschung zum Opfer gefallen. Er hat **das** gesehen, was er sehen **wollte**. Nicht das, was er sehen **konnte**. Die starke Autorität des Kommandanten in dieser Krisensituation, sein Verhalten – vor allem seine nonverbalen Signale haben sein Wahrnehmungsvermögen geradezu ins Gegenteil verkehrt. **Sie haben seine Wahrnehmung maskiert.** Leigh ist ein hoch trainierter Spezialist. Er beherrscht sein Handwerk perfekt. Er verfügte zum Zeitpunkt des Desasters über genügend Praxis und Routine. Trotzdem. Sein „Autopilot Gehirn" hat die Mimik und das Verhalten des Kommandanten so stark überbewertet, dass dieser Umstand – verbunden mit starkem Stress und Angst – ihn etwas völlig anderes hat erkennen lassen als objektiv da war. (Übrigens: Hätten Sie lieber ein langweiliges Beispiel aus Ihrem Büroalltag gehört?) Ich möchte dieses Phänomen noch einmal ganz klar machen. Obermaat Leigh hat nicht etwa etwas „übersehen". „Leigh – Sie haben da etwas übersehen." „Ach ja – gut, dass Sie mich darauf aufmerksam machen, jetzt sehe ich es auch." Er hat es objektiv NICHT gesehen. Schlimmer: Er hat etwas völlig anderes gesehen. Und er wird für den Rest seines Lebens felsenfest davon überzeugt sein, dass er einen Sinkflug gesehen hat. Nichts anderes. Gar nichts.

Diese Phänomene treten häufiger auf als Sie glauben. **Autorität** kann das Wahrnehmungsvermögen von Menschen so stark maskieren, dass ihre Emotionen eindeutig das Kommando übernehmen. Der Verstand und die Logik werden regelrecht ausgeschaltet. Nicht nur zurückgedrängt. Ausgeschaltet. (Wie man Licht an und ausschaltet. Es ist entweder dunkel, oder es ist hell. Nicht ein „bisschen" hell. Nein. Dunkel.) Dieses Verhaltensmuster ist völlig unbewusst. Wir bemerken es gar nicht. Das hat Gott sei Dank selten so fürchterliche Auswirkungen wie auf der USS Vincennes. Aber es passiert häufig dann, wenn Sie in einer Situation stehen, die mit starker Adrenalin-Ausschüttung verbunden ist. Ihr Gehirn ruft dann manchmal genau die falschen Verhaltensmuster ab. Ist das Manipulation? Natürlich! Sie werden dabei nicht bewusst von einer Person manipuliert. Aber seine Autorität – oder meinetwegen sein autoritäres Gehabe – führen bei Ihnen zu einer regelrechten Blockade.

Marschflugkörper in der Kantine

Gibt es Menschen, die dieses Phänomen ganz **gezielt** einsetzen, um Sie zu manipulieren? Da können Sie wetten. Es ist sogar ein sehr probates Mittel. Eigentlich die am häufigsten verwandte Handhabe. Sie ist recht plump. Aber sie wirkt. Maskierung bedeutet im Grunde nämlich nichts anderes als Ablenkung. Wenn Sie jemand von etwas ablenken will und es vorher ganz sachlich, aber ohne Erfolg versucht hat – und wenn ihm sehr viel daran liegt, dass Sie sich hier und heute eben nicht durchsetzen – dann wird er Sie plötzlich persönlich angreifen. Und zwar genau an dem Punkt, der Ihnen wehtut. Das treibt Ihr Adrenalin reflexartig so stark in die Höhe, dass Sie anfangen sich in Ihrer eigenen Argumentationskette zu verirren. Sie vergessen (im Wortsinn) die eigenen Argumente. Sie können sich nicht mehr daran erinnern und fangen an wild herumzuspekulieren. Ich gebe Ihnen ein Beispiel.

Sie sind im Betriebsrat und Mitglied des Kantinenausschusses. Personalchefs müssen sich öfter als Sie glauben mit der Qualität, der Quantität, der Nahrhaftigkeit, der Vielfalt, dem Preis des Kantinenessens auseinandersetzen, häufiger als zum Beispiel mit Problemen der Arbeitssicherheit. Klingt absurd. Ist aber so. Selbstverständlich ist es Ihre Aufgabe sicherzustellen, dass die Mitarbeiter nicht mit irgendeinem Fraß eines outgesourcten Kantinenbetreibers gefüttert werden. Das macht Sinn. Wer falsch isst, kann sich nicht richtig konzentrieren, ist anfälliger gegen Stress und macht demgemäß auch mehr Fehler. Um das zu wissen, brauchen Sie kein Ökotrophologe zu sein. Nur schlank. Was wird ein arglistiger Personalchef tun, um Sie bei einer Ausschusssitzung aus dem Konzept zu bringen? Sie sind nicht schlank. Sie ahnen es schon. Nur eine kleine Bemerkung. Die reicht schon. Sie wirkt wie ein Marschflugkörper. Abgefeuert. Treffsicher. Gewaltige Zerstörungen. „Größere Portionen machen größere Bäuche." Wollen wir wetten, dass Sie Ihre Gelassenheit verlieren?

Was lernen Sie im Moment daraus?

Garantiert werde ich Ihnen jetzt nicht sagen: „Dann reißen Sie sich doch am Riemen und stellen sich Ihren autoritären Chef eben in Unterhosen vor." Glauben Sie mir: In Unterhosen wirkt er noch viel bedrohlicher. Es gibt – im Moment – auch keine gute „Anti-Angst-Strategie" – die ich Ihnen anbieten könnte. Tief durchatmen hilft da wenig. Im Kapitel *Über Gelassenheit* werden Sie aber fündig. Sie sollen nur in Zukunft erkennen, wann man Sie durch Maskierung versucht mundtot zu machen. Sie mit ganz unfairen Mitteln zu manipulieren. Es ist nichts als eine Technik. Nichts weiter. Haben Sie diese „Technik" erst erkannt, dann wirkt sie nicht mehr so stark. Alles, was ich erkannt habe, macht mir weniger Angst. Zu einfach? Ist auch einfach. Das war's zu diesem Thema Manipulation durch Maskierung. Machen Sie sich über das nächste Kapitel her. Es bleibt spannend.

3.6 Die tit-for-tat-Manipulation

Wie du mir – so ich dir! Das ist eine mögliche Übersetzung von „tit-for-tat". Menschen neigen dazu, Gleiches mit Gleichem zu vergelten. Mit diesem Grundmuster menschlicher Kommunikation kann man auf sehr einfache Weise erheblichen Manipulationsdruck ausüben. Derjenige der „tit" sagt, tut dies dabei nicht in der ehrlichen Absicht, eine faire Verhandlung zweier Standpunkte anzustoßen, sondern um andere zu einem vorhersagbaren Verhalten zu provozieren. Vorsicht. Diese Manipulation wird oft mit der „foot-in-the-door-Manipulation" verwechselt. Darüber hören Sie später etwas. Sie funktioniert aber deutlich subtiler. Die Reaktionen auf „tit-for-tat" nutzt dem Manipulator. Er kennt unseren scheinbar eingebauten Code für Fairness, das heißt, unseren inneren Drang, Gutes mit Gutem zu vergelten. Dabei setzt er einen „Hebel" ein. Er gibt ein wenig, um dafür mehr zu erhalten. Sie erleben das jeden Tag. Und Sie merken es nicht. An dieser Stelle: keine psychologische Spielsituation – sondern einen Ausflug in unsere tägliche tit-for-tat-Manipulation. Sie können sich also nach dem Trommelfeuer bisher ein wenig entspannen. Ich habe diese Geschichte selbst erlebt. Ich schwöre es. Psychologen lügen nicht. (-:

Aus dem Leben – Mit Max an der Käsetheke

Max ist ein guter Freund. Er bringt ungefähr 200 Pfund Lebendgewicht auf die Waage und hat das Gemüt eines Fleischerhundes, will sagen, ihn bringt nichts aus der Ruhe. Seine Kleidung ist ständig eine Spur zu geckenhaft, nie sieht man ihn ohne Anzug und Krawatte. Seine Farbzusammenstellungen sind dabei gewöhnungsbedürftig. Aber er ist eine „Type". Es ist ein warmer Tag im August. Ich hätte seinen Gesichtsausdruck besser deuten sollen. Er setzt ihn meistens auf, wenn er etwas Skurriles im Kopf hat. „Lass uns essen gehen. Und trinken.", sagt er grinsend. „Und alles umsonst." Vielleicht bin ich an diesem Nachmittag etwas ermattet von der Woche mit widerspenstigen Trainees – jedenfalls leiste ich keinen großen Widerstand und trotte hinter ihm her. Zum „Kaufplatz" – ein großes Kaufhaus mitten in der Stadt (Name geändert). Ich hätte besser kurz nachgedacht, jedenfalls stehe ich vor dem absolut peinlichsten Nachmittag meines Lebens. „Lass mich nur machen. Du kannst ja deine Psychologenbrille aufsetzen." Damit bricht man meinen Widerstand immer. Max weiß das. Ich mache mich also auf eine Studie am lebenden Objekt gefasst.

Diese Studie fängt in der Feinkostabteilung des „Kaufplatz" an. Kurz nach dem Drehkreuz, bei dem man nie weiß, wie man den Einkaufswagen durchbekommt, bis man merkt, dass man sich ihn erst dahinter greifen sollte, sehe ich, wie Max seinen Blick fokussiert. Wir werden postwendend von einer dieser leutseligen Promoterinnen angesprochen: „Na – die Herren? Ein Prösterchen in Ehren?", sagt eine etwas mollige Dame mittleren Alters, an der die Mühsal ihres Berufes nicht ganz spurlos vorübergegangen ist. Sie steht vor einem sauber aufgebauten Stapel Bierkästen. Ein kleines Tischchen davor. Max greift beherzt nach dem Glas Altbier, das uns entgegengehalten wird. „Danke", sagt er kurz – und kippt es genüsslich herunter. „Danke – auf einem Bein kann man nicht stehen" – und flugs ist das zweite Bier seiner natürlichen Bestimmung zugeführt. „Und mein Freund hier?", fragt Max.

Ich trinke eigentlich nie am Tag schon Alkohol, aber diesem Gruppendruck kann ich mich schwerlich entziehen. Nach einigen Gläsern bedankt sich mein Freund und schlendert weiter. In seinen Einkaufswagen hat er eine Tüte Sojamilch für 39 Cent gelegt. „Wir fallen sonst zu sehr auf" sagt er augenzwinkernd. Drei Gänge weiter hat uns schon ein Käseverkäufer entdeckt. Den armen Kerl haben sie als Franzosen kostümiert. Die Baskenmütze liegt wie ein toter Vogel auf seinem glatt rasierten Schädel und er ist augenscheinlich schon ziemlich genervt. (Na ja – stehen Sie mal den ganzen Tag in einem Geschäft mit der Aufgabe Menschen anzusprechen, die verzweifelt versuchen jeden Blickkontakt mit Ihnen zu vermeiden.) „Möchten Sie einmal (einmal!) unseren Käse aus dem Périgueux probieren?" Max greift sich eines der herumliegenden Messer (das größte), sagt zuckersüß „Danke" und schneidet sich von dem Laib ein ziemlich großes Exemplar selbst herunter. „Mit etwas Brot würde man die Aromen besser durchschmecken", murmelt er kauend. Worauf ihm der Franzose – glücklich, endlich Aufmerksamkeit zu bekommen – ein tüchtiges Stück des Weißbrots reicht, dass auf seiner Theke liegt. Nach dem Bier ist es wirklich köstlich. Das muss ich zugeben. Obwohl mir langsam schwant, was Max mit „umsonst essen und trinken" gemeint hat. Um die Geschichte abzukürzen: Wir gehen gesättigt und stark angeschickert an der Kasse vorbei, zahlen unsere Sojamilch und lassen etwa sechs Promotoren mit offenen Mündern hinter uns zurück. Wurst aus Westfalen. Krabben aus Büsum. Weißwein von der Aar. (Der war sehr gut. Die freundliche Weinkönigin wollte uns gar nicht mehr weglassen.) Sogar eine leckere Eisspezialität als Nachspeise war noch drin. Max schaut mich grinsend an. Sagt aber nichts. Was hat er vor? Unser Weg führte uns im „Kaufplatz" noch an folgenden Stationen vorbei: Einem Stand, an dem es kostenlose T-Shirts mit „Kaufplatz"-Aufdruck gibt und dazu einen Luftballon in Herzform. „Zur Gartenarbeit und für meine Neffen", flüsterte mir Max mit der Miene eines Geheimnisträgers zu.

Und dann in einer Abteilung, in der ein frustrierter Chinese versucht Liegesessel mit eingebauter Massagefunktion zu verkaufen. (Stückpreis 3.499 Euro! Kein Wunder, dass alle Käufer einen großen Bogen um ihn machen.) Wir beide haben uns jedenfalls erst einmal wohlig grunzend 15 Minuten hineingelegt und den Einkaufsstress wegmassieren lassen. *Den Luftballon tauscht Max zum Schluss noch in der Parfümerieabteilung ein, gegen etwa zwanzig Pröbchen teuren Parfüms und wunderbar duftender Hautcreme „für den Mann 50+". Die stark geschminkte Verkäuferin kann seinem Charme einfach nicht widerstehen. Mit dem Luftballon in der Hand schaut sie uns wehmütig nach, als wir jetzt mit etwas schwankendem Schritt den „Kaufplatz" verlassen.*

Diebstahl bei Starbucks

„Und?", sagt Max unbeeindruckt. „Was sagt der Psychologe dazu?" Mein etwas benebeltes Gehirn ist verwirrt. Irgendwo in den Tiefen meines Gedächtnisses wird ein Glöcklein angeschlagen. Ich weiß noch nicht recht, was dabei herauskommt. *„Na – dann gehen wir erst einmal zu Starbucks und trinken einen guten Kaffee", sagt Max.* Was führt er nun wieder im Schilde? Nichts Besonderes. *Dieses Mal ist es glatter Diebstahl. Er greift sich einen der überteuerten Becher mit Starbucks-Aufdruck und lässt ihn mit diesem oberleckeren Latte Macciato füllen. Zahlt den Kaffee. Trinkt ihn aus und lässt die Tasse später mitgehen.*

Jetzt fällt es mir ein. Robert Cialdini. Stichwort Starbucks. Darüber hat er auch geschrieben. Genau. Der sympathische Psychologe von der Arizona State University, der vor zwölf Jahren dieses wunderbare Buch *Die Psychologie des Überzeugens* publiziert hat. Er beschreibt darin unter anderem sehr unterhaltsam und ausführlich die Wirkung von kleinen Geschenken, wenn man Menschen veranlassen will, etwas zu kaufen, was sie eigentlich nicht kaufen wollten. Toll geschrieben. Ich mache erst ein kleines, meist wertloses Geschenk. (Bierchen, Käse, Krabben …) Warte, bis der Beschenkte es in der Hand hat, es vielleicht sogar kostet – und biete ihm dann ein Produkt zum Kauf an. Der Beschenkte kann nicht widerstehen und kauft.

Das ist der Einstieg in die tit-for-tat-Manipulation. Mein Glöcklein im Kopf bimmelt. Aber etwas dissonant. Irgendetwas stimmt hier nicht. Haben wir beim Kaufhausbesuch nicht gerade erlebt, wie diese Masche völlig ohne

Erfolg blieb? Denn meine Psychologenbrille hatte ich tatsächlich auf, und es war mir nicht entgangen, wie glücklich all diese Promotoren waren, dass sich überhaupt irgendjemand um sie kümmerte. Ihre Stände schienen von einer unsichtbaren, aber undurchdringlichen Glocke des Desinteresses umgeben zu sein. Da, wo sie standen, war immer viel Platz. Alle anderen Käufer hatten geflissentlich einen großen Bogen um sie gemacht. Richtig: Shifting baseline. Das ist der fachliche Begriff. Hatte ich eben erlebt, wie Menschen ihre Gewohnheiten verändern? Das hatte ich sehr wohl. Die „Masche" des Überzeugens durch Geschenke verfängt nicht mehr. „Klick-surr" hatte das Cialdini genannt. Eine schöne Metapher. Jemand klingelt, und wir „sabbern wie der Pawlow'sche Hund". Sie scheint abgenutzt. Abgenutzt wie die ganzen „Sales-Schilder", die feinsinnigen Dekorateuren die Schamröte ins Gesicht treiben. Es gibt heute kaum noch einen Stand oder eine Auslage, von der uns diese Schilder nicht anschreien. „Hier billiger. Noch billiger. Umsonst!" Sie haben dazu geführt, dass wir unsere angeborene Gier, etwas zu kaufen, aber weniger dafür zu bezahlen als es wert ist, – unsere *Baseline* – über die Jahre merklich verschoben haben. Auch die ehernen „Weber'schen Gesetze" sind wohl außer Kraft gesetzt. Oder eben gerade nicht? Sie lauten stark verkürzt: *Je höher ein Grundreiz ist, desto stärker muss der zusätzliche Reiz ausfallen, damit der zusätzliche Reiz bewusst wahrgenommen wird. (Grundreiz = Baseline)*

Daraus folgt: Wir sind augenscheinlich nicht mehr so leicht zu manipulieren wie noch vor zehn Jahren. Manipulation, die uns quasi im Vorbeigehen untergeschoben wird, zeigt keine Schusswirkung mehr. (*Ja, ich habe es kapiert. Ich bin geizig und geil. Oder so ähnlich.*) Ich wette, dass der Einzelhandel das irgendwann merkt. SHELL scheint seine Hausaufgaben schon gemacht zu haben. Seit Kurzem wird mein Auto wieder von einem liebenswürdigen Tankwart betankt. Dazu ein freundlicher Gruß. Kein Dieselgestank mehr an meinen Händen. Ich kaufe noch eine Zeitung und frische Brötchen. Der erste Schritt.

Verhandeln wie ein Araber

Ich bin fest davon überzeugt, dass wir in Zukunft nicht mehr von ge-langweilten Verkäufern übersehen werden, wenn wir hilflos durch die Regale schlendern. Selbstbedienung wird in den nächsten Jahren in den Hintergrund treten. Dann wird der Job des Verkäufers auch erheblich inte-ressanter. Vorausgesetzt, die Verkäufer bekommen eine gute Schulung in Verhaltensökonomie. Die Sales-Schilder verschwinden. Allerdings werden wir dann wohl darauf konditioniert sein, dass es sich lohnt, mit einem Verkäufer persönlich zu verhandeln. (Übrigens: Wenn Sie keine Lust darauf haben, geschult zu werden, oder kein Geld, dann schicken Sie Ihre Ver-käufer nach Beirut. Da können sie die alte Kunst des Verhandelns von den arabischen Nachfahren der Phönizier in jedem Geschäft lernen.) Sie werden dabei aber sicher schmerzvoll an den Ausspruch von Nestroy erinnert: „Die Phönizier haben das Geld erfunden. Aber warum so wenig?"

Rechnen Sie also damit, dass Sie in Zukunft persönlich verhandeln dürfen. Damit Sie dabei nicht auf den ältesten Verhandlungstrick des Orients her-einfallen, hier eine kleine Anleitung, wie Sie sich dagegen wehren können.

Stellen Sie sich folgende Spielsituation vor: Jemand gibt Ihnen und einer zweiten Person einen Hundert-Euroschein zum Teilen. Einer von Ihnen darf das erste Angebot machen. Sagen wir einmal, das wären Sie. Es gibt aber eine Regel dabei: Wenn die andere Person Ihr Teilungsangebot ablehnt (viel-leicht weil es zu niedrig ist) dann bekommen beide Parteien nichts. Tricky? Mehr als Sie annehmen. Anhand der Spielsituation hat man unser quasi „eingebautes Gefühl für Fairness" bestätigt. Mit einer Schwelle, die ziemlich gut definiert ist. Sie sagen sich also: „Ich biete dem anderen zehn Euro an. Neunzig behalte ich. Er wird schlau sein und mein Angebot nicht ablehnen. Schließlich sind zehn Euro besser als null Euro. Das Angebot ist zwar ungerecht, aber egal. Der andere wird es sich gut überlegen." Tut er aber nicht. Die Ablehnung kommt schnell und spontan. Seine Rachegefühle sind ihm glatt zehn Euro wert. Er fühlt sich nämlich unfair angespielt. Resultat:

beide bekommen nichts. Sie nicht. Er nicht. Sie sind frustriert. Der andere befriedigt. Die Stimmung zwischen Ihnen beiden ist hinlänglich versaut. Das widerspricht jetzt dem schon so oft zitierten „gesunden Menschenverstand". Aber seit wann ist der Menschenverstand gesund? (Verzeihung.) Interessant ist nun die Frage, bei welchem Angebot Sie einen Vorteil für sich einheimsen können. Wann ist die Gier des Anderen größer als sein Ärger? Bei 30 Euro? Bei 40 Euro? Um es vorweg zu sagen: Die meisten Menschen (nicht alle) akzeptieren ein unfaires Angebot, wenn es nicht unfairer ist als etwa 20 Prozent. Mit anderen Worten: Bieten Sie Ihrem Gegenspieler 20 Euro an, dann ist er eher geneigt, dieses Angebot zu akzeptieren. Er ist zwar immer noch sauer, aber das Spiel geht für beide auf. Immerhin sind 20 Euro besser als null Euro. Und 80 Euro sowieso. Wird dieses Spiel allerdings öfter als einmal gespielt, kommt es wieder zu einem „Baseline Shift". Ihr Gegenspieler wird immer cleverer. Schließlich enden Sie bei etwa 50/50.

In der neuen Welt der persönlichen Manipulation wird es sich zunehmend lohnen, mit einem Verkäufer persönlich zu verhandeln. Was wird also in Zukunft passieren, wenn Sie sich zum Beispiel einen neuen Cashmere-Pullover kaufen?

Der Pullover ist mit 250 Euro ausgezeichnet. Sie wissen mittlerweile, dass gehandelt werden darf. Der Verkäufer wird nun versuchen, Sie zu einem ersten Angebot zu veranlassen. Vorsicht Falle. Sagen Sie etwas. Sagen Sie zum Beispiel 220 Euro. Jetzt setzt der Verkäufer sein traurigstes Gesicht auf, erzählt Ihnen von seinen fünf Kindern und der alten Mutter, den Alimenten, die er für weitere sieben Kinder zahlen muss, und zeigt auf seine abgewetzte Hose. „Also, dann trennen uns genau 30 Euro?", das ist vermutlich die mit gespieltem Frust herausgedrückte nächste Frage, nicht ohne dabei deutlich mit dem Kopf zu schütteln und einem Augenaufschlag, der klar ausdrückt: „Der Kerl muss völlig verrückt sein." Jetzt macht der Verkäufer Ihnen ein Gegenangebot. Achtung. Sein Gegenangebot bezieht sich nicht auf den ursprünglichen Preis von 250 Euro, sondern nur auf die Differenz zwischen Ihrem Angebot und seinem Angebot. (Das, was auf dem Preisschild steht.)

Deswegen hat er die Kaufpreisdifferenz deutlich genannt. Er hat sie „iso-
liert". 30 Euro. Sie erwarten nun, dass er sich mit Ihnen auf der Mitte trifft.
Tut er aber nicht. Er kennt das tit-for-tat Spiel und macht Ihnen ein An-
gebot, dass auf jeden Fall etwas höher ist als 20 Prozent der Preisdifferenz.
Böte er Ihnen zu wenig, sagen wir einmal zehn Prozent, also 3 Euro Nach-
lass, (auf die Differenz) dann würden Sie es als so unfair betrachten, dass
*Sie mit großer Wahrscheinlichkeit **den Kaufvorgang komplett abbrechen***
***würden**. In diesem Fall bekämen Sie beide nichts. Er hätte seinen Pullover*
nicht verkauft, und sie müssten weiter in Ihrem speckigen Norwegerpulli
herumlaufen. Was macht der Verkäufer? Er bietet Ihnen 30 Prozent auf die
Preisdifferenz an. Also neun Euro. Sie sind zufrieden. Gekauft haben Sie für
241 Euro. Kein wirklich guter Deal?

3.7 Das Break-up-Phänomen

Sehr anstrengende Arbeit manchmal durch Pausen zu unterbrechen ist gut.
Sehr angenehme Erlebnisse möchten wir jedoch pausenlos andauern lassen. Das ist völlig natürlich und entspricht Ihren und meinen Annahmen.
So verhalten wir uns – und das macht uns zur leichten Beute von Manipulatoren. Sie beherrschen es nämlich, Gefühle – gleich ob positiv oder negativ – entweder abzuschwächen oder zu verstärken. Manipulatoren wissen,
dass wir im Zustand der Euphorie dazu neigen, irrational zu handeln. Im
Sinne des Manipulators natürlich. Ein positiv anklingendes Gefühl kann er
verstärken – und nicht nur das. Er kann es auch verlängern. Er hält uns
gefangen in Euphorie. Sie soll nicht abklingen, sondern so lange andauern,
bis er sein Ziel erreicht hat: uns zu veranlassen eine Entscheidung zu treffen, die wir so spontan eigentlich nicht treffen wollten und die uns hinterher, wenn es zu spät ist, leid tut. (Nein – dies wird keine Abhandlung über
Hypnose. Es geht viel einfacher.)

Schauen wir uns Ursachen und Wirkungen einmal genau an. Dazu möchte ich Ihnen jemanden vorstellen: den sympathischen jungen Professor Tom Meyvis von der New York University. Ansonsten belästige ich Sie, wie Sie wissen, nicht mit den tausenden von Dokumenten, Artikeln, Studien, Doktorarbeiten, die von den Universitäten jedes Jahr zum Thema publiziert werden. Auch nicht mit den tausenden von Wissenschaftlern, die im Fachbereich Psychologie forschen und publizieren. (Sich hier einen systematischen Überblick zu verschaffen, war übrigens nicht mit Glücksgefühlen für mich verbunden. Das kann ich Ihnen versprechen.) Aber Tom Meyvis sollten Sie kennenlernen. Er hat 2008 eine Studie veröffentlicht, die großen Widerhall gefunden hat. Allerdings bisher nur in der Wissenschaftsgemeinde.

Der Titel lautet: *Interrupted Consumption: Disrupting Adaptation to Hedonic Experiences* (Journal of Marketing Research, 45 (December), 654-664. Meyvis (et al.))

Ich werde die Studie für Sie in ganz alltägliche Lebenssituationen übertragen. Tatsächlich bin ich darauf gestoßen, als ich an einem Nachmittag bei der Sichtung des Quellenmaterials zu diesem Buch plötzlich den Wald vor lauter Bäumen nicht mehr sehen konnte. Ich war total frustriert und überlegte, warum ich mir dieses Buch überhaupt antue. (Aus Eitelkeit?) Normalerweise schreibe ich gerne. Ich bin dabei im „Flow". Bin glücklich. Flow ist ein Begriff, der von dem Psychologen Mihaly Csikszentmihalyi in die Welt gebracht wurde. Er beschreibt einen Glückszustand, den man als ein komplettes Aufgehen in einer Aufgabe bezeichnen könnte. Völlige Konzentration, ohne sich bewusst konzentrieren zu müssen. Eine harmonische Balance zwischen Überforderung und Unterforderung. Sogar Herzschlag, Blutdruck und Atmung sind optimal koordiniert. Es besteht völlige Harmonie zwischen dem mächtigen sogenannten limbischen System unseres Gehirns und Bereichen, die im Neokortex angesiedelt sind und denen man die Ausbildung von Bewusstsein und Verstand zuschreibt.

Rasen mähen, wenn der Flow weg ist?

Aber dieser Flow war bei mir plötzlich vollkommen unterbrochen. Mein „Glücklichsein" hatte sich in wenigen Minuten völlig aufgelöst. Und ich konnte es auch nicht wieder herstellen. Das sind die Augenblicke, in denen man eigentlich eine lange Pause einlegen sollte. Sagt man. Wenn man schreibt, nimmt man sich jedoch immer größere Zeiteinheiten vor. Zeiteinheiten, in denen man wirklich von nichts abgelenkt wird und auch sonst keine wichtigen anderen Aufgaben bewältigen muss. Was also tun mit solch einer ungewollten Zwangspause? Vielleicht den Rasen mähen? Oder anfangen die Garage aufzuräumen? Oder – und dafür hatte ich mich entschieden – einfach mal etwas herumzugoogeln. So traf ich auf die Studie. Was als Ablenkung gedacht war (was hat Glücksforschung schon mit Manipulation zu tun?) entpuppte sich jedoch als echter Volltreffer. Tom Meyvis beschreibt in dieser Studie einige sehr seltsame Phänomene, die entstehen, wenn wir versuchen „das Glück festzuhalten". Kann man das? Oder anders herum gefragt: Kann ich Glücksgefühle wenigstens verstärken, wenn sie da sind? Verlängern vielleicht? Können das andere auch bei mir herbeiführen? Ohne dass ich das merke? Und wenn ja – wie ginge das dann?

Gehen Sie jetzt nicht ans Telefon

Nach unserer Intuition würde man annehmen, dass wir einen einmal eingetretenen Glückszustand nicht unterbrechen möchten. Tätigkeiten allerdings, die großen Frust auslösen, unterbrächen wir demnach aber gerne. Wer sitzt schon ohne Unterbrechung lustvoll an seiner Steuererklärung? Kleine Pause. Dann geht man mit neuem Mut wieder frisch an die Arbeit. Stehe ich allerdings unter einer wohlig warmen Dusche – vielleicht mit schmerzenden Muskeln nach einem übertriebenen Lauftraining –, dann käme es mir nicht in den Sinn, dieses Glücksgefühl unterbrechen zu wollen. „Das Telefon soll doch klingeln, bis ihm die Luft ausgeht. Ich bleibe hier. Mindestens so lange, bis das warme Wasser aufgebraucht ist." (Oder so lange, bis meine zwei Töchter vor dem Badezimmer anfangen Amok zu laufen ...) Soweit zu unserer ganz plausiblen Annahme. Leider – diese Annahme ist falsch. Sehr eigenartig. Unterbrechungen **verstärken** laut Meyvis nämlich die Gefühle, die ich bei einer Tätigkeit empfinde. Sowohl negativ wie positiv. Das klingt fast absurd. Heißt das etwa, dass ich durch bewusst herbeigeführte Unterbrechungen mein Glücksgefühl wirklich subjektiv verlängern kann? Genau das heißt es.

Unzählige Probanden haben diese Theorie immer wieder bestätigt. Tom Meyvis ist mit dieser Studie ziemlich bekannt geworden.

Fragt man sie im Nachhinein, ob sie auf einer angenommenen Glücksskala sehr glücklich waren oder nur etwas glücklich, dann schneiden diejenigen erheblich besser ab, die ihre Tätigkeit freiwillig oder unfreiwillig unterbrochen hatten. Umgekehrt hatten sich die Frustrationserlebnisse der Testpersonen bei einer Unterbrechung deutlich verstärkt und verlängert. Nein – die Pause hatte ihnen nicht geholfen. Im Gegenteil. Sie hatte dazu geführt, dass sie mit noch mehr Widerwillen ihre Tätigkeit wieder aufnahmen und im abschließenden Ergebnis sich dann als sehr gefrustet bezeichneten.

Manche Blasenspiegelungen machen glücklich

Sie kennen wahrscheinlich den Ausspruch, dass man sich das am besten merkt, was man zuletzt gehört hat? Hier passen Intuition und Wirklichkeit endlich einmal gut zusammen. Das was ich zuletzt gefühlt habe – aber auch das, was ich zuletzt gesehen, gehört, geschmeckt, gerochen habe, merke ich mich sehr viel dauerhafter als alle Empfindungen vorher.

Die vielen Studien dazu will ich Ihnen ersparen. Hier sind nur die Resultate einer sehr bezeichnenden „Untersuchung":

Getestet wurden Männer, die sich einer äußerst unangenehmen Blasenspie-
gelung unterziehen mussten (nein – das waren medizinisch notwendige
Untersuchungen. Soweit gehen Psychologen nun doch nicht …). Dabei wird
ein dünner Schlauch durch den Harnkanal des Penis geführt. Bis herab zur
Blase. (Grässlich, sich das auch nur vorzustellen.) Zwei Gruppen wurden
untersucht. Bei der einen Gruppe dauerte die Untersuchung ungefähr 20
Minuten. Bei der anderen nur 12 Minuten. Alle hatten den gleichen Schmerz-
Peak. Allerdings entstand der Schmerz-Peak bei den bedauernswerten 20-Mi-
nütern etwa nach 10 Minuten, also ungefähr in der Mitte der Untersuchung,
bei den 12-Minütern entstand er jedoch etwa in Minute 10, also fast am Ende
der Untersuchung. Soweit so gut, beziehungsweise schlecht. Nun müsste man
eigentlich annehmen, dass die Gesamtschmerzbelastung von den 20-Minü-
tern als deutlich höher empfunden wurde. Immerhin dauerte die Harnspie-
gelung bei ihnen fast doppelt so lange. Irrtum. Die 12-Minüter hatten das
subjektive Gefühl, ihre Schmerzbelastung wäre deutlich höher. Wie kommt
das? Entscheidend ist hier die Position des Schmerz-Peaks. Bei den 12-Mi-
nütern lag der Schmerz-Peak ganz am Ende der Untersuchung. Den hatten
sie aber dauerhaft abgespeichert. Daher empfanden sie die ganze gruselige
Prozedur als deutlich unangenehmer als sie in Wirklichkeit war. Bedenken
Sie: Gleich hoher Schmerz-Peak bei beiden Gruppen. Die 12-Minüter hatten
aber subjektiv das Gefühl, die wirklich Gemarterten zu sein.

Schon komisch. Ganz unbekannt ist Ihnen diese Theorie vielleicht nicht.
Bringen wir diese beiden Phänomene nun zueinander. (Da sind Sie jetzt ge-
spannt, wie ich Blasenspiegelungen mit Glücksforschung zusammenbringe
und dann den Bezug zu Manipulation herstelle, oder?)

Der Pausenclown ist der Hauptdarsteller

Ein geschickter Manipulator kann das Break-up-Phänomen (und den Me-
mory-Effekt) gekonnt ausnutzen, um aus einem positiven Gespräch ein
überaus positives Gespräch zu „basteln". Sie sind anschließend nicht nur

zufrieden, sondern Sie sind *begeistert*. Ein ziemlicher Unterschied. Dieser Unterschied kann das berühmte Zünglein an der Waage sein, das Sie veranlasst Ihre Unterschrift unter zum Beispiel einen Vertrag zu setzen, über den Sie vielleicht besser noch einmal gut nachgedacht hätten.

Jemand möchte Ihnen etwas verkaufen. Was wird ein guter Vertreter tun? Richtig. Er baut seine Strategie auf zwei gleichwertige Zeiteinheiten auf. Jede Zeiteinheit für sich genommen hat am Ende einen Höhepunkt. Die Zeiteinheiten werden durch eine adäquate Pause unterbrochen. Wie lange darf die dauern? Ich gebe Ihnen ein Beispiel. Zeiteinheit eins 30 Minuten. Pause 3 Minuten. Zeiteinheit zwei wieder 30 Minuten. Diese Taktik wirkt wie ein starker Hebel. An den Inhalten des Gesprächs hat der Manipulator nichts verändert. Er hat es nur aufgebrochen und besser dramatisiert (zwei Höhepunkte mit Unterbrechung). Dabei ist natürlich vorausgesetzt, dass es eine gute Gesprächsatmosphäre gibt. Ohne sie klappt das nicht. Aber kämen Sie auf die verrückte Idee, ein sehr gut laufendes Gespräch – durch das Sie etwas erreichen wollen – zu unterbrechen? Sicher nicht. Sie würden sich genau anders verhalten. NICHT unterbrechen. Wenn Sie also das nächste Mal „endlich" einem Vertreter für Wintergärten gegenübersitzen – Sie träumen schon lange davon, Ihre Terrasse überdachen zu lassen –, und er macht Ihnen einen sehr schicken und preiswert aussehenden Vorschlag – Sie sind richtig begeistert, wollten sich aber heute noch gar nicht final entscheiden – dann fallen Sie nicht auf eine eklige Manipulation herein. Der gute Mann fragt nämlich nach etwa 30 Minuten, ob er Ihre Toilette aufsuchen darf. Natürlich darf er das. Anschließend geht das Verkaufsgespräch weiter. Das bemerken Sie natürlich gar nicht. Es fällt Ihnen gleichfalls nicht auf, dass Ihre erste Begeisterung durch diese kleine Pause stark angewachsen ist. Eigentlich könnte man annehmen, dass Sie diese Pause unbewusst nutzen, um Ihre Euphorie zu dämpfen. Und genau das passiert nicht! Er hat sie nämlich von einem leichten Glücksgefühl geradezu in diesen Zustand der Euphorie hineinmanipuliert. Nur durch eine simple Unterbrechung. Ihr Glücksgefühl ist verstärkt. Ihr Gehirn ist überschwemmt mit Dopamin – Sie denken nicht groß weiter nach und unterschreiben hier und heute einen Vertrag. Ohne sich Vergleichsangebote angesehen zu haben. (Kommt Ihnen das jetzt komplett unglaubwürdig vor? Selbstverständlich kommt Ihnen das unglaubwürdig vor. Warum? Ich habe Ihnen ja schon ein paar Hinweise darauf gegeben, dass Menschen sich manchmal exakt anders verhalten als zu vermuten ist.) Deshalb funktioniert dieses Beispiel *im Buch* nicht. Aber im wirklichen Leben funktioniert es sehr oft. Dann, wenn Sie diese Technik nicht kennen und noch nie etwas davon gehört haben.

Übrigens: Erschrecken Sie jetzt nicht gleich: die meisten Vertreter sind in Wirklichkeit viel zu feige, um diese Taktik anzuwenden. Dazu gehört nämlich eine große Portion Gelassenheit und eine gute Gesprächsstrategie. Beides haben Vertreter selten. Seien Sie also weiter freundlich zu diesem Berufsstand. Wenn Sie allerdings ein Vertreter wirklich nervt und ärgert – wenn Sie erreichen wollen, dass er mit dem Fuß aufstampft und schwitzend vor Wut die Tür von außen zuknallt – dann beschimpfen Sie ihn in zwei Etappen. Und wenn es nur Ihrem Seelenfrieden dient.

Erstaunt Sie das? Sind wir wirklich so leicht hinters Licht zu führen? Die Daten sprechen eine eindeutige Sprache. Ja – wir sind sehr leicht hinters Licht zu führen. Sie können dieses Break-up-Phänomen jetzt leicht ausnutzen, um persönliche Glücksmomente zu verlängern. Aber passen Sie gut auf. Wenn man dieses Phänomen **gegen** Sie einsetzt, dann werden Sie vielleicht veranlasst etwas zu tun, was Ihnen hinterher leid tut. Manipulation in Reinkultur.

4.
Wie andere uns führen und verführen

4.1 Die Macht der Experten

Nichts ist unausrottbarer als unser Glaube, Experten sprächen a priori die Wahrheit. Wenn dieser „Experte" dann auch noch einen Professorentitel trägt, scheinen wir unseren Verstand auf Sparflamme zu schalten. Wir selbst haben dieser Manipulation eine große Tür aufgemacht. Obwohl jeder weiß, wie akademische Karrieren zustande kommen. Schon nach dem Grundlagenstudium beginnt die Spezialisierung. Die Diplomarbeit beleuchtet ein noch kleineres Feld der Erkenntnis, denn schließlich muss sie nicht etwa das Aufzählen empirischer Fakten enthalten, sondern eine eigene geistige Leistung. Das ist ziemlich schwierig geworden heutzutage, wo Millionen von Akademikern zum Beispiel im Fach Chemie ihre Diplomarbeiten schreiben. Man stürzt sich also auf einen winzig kleinen Teil der Leinwand, und malt mit einem Pinsel, der nur ein Haar hat. Danach kommen noch ein paar weitere Jahre, bevor man endlich einen Doktortitel sein eigen nennen darf. Dabei stehen Doktoranden vor der gleichen, weit schwierigeren Aufgabe, in ihrem Fach etwas wissenschaftlich bisher Unergründetes zu finden. Das Stück der Leinwand wird noch wesentlich kleiner und den Pinsel kann man nur noch unter dem Mikroskop entdecken. Dann folgen Jahre als „Postdoc" an irgendeinem Institut, an der Universität oder in der Freien Wirtschaft. Noch einmal wird der Fetzen der Forschung kleiner, dem der Wissenschaftler seinen Namen aufprägen kann. Bis zum ersehnten Professorentitel und so weiter und so weiter. Auf keinen Fall ist man anschließend in der Lage, mit breitem Pinsel ein großes und prächtiges, meinetwegen auch nur impressionistisches Bild seiner kompletten Wissensdisziplin zu malen. Im Gegenteil. Schließlich ist man als Nobelpreisträger (die ultimative Stufe der akademischen Laufbahn) zu einem Fachidioten geworden, wird aber im Fernsehen als Genie herumgezeigt und darf alles sagen. Eigentlich ist man zur Fata Morgana geworden. Die aktuelle Finanzkrise zeigt dies überdeutlich. Wir verhalten uns Experten gegenüber nämlich völlig falsch. Wir sollten eher skeptischer sein – als gläubiger. Kaum ein Problem ist so simpel, dass es von nur einem einzigen Experten beschrieben oder gar gelöst werden kann.

Nobelpreisträger in der Küche

Wenn Sie in Ihrem täglichen Leben eher weniger mit Nobelpreisträgern zu tun haben – wie wäre es mit den vielfältigen Problemen beim Einbau Ihrer neuen Küche?

Sie benötigen einen Installateur. Der hat aber keine Ahnung von Elektrik. Dann muss ein Fachmann die schönen neuen Fliesen anbringen. Schließlich kommt noch der Maler, der verputzt und alle Löcher streicht. Anschließend brauchen Sie einen Eheberater, weil die Küche doch nicht so aussieht, wie Ihre Holde es sich vorgestellt hatte. (Kleiner Scherz.) Kämen Sie auf die Idee, diese Aufgaben einem Professor für Innenarchitektur zu übertragen? Das ist natürlich eine rhetorische Frage.

Nobelpreisträger melden Konkurs an

Ein klassisches Beispiel dafür, wie Experten sogar viele tausend Fachleute manipulieren konnten – gerade wegen ihres Nobelpreises – ist der Zusammenbruch des 1998 größten Hedgefonds: Long-Term Capital Management, kurz LTCM genannt.

Long-Term Capital Management (LTCM) war ein 1994 von John Meriwether (früherer Vize-Chef und Leiter des Rentenhandels bei Salomon Brothers) gegründeter Hedgefonds. Unter den Präsidenten waren auch Myron Samuel Scholes und Robert C. Merton, denen 1997 der Nobelpreis für Wirtschaftswissenschaften verliehen wurde. Zur Katastrophe kam es letztlich durch eine Währungskrise in Russland 1998, die so weit ging, dass die Börsen in Moskau und St. Petersburg ihren Handel einstellen mussten. Nichts ging mehr. Große Fonds und Portfolios wurden aufgrund der Russlandkrise verstärkt in sichere US-Staatspapiere (US-Treasury Bonds) umgeschichtet. In Europa wurde gezielt wieder in sichere deutsche Festverzinsliche investiert und gleichzeitig wurden etwa italienische Festverzinsliche, denen jetzt stärker misstraut wurde, verkauft, genau umgekehrt als es von der bevorstehenden Einführung der EU-Währungsunion zu erwarten gewesen wäre.

Da LTCM auf ein anders Marktverhalten spekuliert hatte, kam es zu massiven Verlusten. Gleichzeitig erfuhren inzwischen viele Marktteilnehmer von LTCMs Positionen und Problemen. Im August 1998 verringerte sich das Eigenkapital auf läppische 2,1 Milliarden US-Dollar und LTCM verramschte in der Folge einen Großteil seiner Anlagen zu Schleuderpreisen, um flüssig zu bleiben. Über Kreditmechanismen wirkte die Hebelwirkung (Leverage) so stark in die Verlustrechnung, dass eine Kettenreaktion auf die internationalen Finanzmärkte befürchtet wurde. Es wurde auf politischer Ebene eine Rettungsoperation eingeleitet. LTCM stand nicht mehr genug Eigenkapital zum Ausgleich zur Verfügung und seine komplette Zahlungsunfähigkeit stand kurz bevor. In dieser Situation war ein Zusammenbrechen der US-amerikanischen und internationalen Finanzsysteme mehr als wahrscheinlich.

Und das war 1998. Nicht 2008. **Die ganze Börse hängt eben nur davon ab, ob es mehr Aktien gibt als Idioten – oder umgekehrt.**

Wir kommen jetzt nicht wirklich weiter, wenn wir auf andere Erklärungsmuster ausweichen. Kahneman (ein berühmter US-amerikanischer Psychologe, Nobelpreis 2002) hat zum Beispiel einen schönen Spruch gemacht: *„Geld wird nicht gezählt. Geld wird gefühlt."*

Und ein Hedgefond, der von zwei Nobelpreisträgern der Wirtschaftswissenschaften geführt wurde, fühlte sich eben sehr gut an.

Experten sind auch Experten, wenn sie *keinen* akademischen Titel tragen. Denn die Investmentbanker haben sich nicht lange damit aufgehalten, akademische Titel anzuhäufen. Wir sind ihnen trotzdem nachgelaufen und tun es immer noch. Bitte beachten Sie, wie stark uns die Experten der Finanzindustrie manipuliert haben, bestimmte Begriffe geradezu umzucodieren. Schulden? Meine Eltern wussten noch, dass Schulden ein sehr negativer Begriff war. Wie denken wir heute darüber? Seit etwa zehn bis zwanzig Jahren beobachten wir diese begriffliche Umcodierung. Schulden sind plötzlich mit einem Schlag nichts mehr, wofür man sich schämen müsste, ganz im Gegenteil. Wer sich nicht verschuldet, ist naiv. Warren Buffett hat das einmal sehr elegant ausgedrückt: „Debt now become something to be refinanced rather than repaid." (Schulden werden etwas zum Umfinanzieren. Nicht zum Zurückzahlen.) Und alles das haben uns „Experten" eingebrockt. Wir sind ihnen gefolgt wie die Lemminge. „Aus Dreck Gold machen" – das sind die alchemistischen Weisheiten der Finanzakrobaten. Groß nachgedacht haben wir selten. Aber seltsam ist die derzeitige Finanzkrise gar nicht. Die gefühlte Erkenntnis, dass wir es nicht mehr mit realen Dingen, mit realem Handel, mit Waren und Produkten zu tun haben, sondern bloß mit Wetten auf das Eintreten bestimmter Preisbildungen, hat uns nicht wirklich gestört. Heute sind die Wetten auf „Futures" ungefähr zehnmal so hoch wie der gesamte Weltwirtschaftshandel. Der Traum der Alchemisten ist Wirklichkeit geworden. Man mixe schlecht besicherte Forderungen, klebe ein gleichfalls getürktes Gütesiegel drauf, bündele sie, gebe ihnen wohlklingende Namen – und forme daraus einen Klumpen Gold. (Ich kann auch jederzeit einen Kontrakt abschließen und darauf wetten, wie viele Schafe in Neuseeland im Jahre 2020 geboren werden. Nein – nicht mit Monopoly-Geld. Mit echtem Geld. Verrückt – oder?) Werden wir uns nach diesem Supergau der Wirtschaftsgeschichte ändern? Es sieht im Moment nicht danach aus. Es wird weltweit wieder gezockt, dass die Schwarte kracht. Und wir lassen es zu. Alles Zufall oder geschickte Manipulation?

Neonschrift im Kopf

Verlassen wir jetzt diesen Rundumschlag in die große weite Welt der Finanzindustrie. Im täglichen Leben sind wir nicht besser. Zweifelsohne versteht mein Arzt mehr von Bronchitis. Natürlich mein Anwalt mehr vom Erbrecht. Selbstverständlich mein Steuerberater mehr von Abschreibungen.

Aber Faktenwissen ist nur eine Seite der Medaille. Weisheit und Lebensklugheit eine ganz andere. Wir schalten nur allzu gerne unseren Verstand aus, wenn uns jemand als „Experte" gegenübertritt. Damit werden wir das willkommene Opfer von Experten. Vom Arzt, der mir als willkommenem Privatpatienten eine teure, aber auch wirkungslose Spezialtherapie verpasst. Vom Anwalt, der mir eine zu optimistische Prognose über den vielleicht zu führenden Prozess gibt. Vom Steuerberater, der mir empfiehlt in Schweinebäuche zu investieren, weil er „zufällig" dazu auch ein „Finanzprodukt" im Angebot hat. Wenn Ihnen in Zukunft also ein Experte gegenübersitzt – vertrauen Sie ihm ruhig – aber lassen Sie gleichzeitig vor Ihrem inneren Auge eine rote Neonschrift aufleuchten: **Vorsicht Manipulation.**

Zum Schluss dieses Kapitels singe ich Ihnen noch einen englischen Kinderreim vor:

Humpty Dumpty sat on a wall,
Humpty Dumpty had a great fall,
All the King's horses and all the King's men,
Couldn't put Humpty together again.

4.2 Manipulation durch Politikerdeutsch

Eine Rede vor dem deutschen Bundestag.

Liebe Kollegen, wir müssen uns wieder mehr den Sachthemen annehmen, weil wir schließlich ein Mandat und einen Regierungsauftrag haben. Die Glaubwürdigkeitslücke in der ganzen Breite der öffentlichen Wahrnehmung wird sonst größer. Schließlich haben wir messbare Erfolge vorzuweisen – aber unser Vermittlungsproblem wächst trotzdem immer weiter. Daher müssen wir wieder in die volle Verantwortung gehen. Ich sehe hier unmittelbaren Handlungsbedarf. Schließlich geht es hier nicht nur – aber auch – um die Zukunft der nächsten Generationen. Demgemäß plädiere ich erneut und ent-

schieden wieder dafür, dass wir alle – hier im Hohen Haus, aber besonders die Opposition – uns wieder vermehrt der Verteidigung unserer freiheitlich-demokratischen Grundrechte annehmen. Das haben wir immer gesagt, und ich will es an dieser Stelle noch einmal sehr deutlich wiederholen. Unser Vorhaben ist alternativlos. Eigenverantwortung muss weiter gestärkt werden weil, aber nicht ausschließlich und jederzeit. Die Bürger in unserem Lande erwarten wieder deutliche Signale. Haushaltskonsolidierung muss vor ungezügelter Ausgabenpolitik gehen. Realpolitik vor Wahlgeschenken. In den Gremien besteht sicher hier und da noch Gesprächsbedarf, aber das darf uns nicht dazu verleiten, quasi mit geschlossenen Augen zu verkennen, dass wir vor einer historischen Wende stehen. Einem wahrhaft historischen Ereignis. Abweichler sollen sich melden. Oder sich der normativen Kraft des Faktischen eben dann doch fügen. Hierzu haben die von notwendigen Sparmaßnahmen betroffenen Bürger und Bürgerinnen unsere uneingeschränkte Solidarität. Denkverbote bringen uns dabei nicht weiter. Die Themen sind einfach zu wichtig, um sie schnell durchzuwinken oder sogar durchzupeitschen. Dem Druck der Straße darf in diesem Punkt nicht nachgegeben werden. Allerdings: Frieden kostet auch Geld. Auf friedenerzwingende Mittel können und wollen wir nicht verzichten. Wir führen keinen Krieg in Afghanistan – aber wir sind angehalten durch die Solidarität mit der Weltgemeinschaft Frieden auch notfalls mit militärischen Mitteln durchzusetzen. Juristisch gesehen ist dies völlig korrekt. Parlamentsvorbehalte müssen jedoch ausführlich diskutiert werden und dann einer endgültigen Entscheidung zugeführt. Wir sind zwar grundsätzlich gesprächsbereit, werden uns aber nicht dagegen wehren, dieses Gesetz im Bundesrat passieren zu lassen. Alles andere wäre Populismus. Jetzt ist wieder Sachlichkeit gefragt. Nüchtern und ohne Vorbehalte muss darüber geredet werden. Die selbst ernannten Friedensapostel dürfen uns ihre Agenda nicht diktieren. Es steht eben nicht auf der Tagesordnung. Liebe Kollegen, lassen Sie uns die Menschen wieder dort abholen, wo sie stehen. Schließlich sind wir auf einem guten Weg, den Reformstau aufzulösen. Nie wieder dürfen wir davor zurückschrecken, intensiv nachzudenken und die Probleme bei der Wurzel zu packen. Es gilt jetzt, ohne Tabus eine langfristige, aber auch nachhaltige Entwicklung einzuleiten. Ob wir aus der

Atomindustrie aussteigen oder nicht, ist keine Frage von Parlamentsdebatten. Hier geht es wiederum um langfristige Perspektiven und um das Vertrauen der Bürgerinnen und Bürger.

Und hier kam mir das „Kotzen" (Verzeihung). Ich konnte nicht weiter schreiben. Weiterer Kommentar? Fast überflüssig. Diese Art der Manipulation wirkt ganz offensichtlich nicht mehr. Immer mehr Menschen gehen nicht zur Wahl – immer mehr Menschen hören Politikern nicht mehr zu. Immer mehr Menschen wenden sich gelangweilt von der Politik ab. Das Gesagte als bloßes Bla Bla abzutun wäre allerdings falsch. In der Tat hat der oben zitierte Politiker Aussagen gemacht. Diese Aussagen – decodiert – waren die Folgenden:

1. Wir machen alles richtig – aber keiner glaubt uns das.
2. Wir haben bisher vieles schleifen lassen, jetzt fängt es an aufzufallen.
3. Glücklicherweise kann man die Probleme auf Wahlperioden verschieben, die jenseits der eigenen Altersgrenze im politischen Amt liegen.
4. Später kann man sich ohnehin nicht mehr erinnern.
5. Wir haben uns bisher völlig unklar ausgedrückt und können daher leichten Herzens behaupten, wir „hätten das immer schon gesagt …" (Was denn??)
6. Es besteht Gesprächsbedarf, weil man ohne die Opposition ein Gesetz nicht durchbekommt.
7. Wir haben uns bisher innerparteilich vor aller Augen zerfleischt. Damit muss Schluss sein. Wo kämen wir sonst hin, wenn jeder Abgeordnete sich auf seine Unabhängigkeit berufen würde?
8. Proteste ignorieren wir einfach und bezeichnen sie als Druck der Straße (Straßenkinder?)
9. Denkverbote? Denken ist noch nie verboten gewesen. (Täten manche Politiker es doch endlich.)
10. Wir haben kein Geld mehr, weil bei Bund, Ländern und Gemeinden seit vielen Jahren die pure Verschwendungssucht herrscht. (Jedem Bürgermeister sein Denkmal. Und wenn's nur das Schwimmbad ist.)

11. Juristisch korrekt ist vieles. Ist es damit auch die Wahrheit?
12. Mehr Eigenverantwortung heißt: Wir haben kein Geld mehr. Spart jetzt gefälligst selbst, wenn ihr im Alter nicht arm sein wollt. Die Rente ist sicher. (Aber in welcher Höhe?)
13. Afghanistan braucht unsere Hilfe. (Aber wollen die das auch?)
14. Atomausstieg ja. Aber schaun wir mal, wie die Bevölkerung das in zwei Jahren sieht. (Notfalls kassieren wir das neue Gesetz wieder ein.)
15. Keine Sache von Parlamentsdebatten? (Wozu haben wir denn ein Parlament?)

Quintessenz, liebe Bürgerinnen und Bürger „draußen im Lande": hört einfach nicht mehr hin. Das Beste an einer Demokratie ist, dass man alle vier Jahre die Schwätzer aus dem Amt jagen kann. Basta.

4.3 Manipulation durch Framing

„Was sich überhaupt sagen lässt, lässt sich klar sagen; und wovon man nicht reden kann, darüber muss man schweigen." („... What can be said at all can be said clearly, and what we cannot talk about we must pass over in silence"). Das berühmte Vorwort zu Wittgensteins Tractatus Logico Philosophicus. Ach wäre es schön, wenn sich Menschen daran halten würden. Vor allem an den zweiten Teil: *... darüber muss man schweigen.* Nehmen wir diesen neuen Begriff Framing und hauen wieder einmal die Politiker. Einverstanden? Am Ende dieses Kapitels wissen Sie dann, wie man Manipulation durch Framing entgeht. Es ist wie meistens bei Manipulationen eine ganz harmlos erscheinende Technik, die aber trotzdem intensiv wirkt, um Sachzusammenhänge zu verwischen, Prioritäten umzuwidmen und dann aus Verwirrung eine Lösung zu zaubern, wie das Kaninchen aus dem Hut.

Das geht schon damit los, dass ich noch nie einen Politiker gehört habe, der gesagt hätte: „Das weiß ich nicht." Nun sind Politiker aber mit Recht angehalten uns Bürgern äußerst komplexe Zusammenhänge so darzustellen, dass an ihrem Wesenskern nichts verfälscht wird. Das ist zugegebenermaßen ziemlich schwierig. Trotzdem bleibt es eine der wichtigsten Aufgaben der Politik. Politiker möchten aber aus ganz durchsichtigen Gründen niemals zugeben, dass sie sich in einem Punkt vielleicht geirrt haben. Das könnte ja Wählerstimmen kosten. Also werden wir besonders durch Framing manipuliert, wenn es darum geht, die großen Themen dieser Gesellschaft zu erklären. Nehmen wir das Beispiel Sozialabgaben. Sie steigen in den letzten Jahren in abenteuerliche, nicht mehr zu verstehende Höhen an. Dass der Staat nach den Berechnungen einer schwäbischen Hausfrau schon lange pleite ist, wissen wir alle. Wie bringe ich also eine politische Debatte in Gang, die von den eigentlichen Problemen (völlige und totale Überschuldung) ablenkt? Wie schaffe ich es, als Politiker sogar auf einem Herd zu kochen, den andere geheizt haben? Ich steuere die Diskussion in bestimmte Zielkanäle und lenke die Öffentlichkeit damit von den wirklichen Problemen ab. Das haben wir alle erlebt. Das ist gleichzeitig eine der unverschämtesten Manipulationen, denen wir täglich unterliegen.

Zunächst zum theoretischen Hintergrund: In der Kommunikationswissenschaft unterscheidet man drei Framing-Begriffe:

1. Gesteuert diagnostisches Framing
2. Manipulativ prognostisches Framing
3. Emotional motivatorisches Framing

Am Beispiel der Sozialabgaben funktioniert das folgendermaßen:

1. Gesteuert diagnostisches Framing
Ich stelle nicht das Problem als solches dar, sondern beschreibe nur die Konflikte und Diskussionen aller am politischen Prozess Beteiligten. (zum Beispiel Gewerkschaften, Parteien, Kirchen, Journalisten, Ministerien etc.)

2. Manipulativ prognostisches Framing

Es werden jetzt lediglich alle ökonomischen Konsequenzen hoher Sozialabgaben dargestellt. (Mehr Sozialabgaben = weniger Gewinne der Unternehmen = höhere Arbeitslosenzahlen)

3. Emotional motivatorisches Framing

Ich bringe den angeblich übertrieben hohen Lebensstil von Sozialhilfeempfängern in die Debatte ein. (Sozialhilfeempfänger ruhen sich auf der Hängematte des Staates aus.)

Meinungen vom Spieltisch

Diese drei Themenkomplexe werfe ich in eine Art „Casino-Generator" und erzeuge so eine turbulente Diskussion nur über den Inhalt dieser drei Frames. Da ist ja genug Zündstoff drin. Es wird mit diesem Trick in der Öffentlichkeit der Eindruck verbreitet, dass man sich ernsthaft und intensiv um die Lösung des Problems bemüht. Nichts könnte falscher sein. Man diskutiert – natürlich –, aber am eigentlichen Thema völlig vorbei: „Wir sind alle pleite." Das kommt Ihnen jetzt bekannt vor. „It rings a bell" – wie die Engländer so schön sagen. Perfiderweise wird dieser Casino-Generator-Prozess „Meinungsbildungsprozess" genannt.

Gute Manipulatoren setzen diese Strategie aber auch ein, wenn es um wesentlich kleinere Probleme geht. Framing ist eines der mächtigsten Manipulationsinstrumente, das ich kenne. Sie können in jeder Diskussion darauf hereinfallen.

Beispiel: Stellen Sie sich vor, Sie sind Besitzer einer Eigentumswohnung und bei der Eigentümerversammlung liegt ein sehr kontroverses Thema auf dem Tisch: Dacherneuerung. Die Rücklagen der Eigentümergemeinschaft reichen aber bei Weitem nicht aus, um das Projekt zu finanzieren. Jetzt geht es darum, dass jeder Eigentümer gemäß seinem Umlageschlüssel einen hohen

Geldbetrag zuschießen soll. Sagen wir einmal, 10.000 Euro fallen auf Sie. Obwohl es Sinn macht, das Dach irgendwann zu erneuern, empfinden Sie es doch als insgesamt verfrüht und sogar als unfair (schließlich regnet es aktuell nicht etwa durch). Schließlich wohnen Sie im Erdgeschoss und da ist Ihnen das Dach vielleicht nicht ganz so vordergründig wichtig. 10.000 Euro haben Sie vielleicht auch gerade nicht übrig. Und hinzu kommt, dass bei einer Dacherneuerung der Besitzer der Maisonette-Wohnung im letzten Stock den größten Vorteil hat. Seine Heizkosten werden automatisch niedriger, weil ein neues Dach auch bessere Dämmung bedeutet. Und eine schöne neue Decke bekommt er noch obendrauf. In der Diskussion wird schnell klar, dass Sie wenig motiviert sind zuzustimmen. Was tut der geschickte Besitzer der Dachwohnung? (Vielleicht ist er ja Politiker?) Er setzt allen Beteiligten Frames und wirft den Casino-Generator an.

Er nutzt gesteuert diagnostisches Framing: Wortreich schildert er die unterschiedlichen Positionen der Diskutanten. Dabei lässt er jeden seinen Standpunkt möglichst schwarz/weiß darstellen. Äußern sich einige nicht ganz klar – fordert er zu einer deutlichen Stellungnahme heraus. „Na gut – aber sind Sie jetzt dafür oder dagegen?" Seine Position ist ja klar – aber was er will, ist, dass sich an dieser Frage erst einmal folgendes Thema entzündet: „Wir leben alle in einem Haus und gute freundschaftliche Nachbarschaft ist uns sehr wichtig." Dagegen lässt sich schwerlich etwas sagen. Natürlich sind alle daran interessiert, dass man harmonisch zusammenlebt. Schließlich will man sich im Hausflur noch grüßen.

Der Dachwohnungsbesitzer greift auf manipulativ prognostisches Framing zurück: Als nächstes wird er nun versuchen, Sie vom eigentlichen Thema abzulenken, indem er Prognosen in den Raum stellt, die zwar irgendwie etwas mit der Sache zu tun haben, aber an der Kernfrage vorbeigehen. Er bringt jetzt Rechenbeispiele über die Wertentwicklung von Immobilien zur Kenntnis. Dabei kommt heraus, dass die Wertsteigerung in den letzten zehn Jahren ein einziges Auf und Ab waren. Insgesamt ist der Wert Ihrer Immobilie aber um 8 Prozent gestiegen. Gemessen an was? Das bleibt natür-

lich im Dunkeln. Es handelt sich um eine ganz allgemeine Statistik, die lediglich die unterschiedlichen Wertentwicklungen von Eigentumswohnungen im Vergleich von zwanzig deutschen Städten darstellt. (Die hat er aus dem FOCUS.) Daraus lässt sich jetzt ganz einfach errechnen, dass Sie nur vier Jahre warten müssten, um diese Investition in ein neues Dach wieder herauszuhaben. Der Eigentümer der Dachwohnung gibt Ihnen allen schließlich den Gnadenschuss. Er nutzt emotional motivatorisches Framing: „Ich finde, unser Haus sieht regelrecht schäbig aus, im Vergleich zu den umstehenden Häusern. Wir waren doch alle so stolz darauf, wie geschmackvoll und witzig der Innenarchitekt die verschiedenen Herausforderungen dieses Altbaus in sehr individuelle Wohnungen verwandelt hat. Keine Wohnung sieht aus wie die andere. Unsere Gäste – das müssen Sie zugeben – sind immer voll des Lobes und ganz überrascht, wie schön innen alles ist. Ich finde, dass unser Haus auch von außen den Anspruch seiner Besitzer widerspiegeln sollte."

Hier gilt natürlich wie immer: Der Manipulator muss seine Argumente mit großer Gelassenheit und freundlichem Gesichtsausdruck bringen. Er muss Ihnen dadurch sympathisch sein. Sonst klappt seine Manipulation nicht. Kann er das aber, dann hat er vom eigentlichen Thema geschickt abgelenkt, Ihnen aber zugleich den subjektiven Eindruck verschafft, sich mit dieser Problematik ausführlich auseinandergesetzt zu haben. Nach spätestens drei Stunden kippen Sie um. (Wollen wir wetten?)

Wunderschön beschreibt Lewis Carroll (* 27. Januar 1832; † 14. Januar 1898) in seinem herrlichen Nonsens-Roman: *Alice im Wunderland* den Ablauf von Problemlösungen in vielen Diskussionen und die dabei erzielten Resultate:

„Sprich deutlich!" sagte der Adler. „Ich verstehe den Sinn von deinen langen Wörtern nicht, und ich wette, du auch nicht!" Und der Adler bückte sich, um ein Lächeln zu verbergen; einige der andern Vögel kicherten hörbar. „Was ich sagen wollte", sprach der Dodo in gereiztem Tone, „war, dass das beste Mittel uns zu trocknen ein Caucus-Rennen wäre."

„Was ist ein Caucus-Rennen?", *sagte Alice, nicht dass ihr viel daran lag, es zu wissen; aber der Dodo hatte angehalten, als ob er eine Frage erwarte, und niemand anders schien aufgelegt zu reden.*

„Nun", meinte der Dodo, „die beste Art, es zu erklären, ist, es zu spielen." (Und da ihr vielleicht das Spiel selbst einen Winter-Nachmittag versuchen möchtet, so will ich erzählen, wie der Dodo es anfing.)

Erst bezeichnete er die Bahn, eine Art Kreis („es kommt nicht genau auf die Form an", sagte er), und dann wurde die ganze Gesellschaft hier und da auf der Bahn aufgestellt. Es wurde kein „eins, zwei drei, fort!" gezählt, sondern sie fingen an zu laufen, wenn es ihnen einfiel, hörten auf, wie es ihnen einfiel, so dass es nicht leicht zu entscheiden war, wann das Rennen zu Ende war. Als sie jedoch ungefähr eine halbe Stunde gerannt und vollständig getrocknet waren, rief der Dodo plötzlich: „Das Rennen ist aus!" und sie drängten sich um ihn, außer Atem, mit der Frage: „Aber wer hat gewonnen?"

Diese Frage konnte der Dodo nicht ohne tiefes Nachdenken beantworten, und er saß lange mit einem Finger an die Stirn gelegt (die Stellung, in der ihr meistens Shakespeare in seinen Bildern seht), während die Übrigen schweigend auf ihn warteten. Endlich sprach der Dodo: „Jeder hat gewonnen, und alle sollen Preise haben."

4.4 Manipulation durch Statistik

Zahlen Daten Fakten. ZDF. Hier werden wir am häufigsten manipuliert. Manipulation kann durchaus ganz rechtschaffene Absichten haben. Wenn uns der Bankberater sagt, dass der Fond, in den wir investieren sollen, um unsere Altersvorsorge aufzubauen, „im Durchschnitt über die letzten fünf Jahre bei 80 Prozent der Investments eine Zuwachsrate von 30 Prozent aufwies", so kann es tatsächlich sein, dass er selbst keine Ahnung von Statistik hat und nur das herunterbetet, was er in Trainings gehört hat. Er weiß es eben nicht besser. Aber es hört sich sehr vertrauenserweckend an. Ich meine Harry Truman hat einmal gesagt: *„Ich glaube nicht an Statistik. Denn wenn ein armer Schlucker neben einem Millionär steht, haben beide durchschnittlich 500.000 Dollar auf dem Konto."*

Seien Sie vorsichtig mit Durchschnittswerten. In dem oben dargestellten Beispiel sagen Ihnen diese Zahlen im Grunde überhaupt nichts. Was ist denn mit den 20 Prozent, die keine Zuwachsraten von 30 Prozent hatten? Haben die nur geringere Zuwachsraten gehabt, oder gar große Verluste? Das könnten Sie erst dann wissen, wenn Sie den gesamten Zeitraum – von der Eröffnung des Fonds bis zum Schließen des Fonds – sehen könnten. Und wenn diese Prozentwerte mit absoluten Zahlen unterlegt wären. Bevor ein Fond nicht abschließend gut gewirtschaftet hat, können Sie keinerlei Aussagen machen über seinen Erfolg. Ganz drollig wäre es, wenn Sie Ihrem Bankberater antworten würden: *„Lieber Herr Lehmann, wir kennen uns jetzt 15 Jahre. Ich war einschließlich heute 178 Mal bei Ihnen. Zu all diesen einzelnen Zeitpunkten habe ich exakt beobachtet, dass Sie nicht tot sind. Also schließe ich daraus, dass Sie unsterblich sein müssen."* So zu argumentieren, wäre die Logik der oben angeführten Beispiele. 178 Messpunkte. Exakte Beobachtung. Langer Testzeitraum: Absolute Milchmädchenrechnung.

Eine weitere „Logik" ist die Beziehung zwischen Eintrittswahrscheinlichkeit und Schadenshöhe. Auch wenn Sie in einen Fonds investieren, der zu 95 Prozent Zuwachsraten von mindestens 9 Prozent hatte – dann kann es trotzdem statistisch möglich sein, dass ein kleiner Prozentsatz zu einem Totalverlust führt. Jedenfalls dann, wenn Sie all Ihr Vermögen in diesen sagenhaften Fond investiert haben. Der Totalverlust wäre der Supergau. Ihre Schadenshöhe ergo maximal.

Mücken im Garten

Wir tun uns ungeheuer schwer darin, Fakten zu akzeptieren, die unserer Intuition widersprechen. Geht Ihnen so, geht mir so, geht uns allen so. Schade eigentlich. Aber was ist denn Intuition wirklich? Ein Bauchgefühl? In Ihrem Bauch befinden sich keine Neuronen. Die gibt es nur im Gehirn. Ihr Bauch denkt also nicht. Vorsicht mit den derzeit häufig angepriesenen Modellen, um komplexe Entscheidungen angeblich sicherer zu treffen. Intuitionen führen genauso oft in die Irre wie sie uns „gute Ratschläge" geben können. Der Begriff „Intuition" ist nur ein „Hilfswort" für die Macht des Unbewussten oder etwas präziser: Die Macht des Vorwissens. Und dass es so etwas gibt wie das Unbewusste, erleben wir tagtäglich. Aber wie wird es gebildet? Wie entstehen unbewusste Erinnerungen? Und wenn es sie tatsächlich gibt, werden sie dann in eine Art Bewertungsskala gegossen, mit dem Ziel, sie im korrekten Zusammenhang und in einer sinnvollen Abfolge abrufen zu können? Das ist wohl nicht so. Oder haben Sie bei komplexen Entscheidungen – und innerhalb eines bestimmten Zeitrasters – schon einmal (ganz bewusst) „die Idee" aktiv und durch heftiges Nachdenken zünden können? Meistens eben nicht. Zündende Ideen kommen erfahrungsgemäß zufällig daher. Sie fliegen uns an, wie die Mücke im Garten. Wir besitzen nicht die Fähigkeit, zündende Ideen bewusst herbeiführen zu können. Sie erscheinen einfach. Manchmal zum rechten Zeitpunkt. Oftmals aber in einem völlig anderen kausalen und zeitlichen Zusammenhang. Wir neigen nämlich dazu, nur diejenigen Informationen als Fakten abzuspeichern – also eine Art von mentaler Buchführung zu führen –, die stark mit Emotionen unterlegt waren. Also völlig ungeordnet – oder häufig auch völlig falsch zugeordnet.

Unsere Emotionen sind absolut subjektiv. Was mich emotional berührt, kann einen anderen Menschen völlig kaltlassen. Abgespeicherte Informationen haben aber exakt das Gewicht (und damit die Wertigkeit), die ich ihnen unbewusst emotional zumesse. Gefühle sind meistens kein guter Ratgeber. Und gerade statistische Werte werden häufig nicht nachgerechnet, sondern ungeprüft geglaubt. Schauen wir noch ein Stockwerk tiefer: Was sind überhaupt Emotionen?

Emotionen, Gefühle sind der Schmierstoff unseres Gedächtnisses. Hier bleibt sehr wenig haften, was ohne eine deutliche Gefühlsregung erlebt wurde. Das führt uns natürlich in eine ungeheure Subjektivität des Erlebten. Wir vertrauen daher einem Investmentbanker erheblich mehr, wenn unser Geld auch nur zwei Mal oder drei Mal einen ordentlichen Zuwachs hatte. Dann werden wir richtiggehend blind. Unsere mentale Wahrscheinlichkeitskarte hat zwei oder drei Mal einen kräftigen Serotonin-Ausstoß gespeichert. Serotonin ist der Neurotransmitter, der uns gleichzeitig anregt und beruhigt. „Alles okay." Mixt unser Gehirn noch ein wenig Dopamin hinzu – den Neurotransmitter, der für ein emotionales, starkes Glücksgefühl sorgt (etwa im Kasino, wenn ich meinen Einsatz doppelt wieder zurückbekommen habe) –, dann wird die Erinnerung an dieses Ereignis manifest. Sonst verblasst sie. Nach diesem Muster betrügen jedes Jahr obskure Finanzhaie Millionen von Menschen. Und es funktioniert immer wieder. Jahr für Jahr.

Besuch bei Bernhard Maddoff

Bernhard Maddoff ist 2010 im Knast gelandet. Dort können Sie ihn besuchen. Er langweilt sich gewiss fürchterlich. Früher in Freiheit hätte er Sie sicher nie empfangen. Jahrzehntelang galt er weltweit als der Börsenguru schlechthin. Man musste betteln, um sein Geld bei ihm deponieren zu können. Heute? Der Schaden, den er durch ein ganz simples Schneeballsystem angerichtet hat, beläuft sich auf rund 65 Milliarden US Dollar. 4.800 Geschädigte sind registriert. 300 Anwaltskanzleien weltweit mit dem Fall befasst. Das Geld ist wohl unwiederbringlich verschwunden. Maddoff wurde zu 150 Jahren Haft verurteilt. Seine Kunden hatten nur zwei oder drei Mal einen Serotonin-Überschuss, den man mit einem Schneeballsystem sehr leicht herbeizaubern kann, – und investierten in der Abfolge geradezu blindlings und in Millionenhöhe. Zu seinen Kunden gehörten übrigens auch Banken und Investmentfonds. Besser gesagt, die Menschen, die dort arbeiteten.

Erdbeben in Kalifornien

Und noch ein (dieses Mal ganz lustiges) Beispiel: Die beiden Verhaltensforscher Daniel Kahneman und Amos Tversky (†) haben vor vielen Jahren bereits in einem heute sehr berühmten Experiment vorgeführt, dass wir sehr schlecht darin sind, Wahrscheinlichkeiten zu erkennen. Sie befragten eine große Gruppe von Menschen, ob sie eine Versicherung abschließen wollten (mit einer sehr hohen Auszahlungssumme), die sie gegen ein Erdbeben in Kalifornien mit einer anschließenden Flutwelle und vielen tausend Toten versichern würde. Oder ob sie lieber eine Erdbebenversicherung (inklusive Flutwelle) für ganz Nordamerika abschließen wollten. (Kalifornien ist bekanntlich ein Teil von Nordamerika ...) Witzigerweise wählte die große Mehrzahl die Variante „Kalifornien". Was natürlich bei Licht betrachtet klar die schlechtere Police war. Aber der Begriff „Nordamerika" war den Befragten unbewusst zu ungenau und etwas vage. Sie hielten es für sehr viel wahrscheinlicher, dass es ein Erdbeben in Kalifornien geben würde, als in „Nordamerika". Ganz schön irrational. Oder? (Trösten Sie sich. Die Befragten waren Manager von mehreren Versicherungskonzernen, die gerade eine Jahrestagung abhielten.)

Wir neigen dazu, abstrakte Ereignisse, also Ereignisse, die noch nicht eingetreten sind und vielleicht auch nie eintreten werden, für unwahrscheinlicher zu halten, als Ereignisse, bei denen wir mindestens eine Konstante kennen. In diesem Beispiel „Kalifornien". Diese Konstante steht natürlich in keinem logischen Zusammenhang mit der Problemstellung. Aber wir schnappen sie uns einfach. Und fühlen uns besser dabei. Entscheidungen bei Unsicherheit. Hand aufs Herz: Bei wie vielen Entscheidungen haben Sie einen Unsicherheitsfaktor von X? Bei allen? Richtig.

Nutzen das Manipulatoren aus? Sicher tun sie das. Sie spielen einfach eine Konstante dazu – natürlich *irgendeine* Konstante – und schon fühlen wir uns sicherer. Und entscheiden. Zu schnell.

Zahlen, Daten, Fakten. Ein Minenfeld.

Haben Sie schon mal etwas von asymmetrischen Statistikmodellen gehört? Vermutlich nicht. Ich gebe Ihnen ein Beispiel für eine weitere beliebte Manipulationstechnik.

Wie würden Sie reagieren, wenn Ihnen Ihr Arzt mitteilte, Sie wären an einer bestimmten Krebsart erkrankt? Mittlere Überlebensdauer etwa acht Monate. Sie würden entweder eine Weltreise machen, Ihr Haus bestellen oder in tiefe Depression verfallen. Oder alles zusammen. Keine Ahnung. Ich hoffe sehr für Sie, dass Sie niemals in diese Situation kommen. Sie könnten jedoch alternativ beginnen nachzufragen. Was bedeutet denn dieser Begriff: „Mittlere Überlebensdauer" überhaupt? Ist damit der Durchschnittswert gemeint, oder etwas völlig anderes? Und was bitte ist in diesem Zusammenhang die „erwartete Überlebensdauer"? Sie werden verblüfft und natürlich verärgert feststellen, dass diese beiden Begriffe ganz unterschiedliche Bedeutungen haben. Mit dem Mittelwert ist tatsächlich gemeint, dass durchschnittlich 50 Prozent der Erkrankten innerhalb von acht Monaten sterben. Aber was ist mit dem Rest? Es könnte nämlich gut sein, dass Sie zu den anderen 50 Prozent gehören, die ein Leben führen können wie andere Menschen auch: also durchschnittlich etwa 75 Jahre. Verwirrend? Nicht wirklich. Dieses Modell ist eben symmetrisch bis 50 Prozent. Danach wird es asymmetrisch. Wenn Sie Glück haben, gehören Sie zu den weiteren 50 Prozent. Was meint Ihr Arzt nun, wenn er Ihnen sagt, dass Ihre schlimme Erkrankung eine siebzigprozentige Überlebenschance hat? Das gleiche wie wenn er sagt, dass Ihre Erkrankung eine dreißigprozentige Todeschance hat? Ja. Dieses Mal ist es das gleiche. Hört sich aber wesentlich besser an. Es lohnt sich nachzufragen.

Es lohnt sich, zwischen Begriffen und Bedeutungen zu unterscheiden. Es lohnt sich, Durchschnittswerte nicht „intuitiv" zu beurteilen, sondern genau hinzusehen. Wenn der Wettermann sagt, dass es in Köln nächste Woche eine fünfzigprozentige Regenwahrscheinlichkeit gibt, dann regnet es entweder einen halben Tag oder es regnet überhaupt nicht. Wenn es regnet, entschließen Sie sich vielleicht in den Urlaub zu fliegen. Würden Sie eine Airline benutzen, bei der es – wenn man ein Mal im Jahr fliegt – alle tausend Jahre zu einem Absturz kommt? Vermutlich ja. Aber wenn ich diese Frage umformuliere und behaupte, dass es bei einem von tausend Flügen zu einem Absturz kommt – dann auch noch? Vermutlich nein. Die Wahrscheinlichkeit in beiden Beispielen ist aber absolut gleich. 1:1000. Darauf kommen Sie garantiert mit ein wenig Nachdenken von selbst. Auch ganz ohne Statistikkenntnisse. Die meisten Menschen jedoch nicht.

Mathematik? „Stillgestanden"!

Verlassen wir einen Moment das Minenfeld der Statistik. Rechnen können Sie? Einfaches Rechnen? Waren Sie vielleicht sogar bei der Bundeswehr? Wenn nein, kennen Sie diesen Plot aus unzähligen schlechten Kriegsfilmen. Der Unteroffizier lässt seine Rekruten antreten. Was er sieht, gefällt ihm nicht. (Das haben Unteroffiziere so an sich.) Die Reihe der zehn Köpfe sieht wie eine alte Ritterburg aus. Alles durcheinander. Kein schönes Bild. Also stellt er die Rekruten um. Max neben Willi. Peter neben Hans. Karl neben Peter. Und so weiter. Wie oft, glauben Sie, kann er seine zehn Rekruten umstellen, ohne dass eine schon da gewesene Stellung erneut entsteht? Tausendmal? Zehntausendmal? Oder nur zehnmal? Was sagt Ihre Intuition? Sicher nicht die Wahrheit. Sie schätzen erst einmal. Die richtige Antwort ist nämlich 3.628.800. Leicht zu errechnen. $10 \times 9 \times 8 \times 7 \times 6 \times 5 \times 4 \times 3 \times 2 \times 1$ ergibt nach Adam Riese: 3.628.800. Damit hätten Sie nicht gerechnet? Oder? Als Allererstes: Sie dürfen gerne weiter Lotto spielen. Unsere Lebenserfahrung zeigt ja, dass damit jede Woche ein oder mehr Millionäre in diese Welt kommen. Jede Woche. Das ist nicht schlecht. Intuitiv. Warum soll das Glück nicht auch Ihnen einmal hold sein? Bekanntlich sind die Gewinnchancen beim Lotto exakt 1:140 Millionen. Was sagt uns diese Zahl? Nichts. Sie ist so abstrakt und beziehungslos wie jede andere ähnlich hohe Zahl. Jetzt stellen Sie sich aber vor, die Lottogesellschaft käme mit einer anderen Spielvariante. Vielleicht hat sie mit ARAL ja ein Joint Venture gegründet und nennt das „Verlängerung der Wertschöpfungskette".

Die Spielvariante geht so: Auf der durchgehenden Autobahnstrecke von Nizza nach Hamburg (1.423 km) liegt an irgendeiner Stelle, auf die Sie keinerlei Hinweise haben, rechts neben der Autobahn ein Zweieurostück. Wenn Sie es schaffen, auf dem langen Weg nach Nizza an genau der Stelle anzuhalten, an der das Zweieurostück liegt, gewinnen Sie 5 Millionen Euro. Bar auf die Hand. Den Sprit bezahlt ARAL. Was würden Sie tun? Blöde Frage. Kein vernünftiger Mensch würde auch nur in Erwägung ziehen loszufahren. Vielleicht hätte ich ein weniger attraktives Ziel angeben sollten. Sie denken jetzt natürlich: „Nach Nizza wollte ich schon immer. Und wenn ARAL den Sprit bezahlt ..." Es funktioniert auch auf der Strecke Belgrad/Hintertupfingen – Sie Spaßvogel. Niemand käme auf die Idee. Es erscheint Ihnen als absolut unwahrscheinlich, dass Sie es schaffen könnten, zufällig an der Stelle anzuhalten, an der dieses Zweieurostück liegt. Sie tippen sich an die Stirn und gehen Ihres Weges. Na ja – gehen Sie ruhig. Gehen Sie zur Lotto-Annahmestelle Die Wahrscheinlichkeit eine Million Euro im Lotto zu gewinnen ist nämlich genauso hoch. Exakt 1:140 Millionen. Kann man ausrechnen. Glauben Sie es mir lieber – auch wenn's weh tut – oder fragen Sie den Mathematiklehrer Ihres Kindes.

Was kann man daraus lernen? Wenn Sie möchten?

Wir sind nicht nur sehr schlecht dafür programmiert, statistische Aussagen richtig einzuordnen, sondern wir haben auch Schwierigkeiten, nicht-lineare Ursache-Wirkungs-Ketten zu verstehen. Wir gehen intuitiv davon aus, dass bei zwei Variablen Veränderungen der einen Variablen immer zu Veränderungen der anderen Variablen führen. In die gleiche (richtige) Richtung. Das stimmt auch. Irgendwie. Nur dass Sie damit rechnen müssen, sehr sehr häufig an den Variablen herumzuspielen, bis Sie ein messbares belastbares Ergebnis haben. Manche Menschen können eben die Mondscheinsonate von Beethoven spielen. Die meisten nicht. Aber wenn man ihm 20 Millionen Jahre Zeit gibt, spielt sogar ein Schimpanse zufällig mal die Mondscheinsonate. Das kann man beweisen. Mit Statistik.

Sicher – man kann sich auch zu Tode recherchieren und am Ende nichts mehr entscheiden. Bevor Sie jetzt aber einen Kursus über Entscheidungsbaum-Theorie belegen: Meine (unmaßgebliche) kleine Empfehlung: Seien Sie bei „statistischen Angaben", die Ihnen eine positive Aussicht auf das Eintreten eines Ereignisses vorgaukeln, erheblich skeptischer. Und das gilt für Ihre leichtsinnige Unterschrift unter das Vertragsangebot eines Versicherungsvertreters. Eines Maklers. Eines Autoverkäufers. Eines Bankberaters. (Bei letzterem Spezi sind Sie besonders vorsichtig.) Eines Standesbeamten. Eines Personalchefs. Eines Handwerkers. Eines Rechtsanwaltes. (Was fällt Ihnen dazu noch ein? Ergänzen Sie.) Es gibt mehr Situationen im Leben als Sie sich zugestehen, die schlimme Folgen haben können, wenn wir ohne gute Recherche und Ratschläge von kundigen Freunden entscheiden. Manchmal setzt man Statistik eben ganz gezielt ein, um Sie zu manipulieren. Ihnen passiert das jetzt nicht mehr. Immer dann, wenn man Ihnen mit Prozentsätzen kommt, denken Sie an Harry Truman:

„Ich glaube nicht an Statistik. Denn wenn ein armer Schlucker neben einem Millionär steht, haben beide durchschnittlich 500.000 Dollar auf dem Konto."

4.5 Das Follow-up-Phänomen

Wir ändern unsere Meinung sehr schnell. Selten aufgrund von neuen Fakten. Sehr viel öfter aufgrund von Verzerrungen in der Informationsabfolge. Gute Manipulatoren nutzen dies trefflich aus. Und Sie merken es nicht. Lassen Sie mich einige Beispiele für die Follow-up-Manipulation schildern aus Ihrem ganz persönlichen Umfeld. Fangen wir mit dem endlosen Thema Politik an und kommen danach an Ihren Küchentisch.

Wann Sie dieses Buch lesen, kann ich nicht wissen. (Ich möchte Ihnen nichts unterstellen. Auf keinen Fall. Schon gar nicht Vergesslichkeit.) Aber können Sie sich noch an Guido Westerwelle erinnern? Konkret im Zeitraum Oktober 2010 bis Januar 2011? Richtig – da hat er sehr heftig um sein politisches Überleben gekämpft. Wir haben alle morgens die Zeitung aufgeschlagen und die „Haut-den-Lukas-Brille" aufgehabt. Es war uns dabei fast sonnenklar, dass er diese Medienschlacht nicht gewinnen kann. Genscher mit versteinertem Gesicht. Gerhard Baum (immerhin der ehemalige Innenminister der Republik) in offener Opposition. Das Schleswig-Holsteinische Mitglied des Landtages Wolfgang Kubicki mit kaum verhohlener Häme. Und so weiter. Keine Abendnachrichten ohne Guido. „Richtig – der Schwätzer muss weg! Hat er uns nicht vor der Wahl Steuersenkungen in beträchtlicher Höhe versprochen? Und dann noch Klientelpolitik gemacht mit der Mehrwertsteuer-Ermäßigung für Hotels? Schaut ihn euch nur an. Den Sünder. Diese Sündermiene verrät ihn doch? Warum lächelt er wohl nicht mehr?"

Gadaffi manipuliert uns

Die Flughöhe über den Stammtischen war zur dieser Zeit besonders niedrig. Und dann kam erst der Freiherr. Dann der Pharao aus Ägypten. Und dann sogar ein richtiger Wüstenkönig namens Gaddafi. Geiseln wurden zwischendurch von Guido persönlich aus dem Iran abgeholt. Eine Rede (in Englisch!) durfte er vor dem Menschenrechtskomitee der Vereinten Nationen in Genf halten. Die ersten Kriegsschiffe der Deutschen Marine wurden von ihm in Marsch gesetzt. In Hamburg schaffte die FDP den Sprung über die 5-Prozent-Hürde. Hand aufs Herz: Sooo schlecht ist er doch gar nicht?! Sollten Sie vielleicht doch wieder aus Ihrem Schmollwinkel herauskommen und bei einer den nächsten Landtagswahlen wieder FDP wählen? Soll er sogar Außenminister bleiben? Jetzt bleiben Sie bitte vernünftig.

Sie fallen gerade auf ein Phänomen herein, dass von der Verhaltensökonomie als Follow-up-Phänomen bezeichnet wird. Es umschreibt unsere Unfähigkeit, Informationen rückblickend im Zeitverlauf immer vollständig und richtig zu bewerten. **Wir halten häufig die jeweils neueste Information gleichzeitig für die wichtigste.** Die neueste Information verdrängt die Wertigkeit historischer Informationen. Andere Informationen maskieren zudem unseren messerscharfen Blick aufs Ganze. Es fällt uns leider furchtbar schwer, eine Rangfolge der auf uns einprasselnden Informationen herzustellen. Wenn wir uns überhaupt noch erinnern. Guttenberg: Im Rückschaufenster sehen auch seine Sünden nicht mehr so schrecklich aus. Westerwelle: Steuersenkungen? Welcher Politiker hat uns damit nicht schon belogen? Fast alle. Klientelpolitik? Der Ausstieg aus dem Ausstieg aus der Atomwirtschaft: Was ist das anderes? Ein versteinertes Gesicht und dünne Haut? Na ja – hatte Helmut Kohl öfters. Alles nicht so schlimm. Liebe Mitbürger und Mitbürgerinnen draußen im Lande: Fast hättet ihr ihn in das politische und persönliche Fegefeuer getrieben. Vielleicht gehört er da ja auch hin? Nur – wer kann darüber jetzt noch korrekt nachdenken und sachlich entscheiden? Was hat das Ungeheuer Gaddafi mit dem politischen Überleben von Guido Westerwelle zu tun? Was die Plagiatsvorwürfe gegen den Freiherrn mit der Politik der FDP?

Die letzte Information ist die beste?

Alles sehr überspitzt? Überspitzt erscheint es Ihnen jetzt nur. Im Rückschaufenster. Ich beabsichtige auch nicht vorzuführen, wie unmündig wir als Wähler sind. Beileibe nicht. Ich gebe Ihnen nur ein besonders schlagendes Beispiel dafür, dass wir den Informationen, die zuletzt einlaufen, immer eine höhere Aufmerksamkeit schenken und ihnen gleichzeitig eine höhere Glaubwürdigkeit zumessen als älteren Informationen. Das passiert uns sehr viel häufiger im täglichen Leben als wir annehmen.

Bayern sind glücklicher?

Dieser Fall ist wirklich spannend: Eine mir bekannte Versicherung hat kürzlich eine Online-Umfrage zur Altersversorgung gemacht. Insgesamt zehn Fragen sollten beantwortet werden. Unter anderem: Haben Sie Ihre Familie richtig abgesichert? Aber auch: Sind Sie zufrieden mit dem bisherigen Verlauf Ihres Lebens? Die Befragung führte man phasenweise durch, um die Auswertung zu erleichtern. Bundesland für Bundesland wurde nacheinander abgearbeitet. Durch einen Fehler des Webmasters erschien die Frage: Sind Sie zufrieden mit dem bisherigen Verlauf Ihres Lebens? in der Abfolge an einer jeweils anderen Stelle der Befragung. Bürger des Bundeslandes NRW hatten die Frage nach der Zufriedenheit an Stelle 6 zu beantworten, Bürger des Bundeslandes Bayern an Stelle 3. Wie gesagt – es handelte sich um ein pures Versehen.

Abfolge der Fragen im NRW-Fragebogen:

5. Haben Sie Ihre Familie richtig abgesichert? (Die häufigste Antwort war: JA)
6. Sind Sie zufrieden mit dem bisherigen Verlauf Ihres Lebens? (Die häufigste Antwort war NEIN)

Abfolge der Fragen im Bayern-Fragebogen:

3. Sind Sie zufrieden mit dem bisherigen Verlauf Ihres Lebens? (Die häufigste Antwort war JA)
4. Haben Sie Ihre Familie richtig abgesichert? (Die häufigste Antwort war NEIN)

Die Ergebnisse dieser beiden Fragebogenvarianten hätten nicht unterschiedlicher seien können. Die Personen, die zuerst mit der Frage nach ihrem individuellen „Glück" konfrontiert waren, beantworteten die Frage nach der Altersversorgung mit Nein. Bei den Befragten, die zuerst nach ausreichender Altersversorgung und danach erst nach ihrem individuellen Glücksempfinden gefragt wurden, lautete die Antwort genau umgekehrt. Nämlich Ja. Die Fragen unterschieden sich weder im Wortlaut noch in der Darstellung. Nur in der Reihenfolge. Und wurden prompt anders beantwortet.

Der vorschnelle Schluss der Auswerter war allerdings: „Na ja – hatten wir uns sowieso schon gedacht, dass die Bayern glücklicher sind ..." Nachdem die Befragung aber insgesamt abgeschlossen war, sollten die Bürger des Saarlandes glücklicher sein als die Bürger von Hamburg. Das erschien doch sehr wenig schlüssig und mit „gefühlten Fakten" kaum in Einklang zu bringen. (Schließlich waren uns die Saarländer bisher nur als Erfinder des „Schwenkgrills" aufgefallen. Und der macht nur Grillfanatiker glücklich.) Jedenfalls konnte man die Ergebnisse dieser Onlinebefragung nicht mehr ernsthaft verwenden. Sie hatte insgesamt 1,5 Millionen Euro gekostet und war jetzt nur noch digitaler Datenmüll.

Die Statistiker hätten sich wohl besser mit einigen Forschungsergebnissen der Verhaltensökonomie beschäftigt. Die hat schon seit einigen Jahren anhand vieler Experimente nachgewiesen, dass wir schnell unsere Meinung ändern, wenn nur die Reihenfolge dargebrachter Informationen sich ändert. Nicht der Inhalt. Nur die Reihenfolge. Widerspricht das unserem Empfinden, dass wir im Großen und Ganzen logisch denkende Individuen sind?

Ganz erheblich. Jetzt stellen Sie sich bitte die Frage, ob andere Menschen auf dieses Phänomen hereinfallen würden. JA? Und Sie? Sie – ganz persönlich? Würden Sie darauf hereinfallen? Meine Vermutung: Sie antworten mit NEIN. Wir messen uns selbst leichten Herzens zu, vernunftbegabt zu urteilen. Bei anderen sind wir uns aber nicht mehr so sicher ... Auch eine merkwürdige Verzerrung, die sicher dadurch befördert wurde, in welcher Reihenfolge ich diese Fragen gestellt habe ...

Übrigens: Die meisten Menschen beantworten die Frage nach individuellem Lebensglück beharrlich mit JA. Es mag ihnen noch so schlecht gehen – aber immer gibt es andere, denen es noch schlechter geht. Natürlich hätte man es lieber gesehen, dass der Sohn in Harvard studiert. Aber gut – wenigstens hat er jetzt einen ordentlichen und soliden Lehrvertrag als Installateur. (Handwerk hat goldenen Boden.) Der Sohn unseres Schwagers ist aber gerade zum dritten Mal durchs Physikum gefallen und muss sein Medizinstudium nun abbrechen. Das ist schlimmer. Eigentlich ist diese rosarote Betrachtung von sogenannten Realitäten keine schlechte Reaktion. Sähen wir die Realitäten immer so, wie sie sind – wir könnten emotional vielleicht gar nicht überleben.

Adenauer durfte das!

Jetzt können Sie aber fest davon ausgehen, dass es Individuen gibt, die mit der Follow-up-Manipulationsform virtuos umgehen können. Ob Sie kontrovers diskutieren oder ob Sie nach einer Verhandlung etwas kaufen. Man kann Menschen nur durch die Reihenfolge von Argumenten dazu veranlassen, ihre Meinung zu ändern. Komplett umzuschwenken. Nicht immer zu ihrem besten.

Ein geschickter Versicherungsvertreter wird Ihnen in Zukunft also keinesfalls zu Anfang des Gespräches Angst suggerieren (Sie haben keine richtig gute Altersversorgung, oje) – wie man es vermuten würde. Er macht es genau um-

gekehrt. Er zieht Sie in ein freundliches Geplauder über Ihre geschmackvolle Wohnungseinrichtung und über Ihre netten Kinder. Macht Ihrer schönen Ehefrau charmante Komplimente und bewundert Ihr neues Auto. Sie halten das für „Small Talk". Ist es aber nicht. Es ist der sehr suggestive (und unfaire) Versuch, Sie einzustimmen. Einzustimmen darauf, dass Sie das alles ja auch irgendwann verlieren könnten, oder mindestens im Alter in eine kleinere Wohnung umziehen müssten, ein kleineres oder gar kein Auto mehr fahren könnten und so weiter. Das hat auf Sie eine ungleich stärkere Wirkung als wenn er Sie zuerst mit Zukunftssorgen konfrontiert hätte. An den Fakten ändert das natürlich gar nichts. Sie brauchen entweder eine Altersversorgung oder nicht. Schlimm wird es nur, wenn Sie im Grunde ganz ordentlich abgesichert sind und heute Abend doch noch eine Zusatzversicherung unterzeichnen.

Zugegeben, es ist sehr schwer, Fakten aus der Vergangenheit und aktuelle Ereignisse erst in die richtige Reihenfolge zu bringen und dann auch noch richtig zu bewerten. Wie bereits erwähnt, – es scheint nämlich so zu sein, als wenn wir neuere Informationen deutlich positiver bewerten als alte Informationen. Wir messen neueren Informationen eine höhere Glaubwürdigkeit zu, obwohl das kein zwingender Zusammenhang ist. Ein guter Manipulator kennt diesen Effekt sehr gut. Sonst könnten uns zum Beispiel Politiker gar nicht mehr gegenübertreten. „Was interessiert mich mein Geschwätz von gestern." Der olle Adenauer hat das einfach zugegeben. Weniger charismatische Manipulatoren nutzen das Follow-up-Phänomen aus. Zu Ihrem Schaden.

4.6 Die Manipulation des Jongleurs

Wir sitzen alle manchmal vor Talkshows. Wenn uns eine Sache besonders berührt, dann auch gerne am Wochenende gleich drei Mal. Anne Will, Frank Plasberg, Bettina Böttinger. Oder andere. Wie die Causa Guttenberg ausgegangen ist, wissen wir inzwischen. Ich habe diese vielen Diskussionen über den unglücklichen Freiherrn als Truppenübungsplatz genommen, um mir diese Talkshow-Scharmützel mit der Brille eines Psychologen anzuschauen. Die Wortgefechte. Wenn Sie die folgenden Zeilen gut verdaut haben, wird Ihnen in Zukunft auffallen, dass einige Politiker die Manipulation des Jongleurs scheinbar mit der Muttermilch aufgesogen haben. Sie setzen dieses Phänomen ein, um uns gezielt zu manipulieren.

In allen Talkshows hat es der erste Redner immer am schwersten. Vor allem, wenn es sich um einen politischen Neuling handelt, der die Tretminen der Rabulistik noch nicht richtig kennt oder einfach keine Nerven hat, damit gekonnt umzugehen. Cicero hat er vielleicht auch nicht gelesen:

Cicero: Den Gegner ringe man mit allen Mitteln nieder („Erkläre – mit der Miene aufrichtigen Zugeständnisses – denjenigen Teil der gegnerischen Argumentation für den beweiskräftigsten, den du am gewissenhaftesten widerlegen kannst.")

Der erste Redner fühlt sich nämlich aufgefordert als Einstieg in die Diskussion alle seine Argumente wortreich auf den Tisch zu legen. Am Beispiel Guttenberg:

1. Guttenberg hat nicht nur geschummelt, er hat bewusst betrogen.
2. Guttenberg ist mit der Wahrheit leichtfertig umgegangen, weil er in seiner ersten Erklärung zu den Plagiatsvorwürfen diese als abstrus bezeichnet hat. Nur Tage später musste er von dieser Formulierung jedoch Abstand nehmen.
3. Guttenberg hat erst spät Fehler eingeräumt. Daraus kann man schließen, dass er die Arbeit selbst nicht gut kannte. Es liegt der Schluss nahe, dass er einen Ghostwriter beschäftigt hatte.
4. Guttenberg könnte sich erpressbar machen.
5. Guttenberg wird nur gehalten, weil sonst die Koalition wackelt.
6. Merkel hält ihn lediglich noch bis zur Wahl in Baden-Württemberg.
7. Die Universität Bayreuth ist finanziell vom Guttenberg-Clan begünstigt worden.

8. Guttenberg hat sich mit dem Briefkopf des Bundesverteidigungsministeriums an die Universität Bayreuth gewandt.
9. Guttenberg betont in seinen öffentlichen Auftritten mehr als jeder andere Politiker die Tugenden der Ehrlichkeit und der Gradlinigkeit.
10. Guttenberg hat bisher noch nicht viel geleistet. Sein Bild in der Öffentlichkeit ist mehr der Yellow Press geschuldet als seinen Leistungen im Amt.

Alles in einem fünf Minuten dauernden Schachtelsatz vorgebracht, mit wenig Gelassenheit, aber dafür mit deutlicher Entrüstung in Tonlage und Mimik. Von einem politischen Anfänger eben. Ob alle Argumente wirklich tragfähig sind, spielt im Moment gar keine Rolle.

Der Schuss ins Blaue trifft ins Schwarze

Die Reaktion eines Politprofis darauf führt uns aber direkt zur Manipulation des Jongleurs.

Die Reaktion des zweiten Redners klingt nämlich folgendermaßen:

„Guttenberg hat Fehler gemacht. Da haben Sie völlig recht. Wir sollten uns allerdings alle ein Beispiel an einem Politiker nehmen, der in seinen Auftritten Kardinaltugenden wie Ehrlichkeit und Gradlinigkeit deutlich anspricht und keine Angst hat, dabei etwas altmodisch zu wirken. Fehler passieren. Auch Politiker sind nur Menschen. Besonders, wenn der Politiker, wie im Falle unseres Verteidigungsministers, noch jung an Jahren ist. Die Jugend ist die Hoffnung unseres Volkes. Jugend ist manchmal ungestüm. Das muss man ihr verzeihen. Seien wir doch alle nur ein wenig toleranter. Das empfehle ich ehrlichen Herzens auch Ihnen, Herr Kollege."

Was der zweite Redner sagt, geht zwar an der Sache vorbei – aber wenn gelassen (mit der Miene aufrichtigen Zugeständnisses) vorgetragen verfehlt es seine Wirkung in einer Beziehung nicht: Abgeschossen wurde hier nur ein einziger Punkt. Der Punkt 9. Im Kreise der Mitdiskutanten erscheint der erste Redner nun in einem schiefen Licht. Die Diskussion bekommt eine ganz andere Richtung. Herausgegriffen wurde nur ein einziger Punkt. Der Punkt 9. Der schwächste. Er wurde zugestanden – und in einen sehr milden Angriff umgewandelt. Der zweite Redner hat eines erreicht: Die vorgebrachten neun anderen Punkte fallen unter den Tisch. Zurückkommen kann der erste Redner darauf auch nur mit Mühe, ohne vom Talkmaster unterbrochen zu werden: „Das hatten Sie ja bereits eingangs erwähnt." Warum heißt das Phänomen übrigens Jongleurs-Manipulation? Haben Sie schon einmal einen Jongleur beobachtet? Was passiert, wenn er von seinen zehn Bällen, mit denen er jongliert, einen fallen lässt? Jongliert er mit neun Bällen weiter? Selten. Meistens fallen ihm dann schnell alle Bälle herunter.

Mit dem iPhone in die Berge

Man kann es sich verteufelt nicht vorstellen, dass Menschen so oberflächlich sein können, dass Sie auf die Manipulation des Jongleurs hereinfallen. Das widerspricht schon wieder unserer Intuition. Hängen wir die Sache etwas tiefer. Es müssen nicht immer großartige politische Diskussionen sein. Diese Art der Manipulation tritt viel öfter bei kleinen, auf den ersten Blick unwichtigen Diskussionen auf. Dann, wenn man nicht so sehr darauf achtet.

Ein Beispiel: Sie möchten dieses Jahr nicht schon wieder in die Berge fahren? Dieses Mal wollen Sie in die Sonne? Ihre Frau besteht aber wieder auf endlos langweiligen Kraxeleien und Muskelkater bei Jagatee? Männer neigen dazu, die vermeintlichen Sachargumente in ruhigem Ton (na ja meistens ...) herunterzuspulen. Schließlich will man diese Fragestellung nicht in einen

Streit münden lassen. Sie formulieren also ganz diplomatisch. Gehen auf ihre Wünsche ein, geben ihr zunächst in einigen Punkten Recht. „Klara, Liebste – ich weiß, dass du die Berge über alles liebst. Schließlich kommst du aus der Schweiz. Auch ich liebe die Berge. Wir waren die letzten zehn Urlaube dort. Und wir haben so viel Geld in unsere Ausrüstung gesteckt. Das ist mir alles klar. Aber die Schweiz ist ein so teures Urlaubsland. Wir kennen sie jetzt auch schon recht gut und ich möchte dieses Jahr einmal etwas anderes sehen. Ich habe beruflich ein sehr anstrengendes Jahr hinter mir und verspüre einfach den Drang, einmal auszuspannen. Ohne E-Mails, ohne Handy, ohne Fax. Einfach ausspannen. Mallorca soll sehr schön sein. Aber wenn dir Mallorca nicht gefällt, wie wäre es mit Ibiza – oder Malta? Ich will wieder einmal richtig braun werden. Einfach die Beine am Strand lang machen. In der Sonne ein gutes Buch lesen. Relaxen. Entspannen. Der ganzen Informations-Kakofonie für ein paar Tage entfliehen. Glaub mir, dann kann ich meine Batterien wieder richtig aufladen." Die clevere Klara antwortet listig: „Max – in den Bergen hast du fast nie Empfang. Dein iPhone kannst du also getrost zu Hause lassen. Ist es nicht genau das, was du willst? Am Strand hältst du es keine zehn Minuten aus, dann rennst du wieder ins Hotelzimmer und checkst deine Mails. Da könnte ich wetten." Blattschuss. Alle anderen von Ihnen angeführten Argumente fallen unter den Tisch. Jetzt geht es nur noch darum, ob Sie E-Mail Empfang haben oder nicht.

Schwarze Fernseher im Wohnzimmer

Wie kann man sich dagegen wehren? Recht einfach. Lassen Sie sich nie dazu provozieren, alle Kugeln schon in der ersten Runde zu verschießen. Die Diskussion dauert sowieso länger. Lassen Sie sich auch nicht von einem hartnäckigen „Jongleur" verführen, „in aller Sachlichkeit" Ihre Argumente klipp und klar schon am Anfang einer Diskussion zu formulieren. Sie haben immer starke und weniger starke Argumente in Ihrer Argumentationskette. Manchmal wissen Sie auch gar nicht, ob das eine oder das andere Argument bei Ihrem Diskussionspartner vielleicht stärker oder schwächer wirkt. Wie sollten Sie auch? Ihr Gegner hat aber ein Ziel. Und das will er mit allen Mitteln erreichen. Ob er das „in aller Sachlichkeit" erreicht – oder ob er Sie augenzwinkernd umtrickst –, das spielt für ihn eigentlich keine Rolle.

Ein weiteres Beispiel: Denken Sie daran, wie Sie sich das letzte Mal einen neuen Flachbildschirm gekauft haben. Sind Sie da nicht mit ein paar guten Gesichtspunkten in den Laden marschiert? Sie wussten in etwa, was Sie wollten. Bildschirmdiagonale 42 Zoll, 100 Herz, USB-Anschluss, Dolby Surround, einen Drehfuß, entspiegelte Oberfläche, möglichst tiefschwarz. Budget maximal 999 Euro. Und haben Sie dem Verkäufer – recht stolz über Ihr frisch erworbenes Fachwissen – diese Kriterien alle am Anfang des Beratungsgespräches genannt? (Sogar mir ist das passiert.) Und hatte der Anbieter so ein Gerät? Solch ein Gerät gab es im Moment nicht für den Preis. Gekauft habe ich einen silbernen Fernseher für 1.299,00 Euro. Warum? Weil der freundliche Verkäufer mir ein Argument gleich zu Anfang weggeschossen hat: Fernseher sind manchmal ausgeschaltet. Dann wirken sie in tiefschwarz übermäßig dominant im Wohnzimmer. Der Fernseher als Möbelstück. Ganz neuer Gesichtspunkt. Daran hatte ich nicht gedacht. (Bin wohl doch nicht so clever, wie ich dachte ...) Den Rest des Gespräches hatte der Verkäufer in der Hand.

Sachargumente überzeugen. Manchmal. Wenn alle am Tisch „sachlich" bleiben, und vor allem willens und in der Lage sind, Fehler zuzugestehen. Aber Hand aufs Herz – wie häufig hören Sie den Satz: „Ja – Sie haben mich überzeugt"? Ziemlich selten. Übrigens: Wie häufig sagen Sie selbst diesen Satz? Gute Manipulatoren wissen darum, wie schwierig es ist, andere Menschen zu überzeugen. Manchmal sogar zu ihrem Glück zu zwingen. Zu oft geht in einem Streitgespräch alles wild durcheinander. Sachargumente werden mit Emotionen vermischt. Es wird hin und her gesprungen. Nicht richtig zugehört. Zu schnell geantwortet. Ehrlich gesagt – da muss man manchmal zu diesen kleinen Tricks greifen, will man sich durchsetzen. Kleine Tricks können sich aber schnell zu handfesten Manipulationen entwickeln. Fallen Sie wenigstens nicht mehr darauf rein.

5.
Logik und andere Zwangsjacken des Denkens

5.1 Manipulation-Endowment-Effekt (engl. Besitztumeffekt)

Alles, was wir besitzen, schätzen wir grundsätzlich höher ein als das, was wir verkaufen wollen.

Das wussten Sie schon. Natürlich. Ihren Gebrauchtwagen wollten Sie letzte Woche für 5.000 Euro verkaufen. Es gab aber nur Käufer, die bereit waren maximal 3.000 Euro zu bezahlen. Ist das eine Binsenweisheit? Nein. Es steckt viel mehr dahinter als sie denken. Es ist ein handfestes Manipulationsmuster.

Ich sage nur: IKEA, IKEA, IKEA. Die meisten von Ihnen werden zu jung sein, um sich an die ersten Jahre von IKEA auf dem deutschen Markt zu erinnern. Ich kann das noch gut. Als eines der ersten großen Möbelhäuser von IKEA in Düsseldorf eröffnet wurde, sagte mir der Besitzer eines etablierten Düsseldorfer Einrichtungshauses etwa Folgendes: *„Die müssen verrückt sein. Oder über unbeschränkte Mittel verfügen. Wahrscheinlich Drogengeld. Das geht doch nie gut. Schauen Sie sich das an: Die Möbel – wenn man das überhaupt als „Möbel" bezeichnen kann – sind alle ziemlich schlicht. Zwar billig. Aber seit wann ist „billig" ein Verkaufsargument? Man muss sie sich aus einem Hochregallager herauswuchten und dann selbst zur Kasse bringen. Selbst nach Hause transportieren. Selbst aufbauen. Aber das Dümmste, was ich je gehört habe: Ich kann sie ohne Rückfrage drei Monate lang zurückgeben! Stellen Sie sich doch einfach mal einen Käufer vor, der im Möbelhaus entscheiden soll, wie das neue Sofa in seinem Wohnzimmer aussieht? Das kann doch niemand wirklich. Die werden die Ware reihenweise zurückbekommen. Ich sitze das jetzt mal ganz in Ruhe aus!"*

Drachentöter im Kaufhaus

Na ja – das Einrichtungshaus hat vor zehn Jahren pleite gemacht. IKEA gibt es noch immer. Ob IKEA den Endowment-Effekt schon gekannt hat, weiß ich nicht. Aber er ist aus meiner Sicht eines der stärksten Argumente, dort zu kaufen. Natürlich: Die Ware hat im Großen und Ganzen gute Qualität. Sie ist preiswert und hat ein witziges, zeitloses Design. Aber sind das die wirklichen Argumente? Ich bin mir da etwas unsicher. Ich vermute aber stark, dass IKEA weiß, dass ein Möbelstück, das erst einmal in meinem Wohnzimmer steht, so etwas wie „Besitzerstolz" produziert. Nicht, dass uns das wirklich bewusst wäre. Nein – aber wir räumen nur so lange herum, bis das Sofa, das Regal, der Tisch tatsächlich in unsere Wohnung passt. Wir wollen es verteufelt noch einmal nicht wieder hergeben. Hinzu kommt: Wir haben das subjektive Gefühl, es „selbst gebaut zu haben"! Ich kenne das selbst sehr gut. „Das gebe ich doch nicht wieder zurück!" Zu stolz war ich, als das Billy-Regal endlich an der Wand stand, nach einem unruhigen Nachmittag zwischen Schräubchen und Haken, einer zerfledderten Aufbauanleitung. Die Werkzeuge verstreut auf dem Boden. Viel Gestöhne. Geflache. Die Familie ist sicherheitshalber in Deckung gegangen. Jetzt steht es. Ich kann mich mit stolz geschwellter Brust als Drachentöter produzieren. Das Monster ist gezähmt. Die Bewunderung meiner Frau kassiere ich lechzend ein. Und bin gerade manipuliert worden.

Heute kann man fast alles, was man gekauft hat, innerhalb einer bestimmten Frist wieder zurückgeben. Amazon nimmt bestellte und gelieferte Bücher ohne weitere Nachfrage wieder zurück. Bei Otto.de – dem zweitgrößten Shopping-Portal der Welt – ist das gleichfalls so. Sogar Ihren Cashmere-Pullover, den Sie bei P&C gekauft haben, können Sie problemlos wieder retournieren. Ist das eine gesetzliche Vorgabe? Zwingt jemand die stationären oder virtuellen Händler dazu, das zu tun? Nein – dem ist nicht so. Man tut es aus „Kulanz". (Soso – Kulanz ... Ich glaube, dass man viel eher mit dem Endowment-Phänomen kalkuliert.) An meinem Ende des Kaufprozesses wird das objektive Gefühl erzeugt, etwas gefahrlos bestellen zu können – nicht wirklich lange darüber nachdenken zu müssen – am anderen Ende des Kaufprozesses wird damit gerechnet, dass ich die Ware nicht zurückgeben werde. Der subjektive Besitzerstolz greift nämlich auch dann, wenn ich nicht hundertprozentig mit dem Produkt zufrieden bin. Wieder ein Prozess, den ich zwar hier und jetzt – wo Sie diese Zeilen lesen – glasklar verstehen kann, aber dem ich trotzdem – völlig unbewusst – zum Opfer falle, wenn ich auf das Endowment-Phänomen hereinfalle. Der Verstand wird regelrecht umgepolt. Obwohl ich fest daran glaube, rational entscheiden zu können, beherrschen mich unbewusste Gefühle sehr viel stärker als ich es mir zugestehen möchte.

Schuhe im Cyberspace

Wir werden geradezu überschwemmt mit Angeboten, die mit dieser Manipulation auf der Grundlage des Endowment-Effekts sehr geschickt einhergehen. 30 Tage Rückgaberecht. Umtausch jederzeit. Einfach zurückschicken, wenn's nicht passt. Anders wäre es gar nicht denkbar, dass Zalando.de Schuhe übers Internet verkauft. Es wird sogar offensiv Werbung dafür gemacht, dass die Verpackung so gestaltet ist, dass man problemlos die Ware wieder retournieren kann. Sogar ein Aufkleber mit der Adresse von Zalando liegt bei. Ansonsten käme wohl niemand auf die Idee, sich gerade Schuhe zu kaufen, die man weder vorher angezogen hat noch in der Hand halten konnte. Die TV-Werbung mit kreischenden Frauen und genervten Männern beschreibt gekonnt ein gängiges Vorurteil: Samstagvormittag mit der Holden im Schuhgeschäft. (Horror.)

Entdeckt wurde dieses dem Besitztumeffekt geschuldete Handlungsmuster wieder von Professor Daniel Kahneman von der Princeton University. Schon vor langer Zeit. In den 1980er-Jahren.

Das Tassen-Experiment

Kahneman verschenkte eines Tages an eine Gruppe von Studenten Tassen. Damals war er noch nicht so berühmt – er hat ja erst 2002 den Nobelpreis bekommen. Daher waren die Studenten wohl erst einmal nicht misstrauisch. (Obwohl Psychologiestudenten generell misstrauisch sein sollten, wenn ihre Professoren sie zu Spielchen einladen ...) Anschließend forderte er sie auf, ihre Tassen wieder zu verkaufen, und zwar an die Studenten, die keine Tasse geschenkt bekommen hatten. Es waren alles völlig identische Tassen, wenn man davon absieht, dass diese Tasse natürlich sofort einen emotionalen Wert für den jeweiligen Studenten bekam. („Diese Tasse hat mir mein Professor geschenkt ...“) Als Preisspanne gab Kahneman vor: Zwischen 9,25 Dollar und 0,25 Dollar. Im Durchschnitt boten die Studenten dann die Tasse für 7,12 Dollar an. Anschließend wurde die Gruppe von Studenten gefragt, die nicht mit der Professorentasse bedacht worden waren, welchen Preis sie wohl bereit dafür wären zu zahlen? Nicht zu Kahnemans , aber zu aller anderen großen Überraschung lag der Preis der Kaufwilligen im Mittel bei 2,87 Dollar. Eine klaffende Lücke zwischen Angebotspreis und Nachfragepreis. Kahneman erklärte dies damit, dass man einen Besitz, den man hergeben soll, offensichtlich als wertvoller einschätzt, als einen Besitz, den man erwerben will.

IKEA-Möbel, Pullover, Tassen und Freundinnen

Es ist ja alles nicht so schlimm. Sagen Sie jetzt vielleicht. Warten Sie ab. Können Sie sich vorstellen, dass „Endowment" auch in Beziehungen zwischen Partnern greift? Wenn ja, dann hätte dies weit dramatischere Folgen als ein simpler Kaufvorgang. Stellen Sie sich einmal folgende Frage. Vielleicht ist es diplomatischer, die Antwort für sich zu behalten ...

„Haben Sie Ihre Freundin, weil Sie sie lieben, oder lieben Sie sie, weil Sie sie haben?"

Lassen wir jetzt die Hirnforscher zu Wort kommen. Ist das Endowment-Phänomen so stark, dass man es sogar im Hirnscan nachweisen kann? Ja. Es ist dem Psychologen Brian Knutson von der Stanford University gelungen, den Besitztumseffekt im Gehirn zu lokalisieren: Menschliches Besitzstandsdenken hat eine neurophysiologische Basis.

Knutson gab 24 Probanden je 60 Dollar Spielgeld. Dann sollten sich die Testpersonen aus sechs Elektronik-Produkten zwei aussuchen. Zur Auswahl standen Digitalkameras, MP3-Spieler und USB-Sticks. Die Preise dieser Waren legten die Wissenschaftler fest. Anschließend sollten sich die Probanden gegenseitig ihre Besitztümer verkaufen. Während der Kauf- und Verkaufsentscheidungen registrierte der Psychologe die Hirnaktivität der Testpersonen mittels Magnetresonanztomografie (fMRT). So ließ sich zeigen, welche Hirnareale bei Kauf und Verkauf besonders stark durchblutet sind.

Der Trennungsverlust wiegt schwerer als der Verkaufsgewinn

Die Probanden verhielten sich wie angenommen. So wollten sie etwa ihren MP3-Spieler für 70 Dollar verkaufen, aber nur 35 Dollar für das Exemplar eines Mitspielers zahlen. Sie verlangten einen weit höheren Preis als sie selbst bereit waren, dafür zu zahlen. Bei manchen Probanden fiel der Besitztumseffekt stärker aus, bei anderen schwächer. Konnten sich Probanden besonders schwer von ihrem Besitz trennen, zeigte sich eine besonders starke Durchblutung der Inselrinde. Das ist die Hirnregion, in der Schmerzen verarbeitet und emotional bewertet werden.

Tut es weh, eigene Dinge zu verkaufen? „Es ist erstaunlich, dass der Verkauf eines persönlichen Gutes als Verlust empfunden wird. Schließlich erhält der Verkäufer ja eine geldwerte Gegenleistung", sagt der Psychologe Helmut Jungermann von der Technischen Universität Berlin. Der Trennungsverlust wiege offenbar schwerer als die Belohnung durch den erzielten Verkaufsgewinn. Wer Eigenes verkauft, der erlebt diesen Verkauf als schmerzhaften Verlust. Dass Schmerz- und Verlusterfahrungen in denselben Hirnregionen verarbeitet werden, hat der Neurowissenschaftler Ben Seymour vom Wellcome Trust Center for Neuroimaging in London nachgewiesen. Ebenso wenig, wie ein Mensch seinen Besitz verlieren möchte, will er Schmerzen zugefügt bekommen, interpretierte Seymour seine Ergebnisse. Generell reagieren Menschen empfindlicher auf Verluste als auf Gewinne. „Deshalb freut sich Otto Normalverbraucher beispielsweise über einen um 10 Cent gesunkenen Milchpreis weniger als er sich über einen um 10 Cent gestiegenen Preis ärgert", sagt Jungermann.

Dem sogenannten Coase-Theorem zufolge lässt sich der Wert eines Gegenstandes unabhängig davon bestimmen, wem er gehört. Eine Tabakpfeife ist eben eine Tabakpfeife, egal wer sie stopft und raucht. Doch die Realität sieht anders aus. Der Raucher, dem die Pfeife gehört, findet sie besonders wertvoll. Auf jeden Fall wertvoller als eine vergleichbare Pfeife eines Kollegen. Und zwar aus einem denkbar einfachen Grund: Weil es seine Pfeife ist. „Was in unserem Besitz ist, steigt allein deshalb an Wert, weil es in unserem Besitz ist", sagt Jungermann. Die Stärke des Besitztumseffekts hängt von der Stimmungslage ab. Sind Menschen positiv gestimmt, dann fällt das Besitztumdenken schwächer aus, wie die Psychologin Ayelet Fishbach von der Tel Aviv University experimentell zeigen konnte. Lassen sich Verkäufer von anderen Personen beraten, verringert sich der Effekt gleichfalls. Bringen sich Menschen nur in Besitz eines Gutes, um es sogleich weiterzuverkaufen, so sind sie ebenfalls davor gefeit, ihre Besitztümer zu überteuerten Preisen anzubieten.

Tausche Apfel gegen Orange?

Verlustangst und Endowment-Effekt hängen miteinander zusammen. Aus Sicht von Psychologen bedingt die Verlustangst den Besitztumseffekt je mehr jemand den Verlust seines Besitzes fürchtet, desto höher fallen seine Entschädigungsforderungen aus.

In Experimenten legte man Probanden zwei verschiedene Szenarien vor. In der Variante A hieß es: „Stell dir vor, alle 25 Bäume in deiner Wohnstraße werden abgeholzt. Wie viel müsste man dir zahlen, damit du diesen Verlust akzeptierst?" In Variante B hieß es: „Stell dir vor, in deiner Straße werden 25 Bäume gepflanzt. Wie viel wärst du bereit, dafür zu zahlen?" Der Verlust wog für die meisten Probanden erheblich schwerer. Die Versuchspersonen verlangten durchschnittlich 199,80 US-Dollar Entschädigung, sollten die Bäume abgeholzt werden. Neue Bäume wären den Probanden dagegen nur 9,60 US-Dollar wert gewesen.

Verluste wiegen schwerer als Gewinne, und ohne Verlustangst gäbe es keinen Endowment-Effekt. Der Effekt könne in Verhandlungssituationen vorteilhaft sein, so Professor Kirchsteiger. Denn Menschen, die hohe Endowment-Werte aufweisen, verhandeln oft hart und erfolgreich. Zusammen mit dem Ökonomen Steffen Huck vom University College London konnte Kirchsteiger bereits vor einigen Jahren nachweisen, dass es dieser Menschengruppe am ehesten gelingt, den eigenen Besitz zu mehren. Dies deckt sich mit einer Erklärung zum Ursprung des Endowment-Effekts, die Owen Jones anbietet. Der Biologe und Jurist von der Vanderbilt Universität hat mit der Primatologin Sarah Brosnan Schimpansen dabei beobachtet, die ebenso wenig auf Tauschgeschäfte eingehen wollten wie menschliche Probanden. Bei Tieren sei das Zustandekommen eines fairen Tausches einfach zu unsicher. Keine Verträge, keine Gesetze schützen den Affen, der einem Artgenossen einen Apfel zum Tausch gegen eine Orange anbietet – es gilt das Recht des Stärkeren. Die erfolgreichste Strategie im Tierreich lautet:

Wer hat, der sollte besser nicht hergeben, will er sein Leben schützen. Dieses Denken steckt wohl auch noch im Menschen.

Sicher – das sind keine wirklich schlimmen Manipulationen. Sieht man davon ab, dass viele Menschen wegen der Wirksamkeit des Effekts total überschuldet sind, weil sie den unzähligen Lockangeboten nicht widerstehen können. Und der Monat ist lang. Bezahlt wird mit Kreditkarte. Da ist dann die Verlustaversion nicht so hoch. Richtiges Geld braucht man ja nicht zu zählen. Der Kontostand wird eher „gefühlt". Das böse Erwachen kommt manchmal schon in wenigen Monaten. 140.000 Privatinsolvenzen in 2010 sind 140.000 Schicksale. Menschen, die sieben Jahre lang am Existenzminimum krebsen müssen und danach für den Rest ihres Lebens eine schlechte SCHUFA-Auskunft haben, ergo nie wieder irgendwo Kredit bekommen – noch nicht einmal einen neuen Handyvertrag abschließen können. Keine schlimmen Manipulationen?

5.2 Manipulierte Relationen

Sie erinnern sich an den Hurrikan „Katrina"? Die Ölpest im Golf von Mexiko? An BP – als den verantwortlichen Betreiber der Ölplattform „Deep Water Horizon"? Natürlich. Ist ja noch nicht so lange her. „Katrina" hat für das größte Spendenaufkommen aller Zeiten gesorgt. Insgesamt 3,4 Milliarden Dollar. 1.800 Tote waren zu beklagen. Ein fürchterliches Desaster. Die Medien haben wochenlang darüber berichtet. Weltweit sterben laut der WHO etwa eine Million Menschen an Malaria. Jedes Jahr. Das Spendenaufkommen für Malariabekämpfung liegt derzeit bei etwa 500 Millionen Dollar. Für die Rettung eines verölten Seevogels hat BP umgerechnet 36.000 Dollar ausgegeben. Verölte Robben sind teurer. Sie kosten etwa 60.000 Dollar. Das kann man alles nachlesen. Die Fernsehbilder zeigten zudem mehr Tiere als Menschen, deren ganze Existenz ruiniert wurde. Es ist also keinesfalls Geheimwissen. Jetzt frage ich Sie ernsthaft: Sind wir völlig irrational? Warum interessieren uns irgendwelche Robben am Golf von Mexiko mehr als Hunderttausende von Malariatoten? Mit 60.000 Dollar könnten wir ganze Dorfschaften in Afrika vor dem Hungertod retten. Hunderte von Kindern müssten nicht sterben. Dass wir Menschen doch nicht so gütig und mitfühlend sind, wie wir es uns gerne zumessen – dass wäre eine Erklärung. „Jeder ist sich selbst der Nächste". Diese These stimmt aber nicht. Denn wir helfen ja unter bestimmten Bedingungen durchaus selbstlos und spontan. Aber welche Bedingungen sind das? Können wir uns mit Einzelpersonen besser identifizieren – vor allem dann, wenn sie uns ganz persönlich in Bild und Ton begegnen?

Ein Beispiel. Sie kennen die Kinderhilfsorganisation World Vision. Sie sammelt sehr viele Spenden für Waisenkinder in Hunger- oder Krisenregionen. Immerhin sterben jedes Jahr neun Millionen Kinder an Hunger oder Krankheiten, bevor sie das fünfte Lebensjahr erreicht haben. Das ist ganz grauenhaft. Gut also, dass es solche Organisationen überhaupt gibt. Haben Sie schon einmal Post von World Vision bekommen? Wenn nicht, googeln Sie einfach nach dem Namen. Der erste Untertitel nach dem Haupteintrag ist: „Jetzt Pate werden." Sowohl auf Flyern wie auch im Internetauftritt von Worldvision finden Sie sehr wenig statistische Angaben. Aber Sie finden echte Menschen. Sie können Ihre Spende also direkt mit einem wirklich existierenden Kind assoziieren.

Ist der persönliche Bezug wirklich der Grund für Ihre Bereitschaft zu spenden? Der sogenannte gesunde Menschenverstand würde dies sofort bejahen. Aber die Begründung stimmt nicht. Wie so häufig in der Verhaltensökonomie finden die Forscher ganz andere Ursachen für unser Verhalten. Irrationales Verhalten, das wir uns selbst nie zugestehen würden. So lange, bis wir nach Experimenten verblüfft feststellen, dass uns der sogenannte „gesunde Menschenverstand" eigentlich häufiger in die Irre führt als wir annehmen.

Folgendes Experiment gehört heute zum Standard in dieser Wissenschaft. Es arbeitet mit dem vertrackten Phänomen des „Priming". Also des Prägens eines gedanklichen und emotionalen Zustandes, bevor Probanden eine einfache Aufgabe zu lösen haben. Konkret. Ich selbst habe an einem solchen Experiment teilgenommen.

Helfen Sie Billy

Man bildete zwei Testgruppen. Der einen gab man eine Rechenaufgabe zu lösen. Keine schwierige. Zum Beispiel: „Es werden jedes Jahr 500 Millionen für Malariakranke gespendet. Bei 3 Millionen Erkrankten: Wie viel Geld entfällt dabei auf jeden einzelnen Kranken?" Nicht schwer. Es war auch erlaubt, einen Taschenrechner zu benutzen. Die andere Testgruppe blätterte in einer Zeitschrift mit vielen schrecklichen und emotional aufwühlenden Bildern von Kindern, die Hunger leiden. Besonders hervorgehoben war die Geschichte eines kleinen Jungen aus dem Kongo namens Billy. Sonst nichts. Keine Rechenaufgabe. Nur anschauen. Anschließend wurden die Probanden gebeten, in eine Spendensammelbüchse einen beliebig hohen Betrag zu werfen. Ganz egal wie viel. Jeder nach seinem Geschmack und seinen Möglichkeiten. 50 Cent, 10 Euro. Egal. Was passierte? Welche Sammelbüchse war hinterher voller? Sie glauben jetzt sicher, dass die Spendensammelbüchse der Zeitschriftenleser voller war. Und damit haben Sie recht. Die Spendensammelbüchse der Zeitschriftleser war deutlich voller. Jeder hatte das subjektive Gefühl, er würde „Billy" direkt helfen. Der Test war aber noch nicht zu Ende. Im nächsten Durchlauf wurde der Gruppe zwei, also der Gruppe, die Zeitung gelesen hatte, gleichfalls die gleiche Rechenaufgabe gegeben: Malariaspenden versus Malaria-Erkrankten, bevor sie die Zeitung aufschlagen durfte. Jetzt wäre zu erwarten, dass diese Gruppe ihre ursprüngliche Spendenhöhe korrigieren würde zugunsten der Malaria-Kranken. Leider passierte das nicht. Was passierte, ist verblüffend. Die Spendenhöhe sank insgesamt. Sowohl für die Malaria-Kranken als auch für Billy. Das erscheint unlogisch. Aber – Sie wissen das ja schon – mit Logik tun wir uns furchtbar schwer. Wir sind sehr häufig Opfer tief ablaufender psychologischer Prozesse, die man erst anfängt wirklich zu verstehen.

Ihr Controller platzt in die Kreativsitzung

Im beschriebenen Experiment war es aber ganz deutlich und klar. Menschen, die man vorher mit Zahlen/Daten/Einzelfakten konfrontiert, fahren offensichtlich ihre Emotionen bei der Entscheidungsfindung deutlich herunter. (Natürlich unbewusst.) Das ist ein Prozess, der viel stärker ist, als das, was wir „sehen". Was wir „sehen" (zum Beispiel den kleinen Billy), verstört uns erheblich weniger, wenn wir vorher „gerechnet" haben. Macht das Sinn? Eigentlich nicht. Es ist aber so. Ich will es selbst manchmal nicht wahrhaben, muss mich aber mit den wissenschaftlich sauber erhobenen Tatsachen abfinden. Sollten Sie zum Beispiel in einer Werbeagentur arbeiten, dann verhindern Sie bitte, dass vor einer Kreativ-Sitzung Ihr Controller auftritt, um die Halbjahreszahlen zu verkünden. Auch wenn sie sehr erfreulich sind. Es wird Sie anschließend behindern Ihren Emotionen freien Lauf zu lassen. Das klingt wirklich eigenartig. Zugegeben. Sind wir denn wirklich so schlicht „programmiert"? Ich fürchte ja. Man kann uns recht einfach umtricksen. Oder wir können uns auch selbst ganz einfach ein Bein stellen. Das sind alles keine übermäßig komplexen Ereignisse. Komplex sind nur die dadurch ausgelösten tiefenpsychologischen Prozesse. Uns erscheint alles, was wir subjektiv empfinden, als ziemlich klar und einfach. So sollte es auch sein. Als rational handelnder homo oeconomicus würden wir sonst in der Datenflut schlicht ersaufen. (Sie wissen ja schon: Ich glaube nicht, dass es den homo oeconomicus – oder meinetwegen den „Otto Normalverbraucher" überhaupt gibt. Außer in Büchern über Volkswirtschaft oder Soziologie. Beides Wissenschaften, die Deutungshoheit beanspruchen, aber leider bisher mit ihren Prognosen nicht viel „gerissen" haben.)

Konfrontiert man die Menschen mit diesen Testergebnissen, sind sie übrigens nicht in der Lage, ihr Verhalten zu begründen. Auch dann nicht, wenn man gestützt fragt. Also: „Warum haben Sie insgesamt weniger gespendet, wenn es doch die vernünftigere Variante gegeben hätte, Ihre Spende zwischen Billy und Malariakranken aufzuteilen"? Sie können es nicht erklären. Manche Erklärungen werden dann glatt erfunden. (Rückwirkendes Rationalisieren von Emotionen.) Aber das sind immer nur Spekulationen. Man kann das Experiment mit anderen Vorzeichen wiederholen und wiederholen. Es kommen immer die gleichen verblüffenden Resultate heraus. Was kann man daraus lernen? Es ist schön, für einen guten Zweck manipuliert zu werden. Die Werbepsychologen bei World Vision machen einen tollen Job: viele wirklich existierende Kinder mit einer toll aufgenommenen Fotostrecke. Wenig statistische Zahlen. Schon gar keine Rechenaufgaben. Auch keine Zahlenspiele, die Rechenaufgaben provozieren. Besser kann man es nicht machen.

Katastrophe bei BMW

Auch bei der Berichterstattung über den Hurrikan „Katrina" wurden wir mehr mit Einzelbildern geflutet als mit statistischen Angaben. Die gab es auch. Aber eher als Fußnote. Ich halte das allerdings eher für einen Zufall. Medien wissen natürlich, dass Bilder stärker sind als Text. Glauben Sie daher bitte nicht an eine „Weltverschwörung der Medien" mit dem Ziel, uns das Geld aus der Tasche zu ziehen. Das wäre die zu einfache Generalisierung eines ernsten Problems. Denn natürlich kann man uns mit diesen Effekten auch zu Handlungen verführen, die nicht altruistisch und ethisch einwandfrei sind.

Ein Beispiel: Wissen Sie, warum uns Autoverkäufer so sehr auf die Nerven gehen können? Haben Sie das schon einmal erlebt? Sie betreten ein Autohaus und gehen zielstrebig auf das Objekt Ihrer Begierde zu. Selbstredend haben Sie sich schon lange vorher „ein Bild Ihres neuen Image-Boosters gemacht". Sie treffen schon lange vorher eine Vorauswahl. Je nach Geldbeutel: Entweder „Mercedes versus BMW". Oder „Japan versus Opel". Nehmen Sie diese Kategorisierung bitte nur als Beispiel. Was wollen Sie jetzt? Natürlich. Sich das Auto anschauen. Erst von außen – dann von innen. Sich reinsetzen. Die Atmosphäre erschnuppern. Ihre Hände auf das Lenkrad legen. (Männer treten auch gerne leicht gegen die Reifen. Warum, wird mir immer verborgen bleiben.) Jetzt fängt Sie ein beflissener Autoverkäufer ab. Sie haben ihn schon aus den Augenwinkeln gesehen und versuchen sich irgendwie unsichtbar zu machen. Geht aber nicht. Sie sitzen im Auto. Unübersehbar. Er setzt sich neben Sie. Und was tut er? Er textet Sie zu. Mit Daten und Ausstattungsvarianten des Fahrzeuges. PS – Hubraum – Benzinverbrauch – Umweltverträglichkeit – Kosten/km usw. Sie denken an Mord. Schließlich sind Sie so genervt, dass Sie fluchtartig das Autohaus wieder verlassen. Nein – Ihre Visitenkarte wollen Sie NICHT dalassen. Auf keinen Fall. „Ich melde mich bei Ihnen! Ja – okay – Sie heißen Schibulski. Danke." Und weg sind Sie.

Was haben Sie getan?? Sind Ihre Emotionen mit Ihnen durchgebrannt? Es ist doch nicht schlecht, umfassend informiert zu werden? Warum wollen Sie aber gerade DAS jetzt nicht? Ist das etwa rational? Nein, natürlich nicht. Es ist komplett irrational. Ihr Gehirn konnte nur zwei Dinge nicht „unter einen Hut bringen" und parallel ablaufen lassen. Ihre Emotionen und Ihre Fähigkeit, gleichzeitig Zahlen zu verarbeiten. Beide Vorgänge haben sich gegenseitig stark behindert. Sie waren erst verwirrt, dann frustriert. Und jetzt überlegen Sie mal, was ein guter Autoverkäufer tut. Könnte er Sie vielleicht sogar zu einer irrationalen Handlung veranlassen? Sie treffen eine emotionale Entscheidung, die aber leider Ihr Budget gesprengt hat? Denken Sie an Ihre letzten Lustkäufe. Wie häufig stellen Sie anschließend fest, dass Sie erstens das Kaufobjekt gar nicht brauchen oder zweitens viel zu viel dafür bezahlt haben? Sogar mir passiert das ständig. Wenn Ihnen so etwas niemals passiert, sind Sie vermutlich Mister Spock (der Mann ohne Gefühle aus der Serie Raumschiff Enterprise) oder Sie haben vielleicht noch nicht gemerkt, dass Sie permanent emotionale Entscheidungen rückwirkend rationalisieren. Vor allem dann, wenn simple Zahlen und starke Emotionen gleichzeitig verarbeitet werden müssen.

Ein geübter Manipulator kennt diesen Effekt gut. Er konfrontiert Menschen vor einer Entscheidung mit Zahlen/Daten/Einzelfakten, sodass diese anschließend die Emotionen deutlich dämpfen. Merkt der Manipulator, dass Sie emotional positiv berührt sind – lässt er Sie in Ruhe. Sind Sie aber emotional negativ berührt – sendet er Störsignale, indem er Sie weiterhin mit (angeblichen oder richtigen) Fakten konfrontiert, die mit Emotionen nicht zu verarbeiten sind. Abschalten oder umpolen kann er Ihre negativen Emotionen nicht. Aber er kann sie wenigstens passieren lassen oder eben stören. Besser Sie sind verwirrt, als dass sich Ihre negative Emotion manifestiert. Jetzt könnte man meinen, dass Sie diese Störungen noch missgelaunter machen. Das tun sie auch. Aber nicht sehr lange. Sie wollen diesem Zustand der „Verwirrung" nämlich möglichst schnell entgehen und stellen ganz von selbst die Ordnung in Ihren Gedanken wieder her. Dabei braucht der Manipulator gar nicht zu helfen. Dieser Prozess läuft ganz von selbst. „Verwirren Sie mich nicht mit Fakten." Sic.

5.3 Manipulation mittels Ankerheuristik

So seltsam es auch klingen mag, die Stärke der Mathematik beruht auf dem Vermeiden jeder unnötigen Annahme und auf ihrer großartigen Einsparung an Denkarbeit. Das hat Ernst Mach gesagt. (Ich wusste das intuitiv schon immer. Deshalb war Mathe wohl auch immer mein mit Abstand schwächstes Fach.) Eins scheint jedoch sicher: Wir glauben fest daran, dass wir mindestens in der Lage sind, zwei und zwei zu vergleichen. Nur warum wird es bei zehn und drei schon schwieriger? Zahlen können uns stark manipulieren. Wir sind sehr oft nicht in der Lage, Zahlen in den richtigen Bezug zu Ereignissen zu setzen. Das kann man leider gegen uns einsetzen, mit dem Ziel, uns zu manipulieren. Haben Sie keine Angst – jetzt kommen keine Rechenaufgaben. Auch keine Statistik. Aber wieder eine Geschichte, die sich tatsächlich so abspielt und die mit anderen Vorzeichen auch Ihnen täglich passieren kann.

Mit dem Porsche ins Unbewusste

Ich erzähle Ihnen jetzt, wie ich meine Frau zu etwas völlig Irrationalem „überreden" konnte, nämlich mir zu gestatten so etwas Wahnsinniges zu tun, wie einen Porsche 911 zu kaufen. Ein Auto, das den Gegenwert einer Eigentumswohnung hat, jedoch leider keine Miete abwirft. Aber dafür ungeheure Kosten produziert. Dazu sollten Sie wissen, dass meine Frau keinerlei Affinität zu Autos hat. Null. Sie bedeuten ihr nichts und sie kann einen Porsche nicht von einem Audi TT unterscheiden. (Muss man ganz allgemein auch nicht. Diese Fähigkeit wird in Intelligenztests nicht gefordert.) Dazu ist sie auch noch ein ausgesprochener Finanzhai. Dieses Mal im positiven Sinne. Wenn ich zu viel Geld ausgebe, werde ich schnell angegriffen – und gebissen. Nun – ich war bereits mehrfach mit zarten Versuchen, ihr den Porsche schmackhaft zu machen, gescheitert. Größere Bisswunden inklusive. Was tun? Das: Haifische lassen sich mit Lockmitteln täuschen. An einem Samstagvormittag habe ich den Familien-Einkauf in die Nähe eines Aston Martin Händlers verlegt. Kein Problem. Praktischerweise ist gegenüber ein ALDI. Machte also irgendwie Sinn, in diese Gegend zu fahren. Auch das Timing stimmte. Wir hatten nach dem Einkauf noch Zeit, und ich habe es geschafft meine Frau zu überreden „mal gerade die zwei Schritte zu machen" und mit mir in den Showroom des Händlers zu gehen. (Die ALDI-Tüten waren natürlich sauber im Kofferraum versteckt). Ihren Gesichtsausdruck hätte man so beschreiben können: „Ich rieche eine Ratte."

Da stand er dann: Ein Aston Martin Vintage 12 Zylinder. Grandios! Ich musste mir gar keine Mühe geben, meine Augen leuchten zu lassen. Ausführlich wurde er inspiziert. Herumgehen. Gegen die Reifen treten. Türen aufmachen. Reinsetzen. Motor laufen lassen usw. Mit dem Verkäufer (... der hatte auch leuchtende Augen, der arme Kerl) habe ich gleich einen Termin zu Probe-

fahrt in der kommenden Woche vereinbart. Im Beisein meiner kreidebleichen Frau. Denn natürlich hatte sie gleich gesehen, was die Karre kostet. 240.000 Euro. Gut gelaunt verließen wir den Showroom wieder. Na ja – ICH war gut gelaunt. Meine Frau nicht. Auf der Rückfahrt kamen wir dann „zufällig" an dem Porsche-Autohaus in Düsseldorf „Am Seestern" vorbei. Lag auf dem Weg. „Na – dann lass uns bitte noch einen Blick auf den Porsche werfen". Gesagt getan. Meine Frau wollte gar nicht aussteigen, aber es hätte blöd ausgesehen im Auto sitzen zu bleiben. Also kam sie mit rein. Selbstredend war diese Komödie mit dem Porsche-Verkäufer vorher abgesprochen, und so liefen wir auf den ersten Metern gleich in einen flammenneuen blank polierten Porsche 911. In meiner Wunschausstattung. Nicht zu übersehen: Das Preisschild. Euro 120.000. Die Gesichtsfarbe meiner Frau kam wieder zurück. „Jetzt ist er endlich vernünftig geworden." To cut a long story short: Das Auto wurde am gleichen Tag bestellt.

„Jetzt ist er endlich vernünftig geworden". Der 911er kam meiner Frau nämlich jetzt vor wie ein „Schnäppchen". „Ein Auto von ALDI." Glatt die Hälfte gespart.

Ist das Verhalten meiner Frau rational? Sicher nicht. Und dass dieser fiese Trick funktioniert, hätte ich selbst niemals geglaubt. Aber er hat funktioniert. Was war da wirklich passiert? Meine Frau hatte den Preis des Aston Martin von mir als Anker gesetzt bekommen. Als Bezugsanker. Und schwupps verwechselte sie Äpfel mit Birnen. Es ging nicht mehr um die Grundsatzfrage: Porsche oder Nicht-Porsche – sondern um Aston Marion für 240.000 Euro versus Porsche 911 für 120.000 Euro. Beides natürlich Autos der Unvernunft. Immer noch. Aber meine liebe Frau beurteilte plötzlich die „Porsche-Unvernunft" ganz anders als die „Aston Martin-Unvernunft". War der Porsche etwa billiger geworden? Nein – natürlich nicht. Hatten wir zwischendurch im Lotto gewonnen? Auch nicht. War meine Frau es nur leid, weiter zu diskutieren? Da kennen Sie meine Frau schlecht. Die diskutiert noch weiter, wenn das Licht aus ist. Kann sie vielleicht nicht rechnen? Sie hat ein abgeschlossenes Studium der Mathematik. Man kann diese Annahme also gleichfalls verwerfen. Sie war nur auf ein ganz unheimliches Phänomen hereingefallen. Das Phänomen, das wir Zahlen meistens in Bezug setzen zu anderen Zahlen, bevor wir sie bewerten. Man nennt diese Art des Ankers daher „Bezugsanker".

Mailänder Lammkarree für Anfänger

Das halten Sie jetzt für eine sehr weit hergeholte Anekdote? Na – da täuschen Sie sich aber. Man kann sogar auf Luftanker hereinfallen. Wenn ich zum Beispiel mal auf die Idee kommen sollte, ein neues italienisches Feinschmeckerlokal aufmachen zu wollen, dann in der unmittelbaren Nähe eines Opernhauses. Nein – nicht deshalb, weil viele Opern in italienischer Sprache gesungen werden. Das bringt die Gäste beim Lesen der Speisekarte nicht wirklich weiter. Ich würde den Luftanker-Effekt einsetzen. Und das geht so:

Was kosten Opernkarten? Ziemlich viel. Wollen Sie einen guten Platz haben – also den Tenor nicht aus 300 Meter Entfernung sehen oder ihm von ganz oben auf den Kopf schauen, sind Sie schnell 150 Euro los. Pro Karte. Sie haben also erst einmal 300 Euro auf den Tisch gelegt, beziehungsweise an der Theaterkasse einer Ticketverkäuferin überreicht. Sie haben die Oper gehört oder meinetwegen ertragen und verspüren Hunger. (Nach „Die Hochzeit des Figaros" besonders. Die dauert 3 ½ Stunden.). Also schlendern Sie noch ein wenig in der Innenstadt herum und stoßen auf mein neues italienisches Feinschmeckerlokal. Ich lauere schon hinter der Tür auf Sie (kicher). Sie studieren draußen die Speisekarte: *Mailänder Lammkarree an Boccarini-Gemüse in einer Himbeer-Kartoffelsauce: 55,70 Euro.* Was tun Sie? Sagen Sie vernünftigerweise zu Ihrem Schatz: „Marlene, jetzt haben wir schon so viel Geld für die Opernkarten ausgegeben – lass uns doch eine Currywurst essen"? Nein. Das tun Sie nicht. Sie setzen nämlich unbewusst den Preis der Opernkarten in Bezug zu den (völlig überteuerten) Preisen auf meiner Speisekarte. Und zack-zack: Sie stehen in meinem Lokal. Und das ist Ihnen noch nicht einmal aufgefallen. Sie tun es einfach. Der Preis der Opernkarten hat natürlich gar nichts mit den Preisen auf der Speisekarte zu tun. Nichts. Nullkommanichts. Anders als beim Autovergleich. Da gab es ja den Bezugsanker Aston Martin/Porsche. Trotzdem haben Sie den Preis der Opernkarten (unbewusst – ja ja – schon wieder unbewusst) als Vergleichsgröße zu den Kosten für das Abendessen herangezogen. Sie haben nicht etwa nachgedacht.

Wenn Sie nachgedacht hätten, wäre Ihnen aufgefallen, dass sich dieser Abend insgesamt bedrohlich der 500 Euro Grenze nähert. Ich habe Ihnen am Tisch nämlich eine weitere Falle gestellt. Diesmal wieder einen Bezugsanker: Die Preise für die Vorspeisen sind völlig überhöht. Sie schütteln den Kopf darüber, warum das Rindercappacio 28,50 Euro kostet und wenden sich gleich der Hauptspeise zu. Mailänder Lammkarree an Boccarini-Gemüse in einer Himbeer-Kartoffelsauce: 55,70 Euro. Das scheint Ihnen jetzt angemessen. Angemessen in Bezug zu was? Sie verwechseln schon wieder Äpfel mit Birnen. Das auch die Hauptspeise völlig überteuert ist, fällt Ihnen irgendwie nicht recht auf. Sie sind auf den Bezugsanker „Preis der Vorspeise" hereingefallen. (Übrigens sollten Sie mal darauf achten. In Feinschmeckerlokalen ist dies ein häufig angewandter Trick.)

Jetzt atmen Sie einmal tief durch. Erzähle ich Ihnen hier etwa Blödsinn? Beim Lesen dieser Zeilen haben Sie sich bestimmt gesagt: „DAS würde MIR nie passieren." Wie kommen Sie darauf? Ganz einfach: Weil Sie natürlich schon vermutet haben, das ich Ihnen hier Beispiele für irrationales Verhalten gebe. Und weil Sie die Auflösung dieser Manipulationen gleich ein paar Zeilen weiter serviert bekommen. Das ist aber im wahren Leben nicht so. Da gibt es niemand, der Ihnen zuflüstert: „Vorsicht Ankerheuristik." Seien Sie jetzt mal ehrlich zu sich selbst und denken Sie an die letzten Einkäufe, die Sie getätigt haben. Einkäufe, bei denen Sie mehr Geld ausgegeben haben als Sie ursprünglich wollten. Ist das eher die Ausnahme – oder die Regel? Ich kann nur für mich sprechen. Bei mir ist es leider nicht die Ausnahme. Trotz der Tatsache, dass ich diese ganzen Phänomene gut kenne, falle ich öfter selbst darauf herein. Deswegen besitze ich drei Lederjacken, obwohl eine auch reichen würde. Den Porsche habe ich übrigens schon lange wieder verkauft. 50.000 Euro ärmer. Das ist ja alles auch nicht so schlimm. Schlimm wird es dann, wenn Sie Entscheidungen treffen, die große Auswirkungen auf Ihr Leben haben. Den Abschluss eines Ratenvertrages bei Ihrer Bank zum Beispiel. Oder ähnlich hohe „Investitionen". Ansonsten sollten Sie sich auch weiterhin die eine oder andere Kleinigkeit gönnen. Nur zu. Setzen Sie auf keinen Fall ständig die „Psychologenbrille" auf. Ich selbst ertappe mich manchmal dabei und muss dieses „psychologisieren" richtiggehend abstellen. Wenn Sie alle Phänomene, die in diesem Buch beschrieben werden, ständig im Kopf behalten müssten, würde Ihr Leben recht freudlos. Manchmal macht es auch verdammt viel Spaß, Fehler zu machen. Bei Peanuts kann man das getrost ertragen und sich auf die schönen Seiten einer Fehlinvestition konzentrieren. Zugegeben, 50.000 Euro Verlust sind keine Peanuts. Aber schließlich bin ich meinen Porsche fünf Jahre lang gefahren. Wenn ich also den Mehrpreis dieses Autos isoliere und abziehe von dem Preis eines weniger teuren Auto, dass ich ja ohnehin benötigt hätte, und dann umlege auf fünf Jahre – vielleicht sogar auf 60 Monate – na dann – na dann sieht alles nicht mehr so schlimm aus. Haben Sie was gemerkt? Ich habe mir im Rückschaufenster gerade durch neue Bezugszahlen eine Fehlinvestition schöngerechnet. Leider: Fakt bleibt – es fehlen 50.000 Euro in meinem Portemonnaie. Na ja – bin auch nur ein Mensch.

Darf ich Sie jetzt noch bei einer weiteren irrigen Annahme abholen? Einer Annahme, die von vielen Menschen ganz selbstverständlich als richtig angesehen wird? Die Annahme nämlich, dass wir uns bei großen Entscheidungen mit vielen möglichen Variablen rationaler verhalten. Sie ist leider falsch. Das redet man sich zwar gerne ein, es ist aber genau anders herum. Je komplexer eine Entscheidung ist und je größer die Auswirkungen, umso mehr benutzen wir „intuitive Daumenregeln". Das gestehen wir uns ungerne ein. Sehr ungerne. Leider.

Diese Phänomene der Ankerheuristik sind übrigens zuerst entdeckt worden in Entscheidungsszenarien, die äußerst diffizil sind. Im Bereich des komplexen Investmentbanking.

Professor Daniel Kahneman hat 2002 den Nobelpreis dafür bekommen, dass er unter anderem das Kauf- und Verkaufsverhalten von Investmentbankern – Tradern – untersucht hat. Also diese Menschen, denen die größte Computerleistung weltweit zur Verfügung steht und die wirklich daran glauben, dass sie über Superinformationen verfügen. Was fand er heraus? Auch diese Menschen haben meistens Äpfeln mit Birnen verwechselt (zum Beispiel die Fundamentaldaten eines Unternehmens mit dem Aktienkurs). An das Gesetz der Serie geglaubt (Chart-Theorie), Ursachen und Wirkung verwechselt (Volatilität der Märkte) oder die Ankerheuristik nicht beachtet (Trendselling).

Im Übrigen erleben wir das täglich bei den Börsennachrichten. Warum können bestimmte Werte den „DAX hochziehen"? Was hat das Quartalsergebnis von BP mit dem Quartalsergebnis von Nestlé zu tun? Nichts. Gar nichts.

Da werden noch erheblich größere Räder gedreht als beim Kauf eines 120.000 Euro-Produktes. 120.000 Euro verticken die Börsianer in zwei Sekunden. Und trotzdem sind diese Entscheidungen im Wesentlichen bestimmt durch Anker-Phänomene. (Jetzt haben Sie gleich noch eine gute Erklärung für den Finanzcrash 2008 bekommen.)

Jeder kennt den Preis einer Ware, aber niemand seinen Wert

Wir neigen stark dazu, bei Entscheidungen in Unsicherheit irrationale Verhaltensmuster an den Tag zu legen. Wenn es keine unmittelbaren Vergleichsmöglichkeiten gibt oder wenn sie uns nicht einfallen, dann greifen wir unbewusst zu im Moment verfügbaren Vergleichsmöglichkeiten. Die müssen aber gar nichts mit der Entscheidung zu tun haben oder wenn doch, vielleicht nicht so wichtig sein. Hauptsache sie sind verfügbar. Das, was uns zuerst in den Sinn kommt, erhält automatisch eine hohe Priorität und eine höhere Wertigkeit. So landen vielleicht ganz unwichtige Argumente oben in der Bewertungsskala – und die wirklich wichtigen verschwinden irgendwo bei Punkt 20 auf unserer inneren Entscheidungsmatrix. Oder sie erscheinen überhaupt nicht.

Warum merken wir das nicht? Ganz einfach. Es handelt sich dabei um völlig unbewusste Denkmuster. (Und das Unbewusste heißt Unbewusstes, weil es eben unbewusst ist ...) Hinzu kommt: wir rationalisieren dann die Entscheidungen, die wir aufgrund dieser Denkmuster getroffen haben, gerne im Rückspiegel. Wir „segnen sie ab". Damit landen wir dann häufig in Manipulationsfallen, haben es nicht bemerkt und sind trotzdem ganz zufrieden mit unserer Entscheidung. Bis sie sich dann später als Fehlentscheidung herausstellt. Wir reden hier auch nicht über seltene Ausnahmen, sondern über gut erforschte Regeln. (Auch wenn mein Plauderton etwas anderes suggeriert ...) Trotz der Tatsache, dass wir uns für „vernunftgesteuert" halten, sind wir doch meistens „unvernünftig". Übrigens: Warum sollte sich der homo oeconomicus denn anders verhalten als der homo sapiens. Seit wann ist letzterer vernünftig?

Diese Phänomene haben in den letzten fünf bis zehn Jahren diesen neuen Wissenschaftszweig hervorgebracht. Die Verhaltensökonomie. Hier werden diese Phänomene erforscht. In großen Fallstudien mit vielen tausend getesteten Personen. Die Verhaltensökonomie hat dabei ein neues Modell des homo oeconomicus aufgestellt, dessen Verhaltensweisen mir sehr viel logischer erscheinen als die angenommenen Verhaltensweisen der Standardökonomie. Die Standardökonomie hatte seit Adam Smith (1723–1790) Zeit genug, das Verhalten von Märkten (also Verbrauchern – denn die alleine bewegen Märkte) zu untersuchen. Die daraus abgeleiteten Prognosen haben sich sämtlichst als falsch erwiesen. Große Konjunkturkrisen – ja Börsencrashs – wurden nie von der Standardökonomie richtig vorhergesagt. Sicher – im Nachhinein, im Rückschaufenster – historisieren Volkswirte sehr gerne. Sie haben immer Erklärungsmodelle dafür, warum etwas passiert IST. Aber noch nie dafür gehabt, was innerhalb der nächsten sechs bis zwölf Monate passieren WIRD. Die Standardökonomie geht nämlich von völlig falschen Voraussetzungen aus. Sie beschreibt den homo oeconomicus (den Beweger der Märkte) in etwa so:

1. Wir entscheiden uns nach dem Prinzip: Angebot und Nachfrage.
2. Wir handeln meistens rational.
3. Wir sammeln alle relevanten Fakten – bevor wir entscheiden.
4. Wir können den Wert aller vorliegenden Optionen richtig bewerten.
5. Wir können die Folgen der einzelnen Wahlmöglichkeiten abwägen.
6. Machen wir Fehler – lernen wir daraus.
7. Wir entscheiden entweder allein oder aufgrund der „Marktkräfte".
8. Aus diesen Annahmen werden Trends „errechnet".
9. Aufgrund dieser Trends treffen wir vorausschauende Entscheidungen.
10. Die Gesetze der Statistik „beweisen", dass wir damit meistens richtig liegen.

Die Annahmen der Verhaltensökonomie hören sich diametral anders an. Sie erscheinen mir aber sehr viel plausibler.

• Das Individuum nimmt nur Teile der Realität wahr.
• Diese können nur zeitlich beschränkt erinnert werden.
• Geringe kognitive Belastung ist das Ziel.
• Mindestanforderungen führen zu Daumenregeln.
• Fakten werden zu Regeln umgedeutet.
• Gehandelt wird, wenn die Mindestanforderungen verarbeitet sind.
• Bei der Beurteilung von Wahrscheinlichkeiten kommt es vor allem darauf an, mit welcher Leichtigkeit entsprechende Beispiele in den Sinn kommen.
• Entscheidungen werden unbewusst rückblickend rationalisiert und verteidigt.

Wissenschaften, die auf unkonkreten Gedankenmodellen basieren (wie die Standardökonomie), haben ein ungeheures Beharrungsvermögen. Es dauert manchmal Jahrzehnte, bis sie soweit ad absurdum geführt worden sind, dass auch der letzte Professor an der letzten Hochschule in Hintertupfingen sie zur Kenntnis nimmt. (Damit irrige Lehrmeinungen sterben, müssen erst die Professoren sterben.) Sic. Wenn in den harten Naturwissenschaften (Physik, Mathematik, Chemie, Ingenieurswissenschaften, Elektrotechnik, Informatik etc.) ein ähnliches Beharrungsvermögen herrschen würde wie in der Volkswirtschaft, dann würden wir immer noch auf einem Atari-Computer herumklimpern und das Internet nicht kennen. Vielleicht würden wir auch noch daran glauben, dass die Erde eine Scheibe ist.

Die Ankerheuristik ist ein oft gebrauchtes Instrument, um Sie zu manipulieren. Jetzt fallen Sie nicht mehr darauf herein.

5.4 Manipulation durch Motivation

Wenn Sie wieder einmal von der „Maslow'schen Bedürfnispyramide" hören – meinetwegen in irgendeinem Training –, dann wissen Sie jetzt, dass der gute Herr Maslow sein Modell bereits 1943 veröffentlichte und seit 30 Jahren tot ist. Man darf es im Lichte der modernen Motivationsforschung getrost als überholt ansehen. (Ehre gebührt ihm trotzdem als einem der ersten großen Motivationsforscher.) Motivation ist allerdings deutlich vielschichtiger, als er es sich gedacht hatte. Sie ist nämlich in ihrer Wirkung vollständig abhängig vom Typ und Persönlichkeit des Einzelnen. Ein Standardmodell für alle – so wie Abraham Maslow es entworfen hat – kann es daher so nicht geben.

Motivation ist zweischneidig. Sie ist sehr nahe an der Manipulation. Und natürlich kann man auch ganz bewusst „falsch" motivieren. Dazu braucht man sich nur der bekannten motivatorischen Stilelemente bedienen, von denen Sie hier noch hören werden. Es fällt dann nicht so negativ auf, dass es gar nicht um positive Motivation geht, sondern um negatives Manipulieren. „Ich habe doch alles getan, um ihn zu motivieren? Seine Leistung ist aber noch weiter abgefallen." Der Manipulator hat sich mit der Technik der Manipulation durch Motivation sogar ein Alibi verschafft. Menschen reagieren sehr unterschiedlich auf Motivation. Was den einen Typen anspornt, frustriert den anderen. „Falsch motivieren" ist also eine regelrechte Mobbing-Technik. Damit können Manipulatoren Menschen stark verunsichern und ihnen das Gefühl der Hilflosigkeit und Aussichtslosigkeit geben. Zweckgerichtet kann das so weit führen, dass missliebige Kollegen oder unbequeme Mitarbeiter ab einem bestimmten Punkt von selbst aufgeben und entweder kündigen oder die Abteilung wechseln. Dabei fühlen sie sich gar nicht gemobbt, sondern suchen die Gründe für diese unangenehme Erfahrung eher bei sich selbst, als in den fiesen Motiven des Manipulators. Selbstverständlich ist das unethisch. Passiert es deswegen nicht? Seit wann handeln Menschen verlässlich nach den Geboten der Moral und Ethik? Damit Sie manipulative Strategien erkennen und damit ausbremsen können, lesen Sie dieses Buch.

Ein wenig steigen wir dazu jetzt in die Grundlagen der Motivationspsychologie ein. Keine Angst. Dies sind die einzigen Textboxen im Buch und es alles sehr viel einfacher als Sie befürchten. Die Boxen 1 bis 5 sind die grundsätzlichen Begriffe. Damit kommen Sie schon sehr weit auf dem Weg, Manipulation durch Motivation zu entlarven.

Annäherung und Vermeidung

Grundsätzlich unterscheidet man zunächst zwei menschliche Tendenzen. Die eine ist die Tendenz, auf attraktive Ziele aktiv zuzugehen und dabei sogar Risiken in Kauf zu nehmen. Die andere ist eher darauf gerichtet, Schäden oder Verluste zu vermeiden, was mit einer gewissen Passivität einhergeht. Beide Tendenzen sagen noch nichts über ihren Erfolgsgrad aus, sondern sind nur zwei gleichwertige Möglichkeiten, Aufgaben zu lösen.

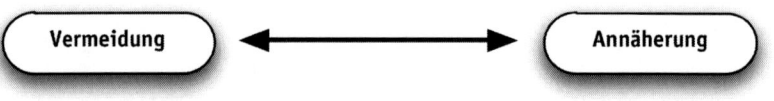

The Big Three

Weiterhin hat sich die Psychologie auf drei grundlegende Motive geeignet. Sie sind der kleinste gemeinsame Nenner der Bedürfnisskala:

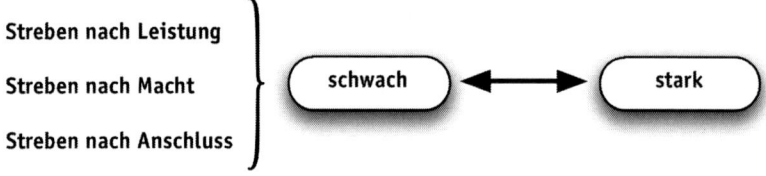

Streben nach Leistung

Streben nach Macht

Streben nach Anschluss

Diese drei Grundbedürfnisse sind bei allen Menschen vorhanden, jedoch sehr unterschiedlich stark ausgeprägt.

Intrinsisch versus extrinsisch

Wichtig ist zudem die Unterscheidung zwischen intrinsischer Motivation und extrinsischer Motivation. Die intrinsische Motivation entsteht aus sich heraus und bildet sich auf der Basis der individuellen Werteskala des Einzelnen. Extrinsische Motivation beschreibt Motivation aufgrund äußerer Belohnungsanreize.

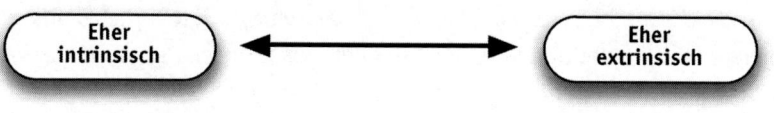

Bewusst/Unbewusst

Und selbstverständlich wird der Antrieb, Ziele zu erreichen, einmal vom bewussten Empfinden, zum anderen vom Unbewussten angestoßen.

Persistenz

Ausdauer (Persistenz) auf dem Weg, ein Ziel zu erreichen, – und natürlich die Gleichgültigkeit gegenüber Rückschlägen – bildet die letzte Kategorie in der Motivationspsychologie.

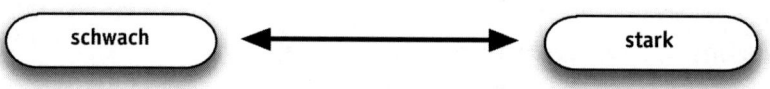

Damit es etwas klarer wird, habe ich mir Max vorgenommen. Sie haben ihn bereits als Käsedieb im „Kaufplatz" kennengelernt und Sie werden ihn später noch näher kennenlernen: Als Arbeitslosen.

Max ist nicht übertrieben beliebt in der Bank, in die ihn eine sehr unglückliche Berufswahl als Teenager gestellt hat. Er arbeitet dort in der Abteilung für Hypothekenfinanzierung und versucht seit Jahren versetzt zu werden in die Abteilung für Derivatehandel. Da, wo die schicken Investmentbanker mit der Mega-Kohle sitzen. Er muss sich den ganzen Tag mit hochgradig genervten Bauherren und ihren Ehefrauen herumschlagen. Seine Kunden nervt das auch. Weil es Max eben nervt. Deswegen nervt er seine Vorgesetzten. Und seine Kollegen. Max ist eine richtiggehende Nervensäge. (Ich liebe Max. Er ist mein Freund. Aber zusammenarbeiten könnte ich keine fünf Minuten mit ihm. Zu nervig.) Wäre ich der Vorgesetzte von Max und wollte ihn gezielt (aber undercover) demotivieren, würde ich mir zunächst aufgrund der oben beschriebenen Merkboxen zur Motivationspsychologie ein Bild von Max machen. Hier gewinnt mit einer starken Ausprägung bei Max die Tendenz Ziele hartnäckig zu verfolgen und dabei Risiken in Kauf zu nehmen. Sein Ausflug mit mir in die Feinkostabteilung des Kaufhauses zeigt dies überdeutlich. Der Begriff Chuzpe (jiddisch für etwa: Frechheit, die man schon bewundern muss) skizziert seine Haltung perfekt.

The Big Three – Grundbedürfnisse:
Max' Streben nach Anschluss ist stärker als sein Streben nach Macht. Streben nach Leistung landet auf Platz 3.

Intrinsische versus extrinsische Motivation:
Deutlicher Sieger: Extrinsisch. Aus sich selbst heraus verhält sich Max meistens wie ein Bär im Winterschlaf. Man kann ihn aber mit jeglicher Art von Belohnungen sehr schnell aus seiner Höhle locken. (Schalmeienklänge sind gut. Aber nur dann, wenn er die Schalmei anschließend behalten darf.)

Bewusstsein/Unbewusstsein als Antriebsmotor:

Max ist ein Gefühlsbär. Er besteht nur aus Intuition. Seinem Hirn entspringen die verrücktesten Ideen und er bewegt den Kegel seiner Aufmerksamkeit sehr schnell hin und her. Ist seine Treffsicherheit damit besser als bei Menschen, die sich weniger von unbewussten Gefühlen beeinflussen lassen? Keineswegs. Es hält sich die Waage. Nur: Max denkt lateral und sprunghaft. Damit löst er aber Aufgaben genauso schnell wie andere Menschen. Oder genau so langsam. Klarer Sieger: Unbewusstsein treibt Max zur Zielerreichung.

Persistenz – Ausdauer:

Sehr starke Ausprägung. Was Max sich einmal vorgenommen hat, das zieht er durch. Ohne Rücksicht auf Verluste.

Was könnte sein Chef nun tun, um Max zum Aufgeben zu bewegen? Oder besser: Wie könnte ihn sein Chef mit vordergründig positiven Motivationsmaßnahmen an seine mentalen Grenzen führen? Nun ja – er würde ihm ein ganzes Paket an Fördermaßnahmen angedeihen lassen. Da wäre zunächst der Kursus „Speedreading für Manager". Hier kommt es auf die Anwendung ganz bestimmter Techniken an, die Max lernen muss. Da Max aber ein chaotischer Leser ist (er springt von Kapitel zu Kapitel und liest bei Krimis zuerst den Schluss) wird ihn dieser Kursus zunächst langweilen und dann endlos frustrieren. Als nächsten Schritt bittet der Chef Max eine Art externen, abteilungsübergreifenden Sitz im wöchentlich stattfindenden Meeting der Versicherungsmathematiker der Bank einzunehmen. „Es ist wichtig, dass alle Abteilungen mehr voneinander wissen. Das fördert den Teamgeist und verzahnt Wissensgebiete besser." Sagt sein Chef. Diese Meetings sind durch zwei Elemente bestens charakterisiert: Die Teilnehmer sind introvertierte Zahlenmenschen und der Stoff furztrocken. Dort wird Max kaum menschlichen Anschluss finden. Um überhaupt folgen zu können, müsste er sich mit der Materie nach Feierabend intensiv herumschlagen. Der nächste Kursus (eine Woche lang) ist dann: Entscheidungsfindung unter Anwendung der Brainstormtechnik. Das hört sich zunächst gut an. Bedeutet aber für Max fast den Todesstoß. Nichts hasst er mehr, als mit einer Gruppe von Managern zusam-

menzuhocken, die alle unterschiedlich qualifiziert sind, alle unterschiedlich motiviert und wo jeder dazwischen babbeln darf um Max' Gedanken ein auf das andere Mal zu stören. Jeder „Fredi" darf, wirres Zeug verbreiten, „halt's Maul" zu sagen ist verboten. Keiner hört dem anderen zu. Heraus kommt ein Bündel von unausgereiften Ideen und wirren Vorschlägen. Die extravertierten Vielredner nutzen diese Plattform zur lauten Selbstbeweihräucherung und die Introvertierten zur stillen Bauchnabelschau. Die auf Flipcharts und Pinnwänden dargestellten „Ergebnisse" verschwinden schneller in der Rundablage als man „Bockmist" sagen kann.

Für alle Kurse bekommt er übrigens als Belohnung ziemlich hässliche Urkunden. Diese drei Maßnahmen werden ihm als „Fördermaßnahmen" verkauft. Mehr Geld bekommt er nicht, aber er hat plötzlich Dinge an der Backe, die seinem individuellen Motivationsprofil diametral entgegenstehen. Mal sehen, wie lange Max das aushält ... denn sein Durchhaltevermögen (Persistenz) wird er vermutlich umlenken müssen. Umlenken in die Jobsuche bei einem anderen Arbeitgeber. Er wird selbst kündigen. Seinen Chef freut es. Keine Abfindung, keine unangenehmen Exit-Gespräche. Kein Nachgeschmack. Er wurde ja tatsächlich noch aktiv gefördert. Was kann man da noch machen? Tja ...

5.5 Foot-in-the-door-Manipulation

Mut zu einem kleinen psychologischen Experiment, dass Sie selbst durchführen können? Damit Sie glauben, dass Sie (und andere Menschen) Entscheidungen treffen, die vornehmlich vom Unbewussten gesteuert werden? Sie können sogar Geld verdienen. Nicht schlecht? Dann los: Irgendwelche Vorkenntnisse oder eine Ausbildung benötigen Sie nicht. Nur etwas Mut oder besser besagt, eine gehörige Portion Chuzpe. Richtig anstrengen brauchen Sie sich dabei auch nicht. Es ist weder körperlich noch geistig belastend. Es kann sogar Spaß machen, vor allem wenn Sie „Blut geleckt" haben. Die ersten Male werden Sie noch Skrupel verspüren. Später gewinnen Sie Erfahrung und Routine. Dann ist es Ihnen ziemlich egal. Der

Aufwand beschränkt sich auf etwa sechs Stunden. Drin sind ungefähr 200 Euro. Vielleicht mehr. Hört sich zunehmend besser an – Sie sind aber noch misstrauisch? (Keine Angst, ich empfehle Ihnen nicht als Callboy oder Callgirl zu arbeiten.) Richtiger Diebstahl ist es auch nicht. Und es ist auch kein Hausmeister-Job im Parkhaus.

Alles, was Sie dazu brauchen, ist ein Auto. Außerdem fünf volle und schwere Plastiktüten mit Lebensmitteln. Dann fahren Sie in ein Parkhaus. (Ich habe es ausgerechnet: in einer Großstadt wie Köln können Sie in sechs Stunden etwa zehn Parkhäuser bequem anfahren und sich hier ungefähr eine Viertelstunde aufhalten.) Sie parken Ihr Fahrzeug dort, machen den Kofferraum auf und lassen die Tüten davor stehen. Jetzt warten Sie ab, bis ein anderer Parkhausnutzer vorbeikommt. Bitten Sie ihn ganz freundlich, Ihnen dabei zu helfen, ein/zwei Tüten in Ihren Kofferraum zu wuchten. Unwahrscheinlich, dass er vorbeigeht. Deutsche sind höflicher als ihr Ruf. „Gerne, natürlich, kein Problem." Nachdem die Tüten im Kofferraum verstaut sind, bedanken Sie sich formvollendet. Nach etwa zehn Sekunden greifen Sie dann erschrocken nach Ihrer Brieftasche. Oder dahin, wo Sie normalerweise Ihre Brieftasche stecken haben. „Mist – ich habe mein Portemonnaie im Büro liegen lassen. Was mache ich nur? Das ist mir jetzt sehr peinlich, aber könnten Sie mir vielleicht 20 Euro leihen? Sie bekommen es stante pede zurück. Ich komme sonst gar nicht aus dem Parkhaus heraus, und ich stehe hier schon seit gestern. Peinlich, peinlich, Gott ist mir das peinlich." Ich garantiere Ihnen, dass die Person, die Ihnen vorher geholfen hat, die Tüten zu verstauen, mit aufrichtig bedauernder Miene die Geldbörse zückt und Ihnen natürlich aus dieser Klemme hilft. „Kein Problem. Ist mir auch schon mal passiert". Geben Sie ihm eine falsche Handynummer und stecken Sie die 20 Euro ein. Abzüglich natürlich der Parkhausgebühr bleibt Ihnen noch ein satter Gewinn. Ja – das ist natürlich kriminell. Diebstahl – und ernst habe ich dieses Spiel selbstverständlich nicht gemeint. Probieren Sie es trotzdem aus und geben Sie dem freundlichen Zeitgenossen aber sofort die 20 Euro zurück. Dann haben Sie Ihr Portemonnaie eben wieder gefunden. „Mensch – da habe ich es ja. Nochmals danke."

Brauchen Sie diese Haarcreme?

Jetzt treibe ich es weiter. Um die Geschichte noch mit einem Zusatzbeweis zu untermauern, versuchen Sie mal – ohne die Nummer mit den Tüten – eine zufällig vorbeikommende Person im Parkhaus anzusprechen, mit der Bitte, Ihnen 20 Euro zu leihen. Gleiche Begründung. Portemonnaie im Büro liegen gelassen. Sie werden sich wundern. Niemand, wirklich niemand hat plötzlich Geld dabei. Sie können froh sein, wenn Sie überhaupt eine Antwort bekommen. Meistens gibt es nur ein Schulterzucken, ein verlegendes Lächeln und eine faustdicke Lüge. „Sorry – ich habe selbst nur noch ein paar Euro." Und flugs eilt er weiter. Recht schnell. Fast wie eine Flucht. Wissen Sie was? Psychologen machen diese Spielchen öfter. Ich hatte mal einen Professor, der das tatsächlich mit uns durchgezogen hat. Mit 20 anderen Studenten mussten wir einen ganzen Tag lang dieses „Spiel" spielen. Dabei kam eine statistisch relevante Gruppe zusammen. Wir hatten es geschafft, insgesamt 203 Personen zu testen. Übrigens: War uns das peinlich? Das können Sie laut sagen. Das war sehr peinlich. Die Ergebnisse sprachen jedoch für sich. Alle Probanden, die vorher mit den Tüten geholfen hatten, halfen auch mit Geld. Alle – ohne Ausnahme. Ohne Tüten? Niemand. Keiner. Nicht eine einzige Person lieh uns Geld. Das ist doch irrational. Oder? Was für ein Phänomen haben wir damit bewiesen? Das Phänomen, dass ein beliebiger Mensch dann, wenn er erst eine kleine Freundlichkeit gewährt hat, kurze Zeit später nicht in der Lage ist, eine größere Freundlichkeit abzulehnen. Wir haben die Testpersonen durch einen simpel erscheinenden Trick komplett manipuliert (Foot-in-the-door-Manipulation).

Jetzt denken Sie mal nach. Wie häufig werden wir täglich selbst Opfer solch einer Manipulation? Selten? Ab und zu? Öfter? Lösen Sie sich gedanklich vom „Parkhaus". Lösen Sie sich vor allem davon, dass Sie meinen, mit ein wenig Aufmerksamkeit würde IHNEN das NIE Passieren. Es passiert. Es ist Ihnen nur nicht bewusst. Da ist der Kaffee beim Friseur. Anschließend lassen Sie sich dann noch eine Haarcreme aufschwatzen. Der Kollege, der Sie erst um einen kleinen Gefallen bittet – anschließend fährt er in den Urlaub und Sie haben neue Arbeit an der Backe. Ihr Ehepartner, der seltsamerweise gar nicht meckert, wenn Sie diesen Samstagvormittag wirklich alle wichtigen Tageszeitungen, den *SPIEGEL,* den *STERN* und Ihre geliebte Fachzeitung für Angler kaufen. Und dann mit Ihnen in dem italienischen Schuhladen abtaucht. (Den Ort, in den man Sie normalerweise an den Haaren hineinzerren müsste.) Oder aber der freundliche Verkäufer im Media-Markt. Der Ihnen seine ganze Zeit widmet, Ihnen sogar einen sicheren Platz für Ihre Einkaufstüte anbietet. Raus gehen Sie mit einem Laserdrucker, dessen Preis deutlich über Ihrem Budget liegt. Warum freuen Sie sich über die „Goldene AMEX-Karte"? Obwohl Sie wissen, dass es doch nur billiges Plastik ist? Wann haben Sie zuletzt ein Auto gekauft? Und hat der Verkäufer Ihnen den Schlüssel überlassen, sodass Sie den Wagen ganz ohne seine Begleitung ausgiebig Probe fahren durften? Es gibt viele Beispiele. Mehr als Sie vermuten. Diese fiese Foot-in-the-door-Manipulation hat bei manchen Zeitgenossen Methode. Gute Verkäufer kennen diesen Trick seit Langem. Manche wenden ihn an, ohne jemals über Psychologie nachgedacht zu haben. Funktioniert eben. In Zukunft funktioniert er bei Ihnen aber nicht mehr. Da bin ich mir ziemlich sicher. (Ich wäre in einem halben Jahr Millionär, wenn ich nur 10 Prozent des Geldes erhalten würde, das meine Leser dadurch einsparen, dass sie meine Hinweise beherzigen.)

6.

**Schauen Sie genau hin!
Sehen Sie was?**

6.1 Die Quickshot-Manipulation

Mit diesem Phänomen beschreibt man den Umstand, dass wir dazu neigen, Menschen sehr schnell zu beurteilen. Oft zu schnell. Dabei spielt es witzigerweise fast gar keine Rolle, was dieser Mensch zu uns sagt. Oder wie er es uns sagt. Kann er einen Sachverhalt gekonnt kommunizieren? Spricht er gut? Stimmen alle andere Elemente guter Kommunikation? Sieht er „sauber und ordentlich" aus? Völlig egal. Oft genügt ein einziger Blick – der andere hat noch nicht einmal den Mund aufgemacht – schon beurteilen wir ihn. Das ist in der weitaus größten Zahl dieser Begegnungen unspektakulär. Selten lehnen wir jemanden ganz spontan ab. Oder umgekehrt – selten finden wir jemanden auf Anhieb dermaßen sympathisch, dass wir ihm zu viel Kredit geben. Meistens liegen unsere Mitmenschen in einem sehr breiten Band des Wohlwollens. Ich schätze, dass wir am oberen Rand (sehr sympathisch) und am unteren Rand der Skala (sehr unsympathisch) sicher weniger als 5 Prozent der Menschen einordnen. Es kommt gar nicht so häufig vor, dass wir jemand spontan ablehnen oder ihm spontan zujubeln. Wir reden hier also über Ausnahmen. Aber diese Ausnahmen können uns zum falschen Zeitpunkt großes Kopfzerbrechen bereiten und unser Urteil stark trüben. Jetzt spricht dieser Mensch mit uns. Wir haben ihn (unbewusst) aber bereits nach Sekunden als „unsympathisch" eingestuft. Noch bevor er überhaupt ein einziges Wort geredet hat. Sofort bewerten wir seine Aussagen auf dieser Grundlage. Ist er ein „fieser Möpp" – wie man in Köln sagt –, glauben wir ihm erheblich weniger, sind überkritisch und neigen zu Widerspruch. Wahlweise schalten wir auch gerne auf Durchzug.

Heiße Tassen im Fahrstuhl

Im privaten Umfeld können (und sollten) wir uns das jederzeit erlauben. Warum auch müsste ich mir ständig Mühe geben, den „Sender vom Empfänger" zu trennen? Es gibt doch genügend sympathische Menschen? Und im privaten Bereich tue ich gut daran, eben NICHT ständig herumzupsychologisieren. Wäre viel zu anstrengend. Im beruflichen Umfeld sieht das schon etwas anders aus. Bei wichtigen Entscheidungen völlig anders. Wichtig ist aber noch einmal diese vertrackte Angewohnheit, eine „Klassifizierung" im Nachhinein sehr schnell zu rationalisieren. Da ist es eben die „komische Krawatte" oder der „seltsame Hut". Fragt man Menschen zum Beispiel im Nachhinein nach dem Grund Ihrer Ablehnung, sagt kaum jemand: „Na ja – ich finde ihn eben blöd. Basta." Wir möchten immer als Menschen wahrgenommen werden, die nicht subjektiv – oder nach „Gefühl und Wellenschlag" entscheiden. Wir geben selten zu – fast nie – dass unsere Emotionen unseren Verstand dominieren. Man will ja nicht als „Gefühlsnudel" betrachtet werden. Okay – manche kokettieren gerne mit dieser Charakterisierung. Aber bei wichtigen Entscheidungen? Nein – da sind wir ganz wach, überlegen gut und treffen niemals eine rein emotionale Entscheidung. Also eine Entscheidung, über die wir nicht eine Sekunde wirklich nachgedacht haben. Nein. Wir suchen uns jetzt irgendeinen Grund, und mag er noch so an den Haaren herbeigezogen sein, um unsere Emotion zu „erklären".

Dazu möchte ich über ein interessantes Experiment berichten, das an der Iowa State University durchgeführt wurde. Und zwar in einem Fahrstuhl. Der Fahrstuhl der Fakultät für Psychologie ist dort immer voll. Es gibt nur den einen in dem Gebäude, und darin „knubbeln" sich immer zu viele Menschen. Ein ideales Testgebiet, um festzustellen, wie häufig sogar psychologisch geschulte Menschen spontane Werturteile über ihre Mitmenschen abgeben (Quickshot Manipulation).

Den voll besetzten Fahrstuhl betritt also ein wissenschaftlicher Assistent. Wie üblich mit Akten beladen – die trägt er unter dem linken Arm. Kann sie kaum festhalten, so viele sind es. In der rechten Hand hält er einen Kaffeebecher. (Eine sehr häufig anzutreffende Marotte der Amerikaner. Manchmal habe ich das Gefühl, die hätten große Angst auf dem Weg vom Klo zum Büro zu verdursten. Echt witzig.) Während der Fahrstuhl anfährt, bittet er jetzt einen Nebenstehenden darum, einmal ganz kurz seinen Kaffeebecher zu halten. Ordnet seine Akten umständlich um. Und nimmt den Becher mit

Dank wieder an sich. Inzwischen ist das Erdgeschoss erreicht. Die Menschen strömen heraus. Hier stehen nun die Testleiter. Sie fragen die hilfsbereite Person, die dem Assistenten den Kaffeebecher abgenommen hat, nach ihrer spontanen Einschätzung: „Fanden Sie den Herrn eher sympathisch oder unsympathisch?" Eine sehr seltsame Frage. Die meisten können sich gar nicht mehr richtig daran erinnern, wie der Assistent aussah, und finden die Frage an sich schon merkwürdig. Aber sei's drum. Es ist ja nur EINE Frage. Sie wird spontan beantwortet, und schon eilt man weiter. Was konnten die Testleiter jetzt Erhellendes feststellen? Dass Menschen dazu neigen, unbewusst falsche Einschätzungen zu machen? Nein – es kommt noch verrückter. Im ersten Testdurchlauf hatte der Assistent nämlich einen Becher mit Eiskaffee in der Hand. Sehr unangenehm kalt, wenn man ihn festhält. Und wenn es auch nur für wenige Sekunden ist. Im zweiten Testdurchlauf war der Becher angenehm warm. Handwarm. Handschmeichlerisch. Sie ahnen schon, was kommt. Diejenigen, die den warmen Becher gehalten hatten, gaben dem Assistenten Bestnoten. Die mit dem kalten Becher fanden ihn insgesamt sehr unsympathisch. Danach gefragt, konnten sie sich aber partout nicht daran erinnern, überhaupt einen Becher in der Hand gehalten zu haben. Das ist erstaunlich.

Sind wir mit solch kleinen Mitteln so stark zu beeinflussen? Wie kommen wir dazu, Werturteile über Menschen abzugeben, die in keiner Weise auf erklärbaren Fakten beruhen? Das kann ich auch nicht begründen. An den Tatsachen dieses häufig wiederholten Experiments komme ich jedoch nicht vorbei. Wir sind schnell in der Zumessung von Charaktereigenschaften. Viel zu schnell. Ist das vielleicht unserer Herkunft geschuldet? Kann sein. Folgende interessante Schilderung von der Begegnung zweier Affen bringt vielleicht Licht ins Dunkel. (Zweier Affen? Wo will er denn jetzt hin ...?)

Ein Affe biegt um einen Felsen und trifft plötzlich einen anderen Affen. Wie viele Entscheidungen muss er jetzt sofort treffen?

- *Ist es ein Affe oder ein Nicht-Affe?*

- *Wenn es ein Nicht-Affe ist, ist er ein Pro-Affe oder ein Anti-Affe?*
- *Wenn es ein Affe ist, ist er männlich oder weiblich?*
- *Wenn es ein Weibchen ist, ist es in Hitze?*
- *Wenn es ein Weibchen ist, hat sie Babys?*
- *Wenn es ein Männchen ist, ist er jung oder erwachsen?*
- *Wenn er erwachsen ist, gehört er meiner Gruppe an oder gehört er zu einer anderen Gruppe?*
- *Wenn er zu meiner Gruppe gehört, ist er ranghöher oder rangniedriger?*
- *Wenn ich diese Entscheidung nicht richtig treffe, werde ich angegriffen!*

(Zitiert nach Paul Watzlawick: Wie wirklich ist die Wirklichkeit? Wahn, Täuschung, Verstehen. Piper München-Zürich)

Das sind eine Menge Entscheidungen, die ich auf einen Blick treffen muss. Nicht wahr? Und es ist zudem nur ein „Affe". Als ein in der Wolle gefärbter Darwinist schlage ich daher vor, die Ursachen für unsere „Schnell-Einschätzungen" in unserer Vorzeit zu suchen. Denn genau die gleichen Entscheidungen musste auch der Neandertaler treffen, wenn er auf den homo sapiens traf. (Mit wenig Erfolg, wie wir heute wissen. Der homo sapiens hat vermutlich den Neandertaler ausgerottet. Zumindest nach der Meinung vieler namhafter Anthropologen.) Diese Verhaltensmuster tragen wir noch tief in uns. Wie viele andere „Steinzeit-Muster" übrigens auch. Hier sind die Gründe zu suchen.

Frisch frisiert ins Unglück

Meistens kann Ihnen Ihre „Wahrnehmungsbehinderung" ganz egal sein. Sie werden auf der Einkaufsstraße nicht mehr von Ihren Mitmenschen gebissen. Mindestens passiert das ziemlich selten.

Aber stellen Sie sich einmal vor, sie wären Mitglied einer Online-Dating-Plattform? Und heute Abend treffen Sie den Mann, mit dem sie ellenlange E-Mails ausgetauscht und viele interessante Telefonate geführt haben. Sie sind gebadet und parfümiert. Neue Frisur. Neuer Rock. Neue Schuhe und fürchterlich nervös. Da kommt er ins Lokal spaziert. „Ein Bild von einem Mann." Sie mögen ihn schon von Weitem. Seine Körperhaltung. Seine Lässigkeit. Und er hat noch nicht einmal einen Bauch. Gut gekleidet ist er auch noch. Sie verlieben sich schon innerhalb der ersten zehn Minuten. (Schön, ich mag spontane Menschen. Menschen, die anderen erst einmal Kredit geben und nicht so miesepetrig kritisch auf andere Zeitgenossen zugehen.) Tja – Sie sind aber leider gerade auf einen Heiratsschwindler hereingefallen.

6.2 Manipulation durch Gerüche

Dass Gerüche unser Wohlbefinden verbessern können, ist eine allgemein bekannte Tatsache. Verändern sie aber auch unser Verhalten? Sind sie so stark, dass wir Dinge tun, die wir nicht tun wollten – und: dabei auf keinen Fall unser Verhalten mit dem Geruch in Verbindung bringen würden? Wenn das so wäre – könnte man uns dann auch durch Gerüche manipulieren?

Gerüche werden in den Laboren von Neuropsychologen weltweit getestet. Was könnte sich besser dazu eignen als die menschliche Nase? Gefährlich ist es auch nicht. Der Mensch eignet sich also perfekt als „Laborratte". Die Wissenschaftler begnügen sich allerdings nicht damit, das subjektive Geruchserlebnis abzufragen. Die meisten Gerüche werden nämlich sehr unterschiedlich empfunden. Was der eine Mensch als angenehm beschreibt, mag der andere nicht so sehr. Auch eine Binsenweisheit. Sie verkabeln die Probanden daher von Kopf bis Fuß. Herzschlag, Atemfrequenz, Hautwiderstand, EEG – und seit Neuestem sogar der Hirnscan mittels fMRT. Getestet und gemessen wird im Wachzustand, im Tiefschlaf und in den diversen Traumphasen.

Wissen Sie, was bei den Testpersonen die unmittelbarste und direkteste Wirkung hatte? Was sie aus dem Tiefschlaf und aus jeder Traumphase herausgerissen hat? In Sekundenschnelle? Der Geruch von Fäkalien. Igitt. Keine Feuersirene und keine bayrische Blaskapelle konnte Tiefschläfer so schnell aus Morpheus' Armen holen wie dieser Geruch. Die Empfindung war sogar dermaßen drastisch, dass viele Probanden anschließend noch tagelang unter Albträumen litten. (Psychologen machen manchmal schon ziemlich komische Tests ...) Wenn Sie also Ihre Kinder morgens nicht aus dem Bett bekommen, dann wissen Sie jetzt, was zu tun ist. DAS wäre allerdings schon eine sehr drastische „Manipulation". Die Nebenwirkungen sind noch unerforscht, dürften sich aber im Bereich von schweren Eltern/Kind-Konflikten abspielen.

Mit Nasenspray jede Frau kriegen

Kein Sinneseindruck kann unser Gehirn so schnell von null auf einhundert bringen wie Geruch. Das hat physiologische Gründe. Wie immer. Der Geruchssinn hat nämlich „quasi" einen direkten Zugang zum limbischen System. Dem komplexen Kontrollzentrum des menschlichen Gehirns, das für die Verarbeitung von Gefühlen zuständig ist. Dort docken Duftmoleküle ohne große Umwege direkt an die Rezeptoren an. Mehr noch – bei sogenannten Aromaölen wandern die Duftmoleküle über die Schleimhäute und die Bronchen direkt in den Blutstrom und von dort weiter zu den Organen. Die Blut-Hirnschranke überwinden die Duftmoleküle dabei leicht. Sie binden nämlich Fette und wirken damit auf das Zentralnervensystem. Evolutionär macht das auch Sinn. Man glaubt, dass der Geruchssinn der älteste Sinn des Menschen ist. Er muss schnell reagieren, weil er uns unter anderem vor verdorbenen oder giftigen Speisen warnen soll – und die führen wir bekanntlich schnell und auf kurze Distanz in den Mund.

Düfte kann man natürlich ziemlich einfach auch synthetisch herstellen. Oder dachten Sie, der wundervolle Duft von frischen Brötchen morgens beim Bäcker käme aus dem Ofen? Sicher nicht. Er kommt aus einem kleinen Duftzerstäuber, den Sie nicht sehen können. Das ist wahrscheinlich der Grund, warum bei mir die Hälfte der Backwaren meistens vertrocknet. Ich kaufe ständig zu viel davon. Dass alle Autohersteller Ihre Kunststoffe mit Düften versetzen, um den typischen „BMW-Geruch" herzustellen – davon haben Sie auch schon etwas gehört. Vielleicht beduften Sie ja außerdem Ihre Wohnung mit diesen elektrischen Öllampen, die so überraschend billig sind. Ganz klar – der Hersteller will sein überteuertes Duftmittel gut verkaufen. Die Krone der Geschmacklosigkeit sind allerdings die kleinen Duft-Bäumchen, die Sie an jeder Tankstelle kaufen können. Danach stinkt es in Ihrer Karre wie im Bahnhofsklo. (Nun ja – wer's mag?)

Bedenklich wird es da, wo durch Düfte „Atmosphären" hergestellt werden. Atmosphären, die uns tatsächlich verleiten können, hier und heute dann doch noch etwas mehr Geld auszugeben als wir eigentlich wollten. Geht das? Können uns Gerüche tatsächlich so stark verführen? Natürlich geht das. Kein Problem. Eine Kombination von Lavendel, Sandelholz und Neroli-öl-Dämpfen wirkt bei manchen Menschen fast wie ein Psychopharmakum.

Serotonin und andere Endorphine werden verstärkt ausgeschüttet ... wir fühlen uns wohl ... und wenn wir uns wohler fühlen als noch vor fünf Minuten (auf der Straße), dann schreiben wir diesen Effekt nicht dem Geruch zu, sondern widmen mal wieder Ursache und Wirkung um. Da wir den Geruch nicht sofort zuordnen können, dazu ist er zu schwach – schreiben wir die Wohlfühl-Atmosphäre dem Raum zu, in dem wir uns gerade befinden. Dem Geschäft. Der Einrichtung. Dem Licht. Keinesfalls dem Geruch. Der steuert uns zwar stark, aber wir haben im Laufe der Evolution richtiggehend verlernt, diesen starken Sinnesreiz richtig zuzuordnen. Weil wir (... das Gehirn) aber immer nach Ursachen für Wirkungen suchen – wir können gar nicht anders –, konfabuliert dieses Mastermind zwischen unseren Ohren manchmal. Danach glüht die Kreditkarte dann deutlich schneller. Ist

Duftverwendung in Geschäften schon ethisch bedenklich? Ich meine ja. Das ist sehr bedenklich. Es ist eine sehr drastische Manipulation.

In letzter Zeit wird viel über „unbewusstes Riechen" geschrieben. Vor allem in Bezug auf die Partnerwahl. „Ich kann dich nicht riechen" – eine in die Alltagssprache eingewanderte Metapher, die beschreiben soll, dass wir manchmal Menschen spontan ablehnen, nur weil wir sie nicht riechen können. Jedoch – wir können bestimmte Düfte tatsächlich nicht bewusst und beschreibbar riechen. Wir spüren aber Ablehnung, Antipathie – und Sie kennen das ja schon – Mastermind fängt wieder an Ursachen zu suchen. Okay. Die Krawatte war's. Oder die rosa Bluse. Die Welt „stimmt" wieder. Unser Gehirn kann es aber riechen. (Das Gehirn riecht. Nicht Ihre Nase, beziehungsweise wird den Duftmolekülen erst dort eine Bedeutung hinzugerechnet.) Diese „undercover-Gerüche" nennt man in der Fachsprache der Psychologen „Pheromone". Ganz erforscht ist dieses Feld noch nicht. Es gibt aber sehr deutliche Anzeichen dafür, dass ein bestimmtes Hormon, – Oxytozin heißt es und wird von der Hirnanhangdrüse gebildet, beim jeweils anderen Geschlecht sehr eigenartige Reaktionen auslösen kann. Es kann Gefühle auslösen, die eigentlich so gar nicht berechtigt wären. Oder mindestens kann es leichte Gefühle zu stärkeren Gefühlen potenzieren und damit das berühmte Zünglein an der Waage sein. Der Punkt, an dem man sich spontan dafür entscheidet ... sich hinzugeben. Wenn Sie experimentierfreudig sind: *www.liquidtrust.co.uk*. Da kann man ein Nasenspray kaufen, dass dieses Hormon enthält. Ich empfehle es allerdings nicht. Zu wenig weiß man über Nebenwirkungen. Es dürfte auch ein wenig Stirnrunzeln bei dem Objekt Ihrer Begierde auslösen, wenn Sie versuchten die Holde beim ersten Date mit Nasenspray zu besprühen. Denke, der Ekeleffekt dürfte alles maskieren. Schade eigentlich. Es lohnt sich allerdings, diese Sache weiter zu beobachten. Ich bin ziemlich fest davon überzeugt, dass wir in recht kurzer Zeit zu diesem Thema wirkliche Resultate vorweisen können. Manipulierte Sexualität. Der Kerl nimmt Viagra – das Mädel pfeift sich eine Prise Oxytozin rein. Ist das erstrebenswert? (Natürlich ist das erstrebenswert. Ich kapiere nämlich bis heute nicht, warum der dicke Max so eine bildhübsche Brünette abstauben konnte. Und sie liebt ihn. Da fasst du dir an den Kopf. Sie hätte viel besser zu mir gepasst …)

6.3 Manipulation durch Mimikry

Wir imitieren unser Gegenüber. Ständig. Und dieser evolutionär bedingte Mechanismus ist uns nicht bewusst. Wir denken einfach nicht darüber nach. Er ist uns quasi „einprogrammiert". Kellnerinnen, die eine Bestellung im Lokal wiederholen, also: „Einen Kaffe bitte, – okay, ein Tasse Kaffee" erhalten im Durchschnitt 15 Prozent mehr Trinkgeld. Das klingt ziemlich verrückt. Oder? Wie kommen wir dazu, uns so zu verhalten? Finden wir das Wiederholen einer Bestellung lustig? Oder höflich? Und was bringt uns dazu, dann mehr Geld auf dem Tisch zu lassen?

Mit solchen Spielsituationen beschäftigen sich Psychologen. Auch verrückt. Psychologen beschäftigen sich im Grunde den ganzen Tag damit, zu beobachten und zu messen, warum sich Menschen vorhersagbar irrational verhalten, obwohl sie objektiv einen völlig anderen Eindruck von sich selbst haben. Verhielten sich Menschen überwiegend nach den Gesetzen der Logik, der Ethik und der Moralphilosophie, gäbe es diese Wissenschaftsdisziplin gar nicht. Man bräuchte die Psychologie nicht. Niemand würde sich dafür interessieren.

Dass sich große Menschengruppen, (zum Beispiel eine Wählergemeinschaft), Völker (zum Beispiel die Deutschen) oder Vereinigungen gleich welcher Art (Religionen zum Beispiel) öfter unvernünftig verhalten, ist eine allgemein akzeptierte Tatsache. Seltsamerweise möchte aber der einzelne Mensch nicht als irrational angesehen werden. Das macht eigentlich keinen Sinn. Gerade im sozialen Miteinander spielen sich nämlich die wirklich interessanten Ereignisse ab. Gerade hier kann man als aufmerksamer Zeitgenosse viel von sich selbst und von anderen lernen. Hier setzt auch Manipulation an. Die gute Manipulation und natürlich auch die schädliche.

Alles, was ich vorhersagen kann, kann ich auch manipulieren. Die Neurowissenschaft hat diese Verhaltensweisen auf eine physiologische Grundlage gestellt. Wenn ich sage: „Wir sind so programmiert" –, dann meine ich damit, dass Denken, Fühlen und Handeln a priori eine Konsequenz neuronaler Aktivitäten ist. Ganz sicher ist das auch der Grund, warum wir uns einmal als klar schädlich erkannte Verhaltensweisen so fürchterlich schwer wieder abtrainieren können. Wichtig ist es im Moment aber zu wissen, dass:

- Irrationales Verhalten vorhersagbar ist.
- Irrationales Verhalten sehr schwer wieder abtrainierbar ist.
- Irrationales Verhalten ganz spontan entstehen kann, nur dadurch, dass sich Menschen begegnen und kommunizieren.
- Irrationales Verhalten aber auch provoziert werden kann, wenn man die Regeln des „Mimikry" einmal verstanden hat.

Weiter ins Gehirn ...: Man kann es als gesichert ansehen, dass sich Neuronenverbände aus eng aneinander liegenden Bereichen des Stirnhirns selbstständig synchronisieren. *Neurones wire together, when they fire together.* Sprache und Motorik sind ein gutes Beispiel. Die neuronalen Cluster im präfrontalen Cortex, im Stirnhirn, enthalten sogenannte Spiegelneurone. Der Name sagt es schon. Sie sorgen dafür, dass wir bei jeder Begegnung mit anderen Menschen deren Verhaltensweisen mehr oder weniger stark imitieren. Menschen leben seit Anbeginn in Gruppen zusammen. Wir hatten also Millionen Jahre Zeit, die Fähigkeit (und Notwendigkeit) zum sozialen Miteinander soweit zu prägen, dass sie als unbewusstes und sehr schnelles Reiz-Reaktionsmuster quasi „einprogrammiert" ist.

Körpersprache ist das eine Thema. Gut ablesbar und gut beobachtbar. Mimik – die absolut subtilste Form der Körpersprache – das andere. Sprache, Sprachverhalten mit allen sehr fein gesponnenen Facetten kommt dazu. Wir wissen heute (können es sicher messen) dass wir Menschen für eher sympathisch halten, die eine ähnliche Körpermotorik, ein ähnliches Mienenspiel und ein ähnliches Sprachmuster haben. Damit kann man diese Muster noch lange nicht bewusst imitieren. Man kann sich Körpersprache inklusive Mimik auch nicht ab- oder antrainieren. Noch nicht einmal Schauspieler schaffen das. Es sei denn bei übertriebener Theatralik und als „Richard der Dritte" von Shakespeare. Das ist aber auch gar nicht notwendig. Man kann den anderen Menschen mit wirklich ganz billigen Tricks (Verzeihung!) in die eine oder andere Richtung steuern. Schon das Wiederholen der Bestellung – eine ganz primitive Form der Imitation, lässt unsere Spiegelneurone anspringen. Die Kellnerin ist uns sofort subjektiv sympathischer. Unser Trinkgeld dementsprechend etwas höher. So einfach. Die Spiegelneurone „funken" auf einem direkten „Kanal" ins limbische System. Dahin, wo wir Emotionen verarbeiten. Spiegelneurone haben aber auch sehr viele und starke Verbindungen zum motorischen Stirnhirn. Stärkere als zum auditiven Cortex. Deswegen sind Gestik und Wahrnehmung so stark verbunden. Gestik ist übrigens immer einige Millisekunden schneller als das gesprochene Wort. Sie eilt dem Wort voraus und sie begleitet Sprache auf ziemlich exakte Art und Weise. In Japan zum Beispiel ist Gestik eine proaktive Form der Kommunikation. Die japanische Sprache ist sehr komplex – die Gestik daher auch. Manche Formulierungen sind sogar nur dann verständlich oder angemessen, wenn die dazu gezeigte Gestik stimmt.

Man könnte das eben beschriebene als „Mimikry-Verhalten" bezeichnen. Oder auch als „Übertragung und Gegenübertragungsmuster". Denn natürlich läuft Kommunikation (mit einem Gegenüber) immer auf dieser Basis ab. Filmt man unbeobachtet (!) zwei Menschen bei einer völlig harmlosen Diskussion, dann sieht auch der Laie schnell, dass sich die Körpermotorik – im Rahmen der jeweils beim anderen vorhandenen, angeborenen Körpermotorik – sehr häufig spiegelt. Der eine schlägt die Beine übereinander, der andere tut dies nach kurzer Zeit auch. Der eine gähnt – der andere kann seinen Gähnreiz nach wenigen Sekunden kaum noch unterdrücken. Der eine ist ein wild gestikulierender Kommunikator – der andere fängt nach wenigen Minuten auch an mehr zu gestikulieren als er das normalerweise macht.

Kommen wir zur direkten Manipulation durch Mimikry. Lösen Sie sich zunächst davon, dass man Menschen veranlassen kann etwas explizit und völlig gegen ihren erklärten Willen Gerichtetes – freiwillig – zu tun. Noch nicht einmal Hypnotiseure schaffen das. Alles Fabelgeschichten. Aber das ist auch gar nicht nötig. Manipulatoren wollen ja niemanden „auf dem Marktplatz tanzen lassen mit geschlossenen Augen". Manipulatoren wollen eins: Unsere Gefühlsskala nur ein wenig nach oben oder unten verschieben. Diese kleine Verschiebung „kann das Fass zum Überlaufen bringen". Wir kippen dann komplett in eine Richtung und lassen wichtige Fakten unter den Tisch fallen. Fundamental wichtig ist dabei die Beantwortung der Frage: „Ist mir mein Gegenüber sympathisch oder nicht?" Ist er mir unsympathisch, dann „bewerte" ich seine Aussagen negativer. Ist er mir „sympathischer", glaube ich ihm viel mehr. Ist er mir sogar „sehr sympathisch", werde ich richtiggehend blind. (Da hätten wir ihn wieder: den Heiratsschwindler.)

Jetzt wird ein aufmerksamer Leser antworten wollen: „Na gut, wenn Übertragung und Gegenübertragung evolutionär so stark geprägt sind und ich meine Körpersprache auch kaum beeinflussen kann – dann unterliegt der Manipulator doch den gleichen Gesetzen? Was kann er mehr oder besser? Wie macht er dann seine Manipulation überhaupt zu einer erfolgreichen Manipulation? Gute Frage. Die Antwort ist einfach. Auch ein trainierter Manipulator kann seine Körpersprache kaum völlig verändern. Aber er kann eines tun: Er kann sie so unterdrücken, dass es natürlich wirkt. Das ist nicht so schwer. Etwas zu unterdrücken. Aber Antrainieren kann sich auch ein Manipulator keine neue Körpermotorik. Es wird zwar ab und zu versucht. Das wirkt aber immer und unmittelbar komisch. (Teilnehmer von Körpersprache-Seminaren können davon ein Lied singen.) Und natürlich kennt er die Grundregeln der Manipulation gut. Er versteht eine Menge von Typ- und Persönlichkeitslehre, hat seine Sprechweise und seinen Vokabelschatz verbessert und ist so gelassen, dass Übertragung und Gegenübertragung nicht mehr funktionieren. Gelassenheit ist die Abwesenheit von Adrenalin. Die Abwesenheit von Adrenalin führt zu größerer Aufmerksamkeit und zu überlegterem Handeln. In diesem Zustand kann ich mindestens eins: Mich besser kontrollieren. Ziel: Der andere findet mich sympathisch, obwohl ich ihm gerade „etwas auf die Schiene nagele". Hat der Manipulator erst einmal erreicht, dass ich ihn sympathisch finde, kann er mir so ziemlich jeden Quatsch verkaufen. Auch der sympathische Trainer für Körpersprache kann das.

6.3 Manipulation durch Gesten

Kein Exkurs über Körpersprache. Keine Angst. Fummeln Sie ruhig weiter an Ihrer Krawatte herum. Schlagen Sie die Beine übereinander, verschränken Sie die Arme und zupfen Sie sich am linken Ohr, während Sie drohend über den oberen Rand Ihrer Brille schielen – die Mundwinkel asymmetrisch verzogen, Augenbrauen zusammengekniffen, selbstredend mit vorgebeugtem Oberkörper. (Übrigens, wenn Sie das alles gleichzeitig beherrschen, können Sie im Zirkus auftreten.) Wenn Sie sich mit dieser Form von Zappel-Körper-Sprache allerdings wohlfühlen, dann ist es gut so. Ändern Sie nichts. Hauptsache Ihre Sprache ist angenehm ruhig und Ihre Gedanken wohlgeordnet. Niemand schaut auf Ihre Körpersprache. Glauben Sie es mir. Niemand. Jeder schaut Ihnen ins Gesicht und hört darauf, was Sie sagen. Fühlen Sie sich innerlich entspannt, denken Sie besser und sprechen Sie besser. Das war's auch schon zu diesem Thema. Ihr neues Buch über „Die Macht der Körpersprache" können Sie ja Ihrem Schwager schenken. (Dem Mistkerl. Den hassen Sie sowieso.)

Das (ja ja) war nötig. Jetzt steigen wir ins Thema ein: Ich möchte Ihnen Professor David Mc Neill vorstellen. Emeritierter Professor für Psycholinguistik an der Chicago University. Er hat die Zusammenhänge zwischen Sprache und Gesten erforscht. Sie wissen schon: Warum gestikulieren Sie mit Ihren Händen, obwohl Sie nur mit jemandem telefonieren? Er kann Sie ja nicht sehen. Oder warum wird es Ihnen äußerst schwerfallen, jemandem eine Wegbeschreibung zu geben mit verschränkten Armen und ohne Kopfbewegungen?

Sprache und Gesten sind stark miteinander verwoben. Gesten sind immer etwas schneller als das gesprochene Wort – und sie verhelfen uns dazu, den „Sprachcomputer im Kopf" am Laufen zu halten. David Mc Neill hat in langjähriger Forschungsarbeit nachgewiesen, dass Sprache und Gestik im Gehirn sehr eng miteinander verknüpft sind. Er hat als Linguist erforscht, welch gewaltige Rechenarbeit das Gehirn leisten muss, um überhaupt semantisch und logisch korrekt Sprachinhalte zu formulieren, ergo innere Bilder in gelernte Wörter zu übersetzen. Dabei wird die Gestik unterschiedlich unterstützend eingesetzt. Sprache, die räumliche Bezüge artikuliert, benötigt weit mehr Gestik als wenn ich zum Beispiel aus einem Buch vorlese. Das ist alles sehr kompliziert und wir wollen hier abzweigen. Interessant (aber für meine Begriffe nicht hinlänglich bewiesen) ist David Mc Neills Annahme, dass man Lügner daran erkennt, dass Gestik und Sprachinhalt nicht kongruent sind.

Der Sprachcomputer stottert

Fakt ist aber: Wenn man Sie daran hindert, Ihre Gestik so einzusetzen, wie Sie es völlig unbewusst tun, dann funktioniert das auch alles umgekehrt. Die verhinderte Gestik hat eine Feedback-Schleife zum Gehirn und es wird Ihnen sehr schwerfallen, bestimmte Begrifflichkeiten so zu formulieren wie Sie es eigentlich könnten. Weiter noch – da wir nur das denken können, was wir auch sprechen können, und umgekehrt nur das sprechen können, was wir auch denken können, hat eine gehemmte Gestik außerdem Auswirkungen auf Ihr Denkvermögen. Das ist dumm. Ziemlich dumm sogar.

Nun fragen Sie sich wahrscheinlich, in welcher Lebenssituation Sie schon mal (und wie?) gehindert wurden, Ihre Gestik einzusetzen. Es kommt ja eher selten vor, dass man Ihnen die Arme auf dem Rücken festbindet. Oder? Ein geschickter Manipulator kann das allerdings auch, ohne Sie überhaupt anzufassen. Ausnehmend gut funktioniert das bei emotional aufgeladenen

Diskussionen. Dann benutzen Sie Ihre Gestik nämlich besonders temperamentvoll und brauchen die Gestik geradezu, um Ihren Gedanken und den darauf folgenden Sprachinhalten auf die Sprünge zu helfen. Ihr „Sprachcomputer" kommt etwas öfter ins Stottern und manche Wörter wollen Ihnen partout nicht einfallen. Auch Wörter, die Sie ansonsten sehr einfach memorieren und völlig flüssig aussprechen. Sie kommen einfach nicht, – liegen Ihnen aber buchstäblich „auf der Zunge". Jetzt aufgepasst. Was ist das Ziel dieser Manipulation? Sie zu verwirren, Sie zu starken Selbstzweifeln zu provozieren, Sie an Ihrem Verstand zweifeln zu lassen. Und schließlich entnervt aufzugeben. Wie geht das? Dummerweise – ziemlich einfach.

Wenn Sie zum Beispiel an einem Esstisch sitzen, haben Ihre Arme einen deutlich eingeschränkten Bewegungsraum, im Vergleich zum Sitzen in einem bequemen Sessel. Sie müssen, um Ihre Gestik einzusetzen – oder besser: fließen zu lassen –, die Ellenbogen abstützen. Das geht aber nur, wenn Sie den Oberkörper leicht nach vorne beugen. Sie verkürzen damit den Abstand zum Gegenüber, den beide Parteien noch für angemessen halten. Das macht's noch schwerer. Diese „Versuchsanordnung" sieht auf den ersten Blick völlig harmlos aus. Der Manipulator hat Sie „ganz unschuldig" gebeten am Esstisch Platz zu nehmen. Nicht auf dem Sofa. Oder im beruflichen Umfeld – er hat Sie an einen hohen Besprechungstisch gesetzt, der die Bewegungsfreiheit Ihrer Arme etwas nach unten einschränkt. Jetzt können Sie Ihre Arme und Ihre Hände nicht mehr so gekonnt benutzen, um das gesprochene Wort zu untermalen. Was so aussieht wie eine Empfehlung, möglichst viel Gestik einzusetzen, ist aber ganz anders gemeint: Sie können mit aufgestützten Unterarmen nicht mehr flüssig und völlig unbewusst gestikulieren. Das Resultat ist ein herabgesetztes Denkvermögen. Dort liegt die Falle. Natürlich spüren Sie sofort, dass irgendetwas heute mit Ihnen nicht stimmt. Die Worte kommen nicht ganz so flüssig wie sonst. Das frustriert Sie. Die Worte kommen noch schleppender, das frustriert sie noch mehr und so weiter. Keine Ahnung haben Sie, woran das liegt. Es fällt Ihnen nur unangenehm auf. Aber schließlich: Wir haben ja alle mal einen „schlechten" Tag. Ist eben so. Niemals würden Sie auf die Idee kommen, dass Sie gerade Opfer einer Manipulation geworden sind. Diese Diskussion werden Sie heute zu keinem befriedigenden Ende führen.

Übrigens: Ich selbst brauche sogar meine Beine, um eine „Wohlfühl-Atmosphäre" für mich herzustellen. Wenn ich mal wieder in einem dieser vielen Meetings sitze, und ich bin anderer Meinung als einer meiner Kollegen, dann rücke ich ganz automatisch etwas weg vom Tisch, um meine Beine übereinanderschlagen zu können. Nun – bei mir führt diese Sitzhaltung eben zu einer Art von Entspannung. Kontroverse Diskussionen, in denen ich das aus irgendwelchen Gründen nicht tun kann (Kinosaalbestuhlung zum Beispiel) bereiten mir geradezu Pein.

Was sollten Sie sich also merken? Bei schwierigen Diskussionen auf notwendigen Bewegungsraum für Ihre Gestik achten. Sie können dann besser denken. Besser sprechen. Besser denken. Besser sprechen. Das war's schon? Ja sicher.

7.
Das Gehirn, ein bestechlicher Ratgeber

7.1 Manipulation Mindtime. Der Sekundentakt des Gehirns

„Guten Tag, dies ist eine automatische Ansage. Ich begrüße Sie auf dem Flug durch Ihr Leben. Sie befinden sich im Moment drei Sekunden hinter der Wirklichkeit. Es können im Laufe dieses Fluges ein paar Turbulenzen auftreten, die diesen Zeitraum etwas verlängern. Bitte bewahren Sie Ruhe. Es kann Ihnen außer ein paar Fehlwahrnehmungen nichts passieren. Fast nichts. Gleichzeitig möchte ich Sie darüber informieren, dass Sie ausgewählt wurden an einem neuen, sehr sicheren Testflug teilzunehmen. Dieser Flug heute wird nicht von einem Piloten gesteuert, sondern ausschließlich von einem technisch völlig ausgereiften Autopiloten. Im Cockpit sitzt niemand. Stewardessen sind gleichfalls nicht an Bord. Aber ich wiederhole es noch einmal ausdrücklich: Bitte seien Sie vollkommen ruhig, es wurde vorher alles genau getestet und es besteht keinerlei Grund zur Besorgnis. Bitte schnallen Sie sich jetzt an und genießen den Flug, Flug, Flug, Flug, Flug ..."

Jetzt würden Sie gerne aussteigen. Oder? Geht aber nicht. Die Maschine rollt schon. Pech. Natürlich, das war ein Witz. Nur: Er ist nicht weit von der Wirklichkeit entfernt. Unser Gehirn arbeitet tatsächlich in einem bestimmten, rhythmischen Sekundentakt, der im Durchschnitt etwa drei Sekunden dauert. Wir fliegen ständig drei Sekunden hinter der Wirklichkeit her. Wie kommt das, welche Probleme treten dabei manchmal auf, und wie können wir vermeiden dadurch manipuliert zu werden?

Tick. Tack. Coca. Cola

Zuerst ein Gerücht und seine Widerlegung. Es geistert seit Langem durch die Gazetten – und nichts ist dran. Vance Packard, der Autor des Bestsellers „Die geheimen Verführer", beschrieb es 1957. Seither wird es ständig kolportiert. Ein gewisser James M. Vicary sollte angeblich in Kinos – während des Hauptfilms – Werbespots eingeblendet haben, die nur drei Millisekunden dauerten, also weit unter der menschlichen Wahrnehmungsschwelle. „Trinkt mehr Coca Cola" und „Esst mehr Popcorn". Packard behauptete in seinem Buch, dass diese nicht bewusst wahrnehmbaren Werbeeinblendungen im Foyer des Kinos den Verkauf Coca-Cola um 18,1 Prozent und den Verkauf von Popcorn um 57,7 Prozent gesteigert hätten. Heerscharen von Psychologen haben dann dieses Experiment versucht zu wiederholen. Niemals gelang es aber, diesen Effekt auch nur ansatzweise zu replizieren. Schließlich musste der unglückliche Mister Vicary zugeben, dass die ganze Sache eine komplette Erfindung war – und er damit lediglich neue Kunden für seine Werbeagentur finden wollte. Das war ein Schlag für die Werbeforscher, die noch lange deswegen verspottet wurden.

Was ich hier beschreibe, bezieht sich auf etwas anderes. Neurowissenschaftler haben nachgewiesen, dass unser Gehirn ungefähr im Dreisekundentakt einen „Synchronisationslauf" durchführt. Die meisten Entscheidungen fallen daher im Dreisekundentakt. Testen Sie sich selbst: Wenn Sie beim Fernsehen zappen, entscheiden Sie sich meist innerhalb von drei Sekunden, ob Sie umschalten oder nicht. In allen Kulturen dauern rhythmisch wiederkehrende Bewegungen nie länger als drei Sekunden. Winken, Kopfnicken, Händeschütteln; die Forschungsstelle für Humanethologie der Max-Planck-Gesellschaft hat es auf 250 Kilometern Film dokumentiert. Ein Starter beim 100-Meter-Lauf ruft: Auf die Plätze – fertig – los. Melodien sind gleichfalls zusammengesetzte Dreisekünder. Das Hauptmotiv eines Musikstückes wird nur dann populär, wenn man es in drei Sekunden pfeifen kann. In allen Sprachen lesen sich Gedichtzeilen innerhalb dieses Zeittaktes. Natürlich gibt es auch Entscheidungen, über die wir länger nachdenken. Aber dann formen sich die einzelnen Gedanken dazu in Dreisekundenabschnitten.

Wo laufen Sie denn? Ja wo laufen Sie denn?

Drei Sekunden lang sind also die Takteinheiten, in denen unser Bewusstsein die Gegenwart, unsere Realität, erlebt. Unser Gehirn ist dazu gezwungen, sich die Welt alle drei Sekunden neu zu konstruieren, da es in einem kürzeren Zeitraum nicht alle Informationen, die das Gehirn erreichen, zusammenfassen und entschlüsseln kann. Unmittelbar nach diesen drei Sekunden greift das Bewusstsein auf seine Erfahrungen zu und versucht die konstruierte Realität zu bewerten beziehungsweise einzuordnen. Eigene Fantasie und Imagination stellen sich ein und helfen dem Bewusstsein, seine Informationen als Realität zu begreifen. Am Rande: achten Sie einmal bei dem nächsten Hollywood-Film auf die Schnittsequenzen. Einundzwanzig, zweiundzwanzig, dreiundzwanzig. CUT. Nächste Einstellung, Schuss oder Gegenschuss. Anderer Sprecher, anderer Schusswinkel, andere Szene. Trotzdem haben Sie nie das Gefühl, permanent in Ihrer Wahrnehmung unterbrochen zu werden. Das Gehirn fügt diese Bilder zu einem verwobenen Ganzen zusammen. Ob Hollywood-Regisseure etwas von Hirnforschung verstehen, weiß ich nicht. Aber nur in seltenen Fällen dauern Filmsequenzen länger als drei Sekunden.

Manipuliert uns das?

Nur wenn die Werbeagentur etwas von Psychologie und Neurowissenschaften versteht. Dann kann man Ihnen jeden Unsinn zeigen – solange er innerhalb von drei Sekunden getaktet ist. Also – auch zehn Mal drei Sekunden. Wichtig ist nur, dass eine Informationseinheit und das dazugehörige Bild in drei Sekunden abgeschlossen ist. Dann nehmen Sie den Werbespot im Unbewussten quasi automatisch auf. Mit diesem Wissen könnte man eigentlich alle Creativ-Directors in die Wüste schicken. Es kommt eben nicht darauf an, wie witzig oder bildgewaltig ein Spot daherkommt. Wichtig ist nur, dass man sich an ihn erinnert – und natürlich – dass er häufig genug gezeigt wird. Erinnert wird aber alles deutlich besser, was innerhalb dieser „Mindtime" abläuft. Jetzt fragen Sie natürlich, ob dieser Effekt von Ihnen willentlich beeinflussbar ist. Leider nicht – an dieser Stelle kann ich Sie nur darauf aufmerksam machen, dass es dieses Phänomen gibt. Abstellen können Sie ihn nicht. Unmöglich. Forscher vermuten, dass der Dreisekundentakt notwendig ist, um so etwas wie Empathie aufzubauen, also einen gemeinsamen zwischenmenschlichen Nenner. Die meisten Menschen lassen sich bei jeder Handlungseinheit ziemlich genau drei Sekunden Zeit. Allen andersartigen rhythmischen Strukturen gibt unser Gehirn eine interne eigene Struktur, die nur innerhalb eines Intervalls von drei Sekunden Gültigkeit besitzt.

Stoppuhr raus!

Können Sie diesen Effekt denn wenigstens für sich arbeiten lassen? Ja – und das klappt ganz gut. In jeder Diskussion – vor allem wenn Emotionen im Spiel sind – wird man Ihnen erheblich mehr Aufmerksamkeit widmen, wenn Sie im Dreisekundentakt sprechen. Probieren Sie es mal. Man bekommt in „einundzwanzig/zweiundzwanzig/dreiundzwanzig" ziemlich viele Wörter hineingepackt. Danach muss eine klitzekleine Pause kommen. Maximal eine Sekunde. (Haben Sie keine Angst, dass man Sie dabei für einen Sprachroboter hält.) Sie benutzen diesen Effekt auch nur, wenn Sie eine Aussage machen, die wirklich sehr wichtig ist und von der Sie möchten, dass sie quasi einen Meilenstein Ihrer Kommunikation bildet. Es ist erstaunlich, dass Menschen plötzlich ruhiger und aufmerksamer sind, wenn man Ihnen gelegentlich einen ganz wichtigen Punkt innerhalb dieser „Mindtime" mitteilt. Wenige Menschen können sich diesem Effekt entziehen. Bei Autisten – oder umgekehrt bei den bedauernswerten Zeitgenossen, die unter der Aufmerksamkeitsdefizit-/Hyperaktivitätsstörung (ADHS) leiden – klappt das nicht. Warum, weiß niemand. Probieren Sie es. Der Erfolg ist wirklich durchschlagend.

7.2 Unser Gehirn manipuliert uns: Der unheimliche Nucleus Accumbens

Unser gigantisches elektro-chemisches Kraftwerk, Gehirn genannt, hat zwei ganz grundsätzliche Aufgaben: 1. Unsere Außenwelt kognitiv erfahrbar zu machen; 2. Unsere Innenwelt psychisch und physiologisch stabil zu halten. Aber entwickelt es daneben auch eine Art „Eigenleben"? Laufen dort selbstständige Prozesse ab, die physiologisch schädlich oder mental nicht gewollt sind? Mit anderen Worten: Entwickelt dieses Kraftwerk manchmal so etwas wie einen „eigenen Willen"? Könnte es sein, dass diese Prozesse dazu führen, dass wir ganz schädlichen Verhaltensmustern folgen, ohne dass es uns in irgendeiner Weise bewusst wird? Natürlich haben Sie das Paradoxon bemerkt. Wie kann ein Gehirn (ICH) ein Eigenleben führen, dass nicht mehr mit dem psychischen ICH assoziiert ist? Das geht natürlich nicht. Ein ICH außerhalb des Gehirns ist nicht vorstellbar – wo wäre dieses ICH sonst anzusiedeln? Und ein ICH innerhalb unseres Gehirns, das quasi ein Eigenleben führt – neben dem bewusst erlebten ICH –, ist gleichfalls schwer vorstellbar. Als Gedankenmodell wollen wir aber einen Augenblick bei dieser Trennung bleiben. Es ist nämlich tatsächlich so, dass bestimmte Bereiche im Gehirn starke Gefühle erzeugen können, die wir bewusst weder beeinflussen noch steuern können. Diese Gefühle manipulieren uns zu Handlungen, die wir im Grunde gar nicht ausführen wollen, deren Auswirkungen uns aber sehr wohl als schädlich gut bekannt sind. Wir wissen noch nicht einmal, warum diese Gefühle entstehen, und wir können die Ursachen auch nicht erkennen.

Firewall im Kopf

Zwischen unserem Großhirn und tiefer gelegenen Bereichen, zum Beispiel dem sogenannten limbischen System, liegt eine Barriere, die man mit einer Firewall vergleichen könnte. Was dahinter ist, verschließt sich unserem Bewusstsein. Was durchgelassen wird, können wir nicht steuern. Der Zellkern Nucleus Accumbens gehört zum limbischen System. Er ist verantwortlich dafür, dass wir stark auf Reize reagieren, die Sucht hervorrufen und Suchtverhalten in negativem Sinne sogar stabilisieren. Rauchen zum Beispiel. Oder Spielsucht. Oder Alkoholismus und Tablettensucht und so weiter. Alles Dinge, von denen jedermann weiß, dass sie uns nicht gut tun – unser Leben verkürzen, unsere psychische Stabilität zerstören und unser soziales Verhalten beeinträchtigen.

Raucherbeine in down under

Lassen Sie mich jetzt ein ganz praktisches Beispiel geben dafür, wie unser Gehirn Manipulationen ausführt, gegen die wir uns nicht – oder nur mit sehr großer Willensanstrengung – wehren können:

Australien. Immer eine Reise wert. Falls Sie Raucher sind, stellen Sie aber unbedingt sicher, dass Sie genügend Zigaretten aus Europa mitnehmen. Dort sind – anders als bei uns – auf den Packungen hübsche kleine Fotos aufgedruckt von Raucherbeinen, Lungenkrebs und anderen tödlichen Erkrankungen. Wirklich ekelhaft. Man mag die Packungen gar nicht berühren. Spannend ist jetzt die Frage, ob diese wirklich grässlichen Zigarettenpackungen dazu geführt haben, dass die Australier ihren Zigarettenkonsum eingeschränkt haben. Nein, das haben sie nicht. Jetzt führt Australien die weltweit härtesten Regulierungen gegen die Tabakindustrie ein. Ab 2012 sollen auf Packungen überhaupt keine Logos mehr erscheinen. Der Preis pro Packung ist bereits auf 8,40 Euro gestiegen. Trotzdem verzeichnet „Big Tobacco" weiterhin Zuwachsraten, die anderen Industrien die Tränen in die Augen treiben. (Philip Morris International: 2010 Umsatz 67.713 Milliarden + 9,1 Prozent/Profit 7.259 Milliarden + 14,5 Prozent).

Warnhinweise im Hirnscan

Endlich nimmt eine Regierung die Forschungsergebnisse der Hirnforschung zur Kenntnis. Nichts hatte nämlich geholfen. Keine Aufklärungskampagnen (15.000 Tote pro Jahr in Australien durch Tabakkonsum), keine Warnhinweise, keine Horrorfotos. (Die Annahme, dass Australier eben weniger intelligent sind, sollten Sie gleich verwerfen. Und ob die Australier sich letztlich gegen die Armee von Rechtsanwälten durchsetzen werden, die „Big Tobacco" schon in Stellung gebracht hat, werden wir erleben.) Was haben Hirnforscher nun klar dazu bewiesen? Sie haben bewiesen, dass unser Gehirn (Nucleus Accumbens) uns manipuliert. Wir tun sehr oft Dinge, die wir bewusst eigentlich nicht tun wollten. Wir kennen sogar die Folgen. Ein klassisches Manipulationsmuster.

In den USA fand 2009 eine sehr groß angelegte Studie zum Thema Nikotinsucht statt. Fast 100.000 Raucher unterzogen sich dabei freiwillig einem Hirnscan. Gezeigt wurde Ihnen dabei nicht etwa eine Zigarettenmarke, sondern nur die dort gesetzlich vorgeschriebenen Packungsaufdrucke. (Ähnlich wie bei uns.) Die Probanden lasen also tatsächlich lediglich solche Texte wie: Rauchen erzeugt Lungenkrebs. Rauchen verkürzt Ihr Leben. Und so weiter. Die Ergebnisse waren erschütternd. Schon beim Erkennen des Aufdrucks fand eine erhöhte Dopaminaufnahme im Nucleus Accumbens statt. Das kann man auch als Laie sehr schön im Scan sehen. Durch das Dopamin (ein wichtiger Neurotransmitter) wurde maßgeblich der Belohnungseffekt des Rauchens vermittelt, sodass die Gehirne der Testpersonen die Aufnahme des Nikotins unmittelbar als existenziell notwendige Handlung interpretierten. Dort – in diesem kleinen Zellhaufen fand eine deutliche Zunahme von Glucose und Sauerstoffverarbeitung statt. Der Computertomograf rechnet diese eigentlich schwarz-weiß schattierten Regionen in Farbe um. So entstehen diese Gehirnbilder, die Sie schon so oft im Fernsehen gesehen haben.

Nein – die Probanden waren keine Analphabeten. Sie konnten lesen – interpretieren – verstehen – trotzdem wurde beim Zeigen nur der Warnhinweise ein starker Suchtreflex ausgelöst. Das Gefühl der Lust überstieg also ganz deutlich unseren Verstand. Es war auch nicht willentlich beeinflussbar. Denn natürlich haben andere Regionen im Gehirn Assoziationen gebildet, die mit Krankheit und Tod verbunden waren. Diese Regionen wurden aber völlig überlagert durch die Aktivitäten des Nucleus Accumbens!

Faulpelz Gehirn

An dieser Stelle werden Sie sich fragen, ob nur starke Nervengifte wie Nikotin oder Alkohol unbewusste Gefühle auslösen können. Gefühle, die uns zu einem Zombie machen. Das wäre schön. Leider ist dem nicht so. Sie brauchen sich gar nicht gezielt zu dopen. Alles, was irgendwann einmal Lust ausgelöst hat, bleibt als Gedächtnisspur im Gehirn vorhanden. Schmerz natürlich auch. Aber Lust vor allem. Das Gehirn ist ein ziemlich fauler Geselle. Neuronale Verschaltungen passieren bei jedem Gefühl –, vielfältig über das Gehirn distribuiert. Passieren sie allerdings öfter – oder sind sie mit einem sehr starken Glücksgefühl verbunden – dann benutzt das Gehirn immer wieder die gleichen Verschaltungen. Warum neue bilden? Das kostet zu viel Glucose und Sauerstoff. Das Gehirn will billig davonkommen. Hat es doch vornehmlich die Aufgabe, uns am Leben zu erhalten. Diese Aufgabe (den physiologischen Prozess) verbraucht schon über 90 Prozent der Energie. Warum also neuronale Verschaltungen verschwenden? Man nennt dies wissenschaftlich korrekt übrigens „Bahnung". Hat das Gehirn erst einmal gelernt – dann benutzt es die gleichen oder sehr nahe zusammen liegende Bahnungen für den Transport. 100 Milliarden Neurone gibt es in etwa. Mit bis zu 10.000 anderen einzelnen Neuronen bestehen Verbindungen. Da macht es Sinn, nicht ständig neu zu „schalten". Auf bestehenden Bahnungen kann ich natürlich viel einfacher und viel schneller „funken". Genauso, wie Sie Ihr Navigationssystem im Auto getrost abschalten können, wenn Sie den Weg zur Arbeit nur zwei oder drei Mal gefahren sind.

Der Nucleus Accumbens schießt sich gerade auf Sie ein

Sie möchten jetzt etwas über eine ganz alltägliche Manipulation durch das Gehirn erfahren? Dass Nikotin und Alkohol süchtig machen, dachten Sie sich schon? Ich erzähle Ihnen dazu eine ganz kurze Geschichte. Haben Sie einen guten Freund? Den Sie seit Jahren kennen? Der mit Ihnen durch dick und dünn gegangen ist? Dem Sie fast blind vertrauen und der Sie nie anlügen wird? Ganz bestimmt fällt Ihnen dazu jemand ein. Vermutlich erscheint er schon vor Ihrem geistigen Auge. Schemenhaft sogar sein Gesicht. Sie können seinen Stimmklang fast hören. Ihr Nucleus Accumbens schießt sich gerade ein.

Gegen Abend klingelt Max an Ihrer Tür. Das Bierchen ist schnell aufgemacht. Gemütlich setzt man sich auf einen Sessel und ist neugierig, was der Grund dieses Besuches ist. Nun stellt Max eine Frage: „Hast du eigentlich schon mal an deine Altersversorgung gedacht?" Sie sind ein wenig geschockt. Ihr Freund ist jetzt bei der AWD? Dem Drückerverein? Maschmeyer fällt Ihnen ein. Strizzi!! Ihr präfrontaler Cortex schickt Ihnen deutliche Warnhinweise. Ihr Nucleus Accumbens hält dagegen. Wer siegen wird, wissen Sie jetzt schon. Dieser kleine Zellhaufen (etwa so groß wie ein Kirschkern) ersäuft Sie gerade in Dopamin. Es gibt existierende Bahnungen für Ihren guten Freund Max. Sie fühlen sich entspannt. Serotonin (ein anderer Neurotransmitter, der unter anderem Beruhigung auslöst) kommt hinzu. Auch Serotonin verarbeitet dieses kleine Teufelchen im Kopf sehr gerne und schnell. Sie sind jetzt regelrecht „besoffen" – und wissen weder warum (nun ja – Sie wissen es jetzt) noch können Sie Ursache und Wirkung zusammenbringen. Sie fühlen sich einfach gut. Ob das an diesem Abend dazu führt, dass Sie 10.000 Euro in einen hochgefährlichen geschlossenen Immobilienfonds investieren, kann ich nicht wissen. Ich weiß aber, dass die Wahrscheinlichkeit sehr sehr hoch ist, dass Sie es tun werden. Ihr Verstand unterliegt nämlich gerade inneren Manipulationsmustern. Manipulationsmuster, die alleine in Ihrem Gehirn entstanden sind und auf die Sie (fast) keinen Einfluss haben. Na Prost. Da haben Sie ein einfaches Beispiel – Finanzberatung nämlich.

7.3 Abergläubische Ratten – Ursache und Wirkung

„Wirkung ist die zweite von zwei Erscheinungen, die immer in derselben Aufeinanderfolge vorkommen. Von der ersten, Ursache genannt, sagt man, sie bringt die zweite hervor – was nicht vernünftiger ist, als würde jemand ein Kaninchen für die Ursache eines Hundes halten, nur weil er noch nie einen Hund anders als bei der Verfolgung eines Kaninchens gesehen hat." – Ambrose Bierce (* 24. Juni 1842 in Ohio; † 1914) war ein US-amerikanischer Schriftsteller und Journalist. Zitat aus: Des Teufels Wörterbuch – The Devil's Dictionary.

Sie erinnern sich? Wir suchen permanent nach Regeln in einer Umwelt, die mit Details prall verstopft ist. Die erste Regel ist der Versuch unseres Gehirns, zu jeder Wirkung eine plausible Ursache zu finden. Das kann natürlich nicht immer funktionieren. Zufälle passieren – und wenn sie zufällig öfter passieren – leiten wir daraus fälschlicherweise eine Regel ab. (Bei Vollmond schlafen die Menschen schlechter.) Das Suchen und Finden von Ursachen und die dazu passenden Wirkungen ist ein komplett unbewusster Prozess. Daraus bastelt sich das Gehirn die Illusion der Zugänglichkeit seiner Umwelt. Hier werden Plausibilitäten gebildet, die meistens richtig sind, aber sehr oft auch total falsch. Dabei machen wir mehr Fehler als wir ahnen. Wir werden manipuliert. Dieses Mal von unserem eigenen Gehirn.

Das Gehirn hat nämlich die fatale Eigenschaft, Wahrnehmungslücken oder Unplausibilitäten selbstständig und ungefragt zu korrigieren. Wir merken gar nichts davon. Selten sind wir so verwirrt, dass wir aktiv nachfragen. Meistens hat unser Gehirn schon selbst korrigiert, ausgefüllt, bewertet und sogar die daraus folgende Handlung bereits eingeleitet. Diese Handlung erscheint uns als konsistent – im Einklang mit unserer Wahrnehmung und logisch im Raum unserer Umgebung. Erst danach wird uns dieser Prozess bewusst. Erst danach haben wir das subjektive Gefühl der Autorschaft unserer Handlungen. Man könnte auch sagen, erst im Anschluss an den sehr subjektiven Bewertungsprozess der einlaufenden Informationen durch unser Gehirn plus der bereits ausgeführten Handlung kapieren wir überhaupt irgendetwas. Übrigens muss das so sein. Dadurch lernen wir nämlich. Würden wir nicht permanent das Spiel „Versuch und Irrtum" spielen, könnten wir uns in der Umwelt gar nicht orientieren. Sortieren wir diese komplexen Vorgänge jetzt ein wenig. Was passiert?

1. Das Wegfiltern von Informationen nach dem Zufallsprinzip. (Einiges nehmen wir wahr, andere Dinge objektiv nicht.)
2. Das Durchführen von ständigen Ratespielen und Vorhersagen (educated guesses) durch unser Gehirn. Was ist da draußen los? Wie reagiere ich darauf?

Pro Sekunde nehmen wir etwa elf Millionen Sinneseindrücke auf. Sagen die Wahrnehmungspsychologen. (Keine Ahnung, wie die das jemals gemessen haben, aber die Größenordnung wird schon stimmen.) Es erscheint also ganz plausibel, dass der weitaus größte Teil davon unser Bewusstsein gar nicht erreicht. Es wird vorsortiert, aussortiert, einsortiert – und das in einem ständigen, sich selbst steuernden Regelkreis. Kann man das abstellen? Beeinflussen? Korrigieren? Leider: Nein.

Jetzt haben Sie eine erste vorsichtige Erklärung dafür, warum Menschen eine Situation oder ein Ereignis so komplett unterschiedlich beurteilen können. Wir erleben das jeden Tag. Meine Lebensgefährtin findet die Aussagen in einer angeregten Talkrunde völlig in Ordnung und im Einklang mit ihren eigenen Ansichten. Ich bin nach fünf Minuten schon gelangweilt. Wir schalten nach Fukushima jetzt alle Atomkraftwerke ab? Na gut – sind die Ungarn, die Franzosen, die Engländer alle völlig verblödet? Die tun's nämlich nicht. (Vielleicht tun wir's ja auch nicht. Warten wir's ab ...) Politiker A ist dafür, keine Buttermilch mehr einzuführen, Politiker B absolut dagegen, weil ... wer hört da überhaupt noch hin. Haben Sie das Gefühl, Ihr Alltag wird immer undurchschaubarer und komplizierter? Sie ertrinken in der Informationsflut? Kann schon sein. Was Sie aber leider auch nicht wahrnehmen ist der Umstand, dass Ihr Gehirn, ganz ungefragt und ohne dass Sie das beeinflussen könnten, auf Schnellabschaltung geht. An irgendeinem Punkt, den Sie nicht kennen, geht Ihr Gehirn in den Ruhemodus. Es macht zu. Sie nehmen nicht mehr auf. Ihr Regelkreis „Was ist da draußen, wie reagiere ich darauf?" wird unterbrochen. Es werden nur noch minimale Informationen wahrgenommen und verarbeitet. Das ist ganz gut so. Dieser Mechanismus hilft uns nicht zu ertrinken und ermöglicht es auch im Zustand der Informationsüberflutung noch minimale Überlebensreaktionen zu zeigen.

Survival of the fittest

Wenn das Gehirn zurückschaltet, dann sind wir am besten zu manipulieren. Wir sind dann aufnahmefähiger für schlichte Erklärungsmuster und wir reagieren auch deutlich schneller darauf. Im Sinne des Manipulators.

Natürlich kann man Menschen mit Informations- und Reizüberflutung manipulieren. Man kann sie abrichten. Man kann sie dressieren. Man kann sie steuern. (Wie Ratten.)

Seit Charles Darwin im letzten Jahrhundert seine Evolutionstheorie ausformuliert hat, gibt es keinerlei Ungewissheiten mehr, dass wir ein Produkt dieser Evolution sind. Sie – lieber Leser – sind im Moment noch als Homo Sapiens Sapiens klassifiziert. Diese Spezies ist das vorläufige Ende der Evolutionskette. Evolution läuft aber über viele Jahrtausende. Jahrmillionen. Das Survival of the fittest (Darwins berühmter Ausspruch) heißt nicht etwa, „Überleben des Stärkeren" – sondern „Überleben des am besten Angepassten". Der Stärkere hat selten überlebt. Sonst wären wir vermutlich noch muskelbepackte Wesen mit dem Gehirn einer Echse. (Na ja – bei manchen Zeitgenossen ist man sich da nicht ganz sicher ...)

Heute leben wir in einer technologischen und kulturellen Umwelt, die weit schneller gewachsen ist als unser Gehirn damit Schritt halten konnte. Unser Gehirn funktioniert häufig noch nach archaischen Prinzipien, die zwar wichtig waren, um Essen zu suchen, uns fortzupflanzen oder gegen Feinde zu verteidigen – aber es ist überfordert mit der prallen Flut von Informationen geordnet umzugehen.

Rattenjagd

Können Sie sich vorstellen, dass ein intellektuell hoch angesiedeltes „Tier" – der Homo Sapiens Sapiens ähnlichen Konditionierungen unterliegt wie eine Ratte? Ein Experiment:

Ratten sind sehr lernfähige Tiere. Setzt man zum Beispiel ein Tier in einen Käfig und lässt nur dann Futter in einen Napf fallen, wenn die Ratte einen Zeitraum von zehn Sekunden verstreichen lässt, bis sie sich dem Napf wieder nähert, dann dauert es gar nicht lange, bis die Ratte dieses Muster erkannt hat (etwa zwei bis drei Stunden). Kommt sie schneller zum Napf, bleibt das Futter aus. Was macht die genervte Ratte in diesen aufgezwungenen Pausen? Na – was Ratten eben so machen. Sie dreht sich um sich selbst oder trippelt von einem Füßchen aufs andere. Je nach Temperament und Veranlagung des individuellen Tieres. Dabei kommt es nach wenigen Tagen zu einem sehr seltsamen Phänomen. Die Ratte bringt zwei Dinge in einen Zusammenhang, die nichts miteinander zu tun haben. Ihr Benehmen im Wartezustand (das, was sie ganz zufällig macht, wenn sie die zehn Sekunden warten muss) und die Verabreichung des Futters. Sie hat zwar schnell gelernt, dass zehn Sekunden Wartezeit eine Belohnung bringen (das Futter fällt in den Napf), aber sie hat auch ihr eigenes Verhalten in der Wartezeit abgespeichert. Sie ist konditioniert worden. Ratten, die dazu neigen, sich ständig um sich selbst zu drehen, halten dieses Verhalten plötzlich für einen Mitauslöser der Fütterung. Sie lernen also zwei Dinge – erstens: ich muss zehn Sekunden warten, um Futter zu bekommen. Und zweitens: ich muss mich schnell um mich selbst drehen, um Futter zu bekommen. Letzteres ist natürlich falsch. Die Drehungen haben keinerlei Einfluss auf die Fütterung. Die Ratte hat das natürlich nicht kapiert. Tierfreunde werden dies jetzt gar nicht gerne hören – aber man hat ganze Rattenpopulationen diesem Experiment unterworfen und dabei festgestellt, dass Rattenmütter dieses Verhalten an ihre Nachkommen weitergeben. Sie trainieren ihre Brut also so, dass die kleinen Rattenkinder schnell lernen zwei Dinge in Zusammenhang zu bringen, um gefüttert zu werden: Zehn Sekunden warten – und einen Tanz um sich selbst machen.

Ein intellektuell viel höher angesiedeltes „Tier" – der Homo Sapiens Sapiens unterliegt tatsächlich ähnlichen Konditionierungen. Anders ist es nicht zu erklären, das viele Menschen zu ziemlich skurrilen Ritualen neigen, bevor sie eine bestimmte Aufgabe in Angriff nehmen. Man kann ja nie wissen. „Toi, Toi, Toi" zu sagen, ist nur eine Variante. (Drei Mal ausspucken bringt Glück.) Ich kenne aber einen durchaus intelligenten Zeitgenossen, der immer bevor er einen wichtigen Termin wahrnimmt, vor sich hin brabbelt: „Alles wird gut. Alles tut gut." – „Max – was machst du da?" Der antwortet dann: „Ach – ob es was nützt, weiß ich nicht. Aber es wird garantiert auch nicht schaden." Na gut, mit dieser Art von Logik können Sie natürlich alles rechtfertigen. Was tut Max da? Max manipuliert sich. Er fühlt sich etwas besser, wenn er sein Mantra aufgesagt hat, er ist ein wenig ruhiger. Und dann soll's auch so gut sein. Es sei ihm gestattet. Logisches Denken ist garantiert nicht die Kernkompetenz unserer Spezies. Wir sind furchtbar leicht hinters Licht zu führen.

Fassen wir die Funktionsweisen des Gehirns im Zusammenhang mit Manipulationsmustern zusammen:

- Informationsüberflutung führt zur Schnellabschaltung.
- Zufälle werden in einen unlogischen Zusammenhang gebracht.
- Wir glauben hinterher fest daran, dass unsere Vorhersagen auch eingetroffen sind.

Diese Mechanismen erleben Sie jeden Tag: Reizüberflutung durch Fernsehen, Internet oder Smartphone. Erst die E-Mails checken, dann die Schuhe ausziehen. Wenn ich nicht genug E-Mails bekomme, bin ich nicht so wichtig. Wenn ich nicht genug Freunde auf Facebook habe, bin ich weniger wert, wenn ich bei XING nicht präsent bin, existiere ich quasi gar nicht. Träumen Sie nicht weiter. Sie treffen durch die oben geschilderten Phänomene Schlussfolgerungen, die manchmal irreal sind. Sie haben sich bereits eine neue mentale Karte im Kopf zurecht gelegt. Nein besser – sie sind so konditioniert, dass Ihr Navisystem, genannt Gehirn, anfängt das Terrain mit der Karte zu verwechseln. Sie treffen Schlussfolgerungen, die unzutreffend sind. Social Media, Social Networking, Social Bullshit. Man muss es nur oft genug wiederholen. Dann wird's auch geglaubt. Oder anders herum: Wenn man einen Menschen nur lange genug wie einen Idioten behandelt, dann benimmt er sich nach einiger Zeit auch so. Fazit: Wir sind leicht zu konditionieren. Wir stellen Zusammenhänge her, wo gar keine sind. Reizüberflutung befördert dieses Paradoxon enorm. Sie öffnet Manipulatoren damit Tür und Tor. Anders ist es nicht zu erklären, warum Menschen soziale Netzwerke mit echten menschlichen Kontakten verwechseln und die Meinung dieser vermeintlichen „Freunde" schnell übernehmen. Zu schnell.

7.4 Massenpsychologie – manipulative Gruppeneffekte

In der Masse sind wir leichter zu manipulieren. Wenn wir als Gruppe auftreten, scheint es so zu sein, als wenn wir freiwillig unseren eigenen Willen an die Gruppe delegieren. Zwar sind wir zunächst dieser Gruppe beigetreten, weil sie Ziele propagiert, in denen wir dachten uns wiedergefunden zu haben, aber dann machen wir jeden Meinungsschwenk der Gruppe mit – sogar bis zu dem Punkt, wo die Gruppe ihre ursprüngliche Zielsetzung verändert oder unerwartet Werte propagiert, zu denen wir als Individuum eigentlich nicht gestanden hätten. Wir werden zum Folgen manipuliert.

Die Gruppe gibt uns dabei imaginären Schutz. In der Gruppe finden wir unbewusst Trost und Beruhigung. „Es ist alles doch nicht so kompliziert. Ich bin nicht der Einzige, der sich Fragen stellt." Wie ein aufgehender Vorhang öffnen sich vermeintliche Wahrheiten. Die wundervoll wärmende Überraschung einer plötzlichen „Erkenntnis". Dieser „Wahn" kann völlig harmlose Auswirkungen haben – oder uns zu einer kollektiven Masse von Idioten machen. Es lohnt sich daher, diese Phänomene einmal zu besprechen.

Das Verhalten von Menschen in der Masse wird in der Sozialpsychologie umfangreich erforscht und die dazu verfügbare Literatur ist endlos. 1921 schon versuchte sich Sigmund Freud diesem Phänomen mit seinem Essay *Massenpsychologie und Ich-Analyse* zu nähern. Freud definiert Masse darin als: *„[...] ein provisorisches Wesen, das aus heterogenen Elementen besteht, die sich für einen Augenblick miteinander verbunden haben. "* Anders ausgedrückt: In der Masse erlebt der Einzelne ein Gefühl fast unendlicher Macht. Er kann plötzlich Triebe ausleben, die er als Individuum hätte zügeln müssen. Damit einher geht laut Freud ein Schwund der bewussten Persönlichkeit und es entsteht eine Neigung, sich von jedem Affekt innerhalb der Masse anstecken zu lassen und durch „gegenseitige Induktion" wiederum den Affekt zu verstärken. Insgesamt, sagt er, ist die Masse *„impulsiv, wandelbar und reizbar. Sie wird fast ausschließlich vom Unbewussten geleitet".*

Toooor!

Gruppendruck tritt häufig ganz unspektakulär in Erscheinung. Sie erleben es in Fußballstadien oder bei großen Popkonzerten. Nichts Neues. Dieses Phänomen ist aber beileibe nicht nur mit dem lauten Getöse fanatisierter Massen verbunden. Und es sind auch beileibe nicht nur diese harmlosen Veranstaltungen, bei denen wir sehr gerne mal für ein bis zwei Stunden freiwillig komplett „neben uns stehen". Diese Art von Manipulation gönnen wir uns gerne. Es wird ja niemand dabei geschädigt. Manipulation des Menschen in der Gruppe kommt aber auch auf Samtpfötchen daher. Leise und sehr subtil. Und dann merken wir oft nicht, dass wir verführt werden etwas zu denken, was mit unserem ursprünglichen Wertesystem im Grunde nicht vereinbar ist. Und oftmals handeln wir dann auch. Ganz im Sinne des Manipulators, der dieses Phänomen „Massenmanipulation" ausnutzt, um uns in seinem Interesse zu lenken. Massenmanipulation ist eben sehr viel einfacher, effizienter und billiger als die Überzeugung Einzelner mit Sachargumenten.

Klimaschutz ist Blödsinn

Die großen PR-Agenturen (ich meine die wirklich großen, weltweit agierenden sogenannten spindoctors, wie Burson-Marsteller, Edelmann oder Hill & Knowlton) nutzen die leichte Manipulationsfähigkeit großer Menschenmassen aus, um uns zu Meinungsbildern zu „verhelfen", die mit den Fakten nichts mehr zu tun haben. Wir sind uns gar nicht bewusst, dass diese Manipulationsangriffe als Trojanisches Pferd daherkommen. Fast 50 Prozent (!) der redaktionellen Artikel des renommierten Wall-Street-Journals sind nichts anderes als nahezu vollständig abgeschriebene Texte von Interessengruppen. Untergemischt unter die tatsächlich von diesem Blatt verfassten echten redaktionellen Artikel fallen sie überhaupt nicht auf. Sie werden angefertigt von Lobbygroups, die sich den Mantel der Neutralität umhängen, aber nahezu zu 100 Prozent von Sponsoren aus der Industrie finanziert sind. Die Namen dieser Lobbygroups klingen unverdächtig: Stiftung für Temperaturforschung, Verbraucherschutz-Vereinigung, Zentrum für Lebensmittelsicherheit, Rat für Medikamentenqualität, Symposium der Krebsforschung etc.

Den wohl bisher dreistesten Versuch, Menschenmassen durch gezielte Manipulation zu verdummen, unternahm die GCC. Die GCC wurde 1989 von Burson-Marsteller gegründet. 15 private Unternehmen und 25 Verbände, vor allem Firmen der Bereiche Öl, Flugverkehr, Kohle, Stromlieferanten, Automobilherstellung und Chemie waren Träger dieser Institution, die sich jahre-

lang trefflich mit dem Deckmantel „kritischer Wissenschaft" tarnen konnte. Ziel war es, eine breite Öffentlichkeit so zu manipulieren, dass Gesetzte zum Klimaschutz nicht mehr oder nicht mehr so schnell verabschiedet werden konnten. Drei Argumente brachte die GCC:

1. *Wissenschaft: Die Forschungsergebnisse seien teilweise widersprüchlich und man müsse abwarten, bis Klimaforscher zu einem allgemeinen Konsens über die tatsächlichen Ursachen der Klimaerwärmung gekommen wären.*
2. *Wirtschaft: Investitionen zum Klimaschutz schwächen die Wirtschaft durch unnötige und hohe Kosten. Damit steigere man nur die Arbeitslosigkeit und hemme das Wirtschaftswachstum und die Konkurrenzfähigkeit global agierender Unternehmen.*
3. *Schwellen-Länder: Die Industrieländer, vor allem die USA, sollten erst dann Maßnahmen ergreifen, wenn auch die Entwicklungsländer im Klimaschutz gleichermaßen aktiv würden – obwohl deren Pro-Kopf-Anteil am Ausstoß klimarelevanter Gase viel niedriger ist.*

Durch gezielt aufgebauschte Aktionen gegen Umweltvertreter und durch den teilweise bezahlten Einsatz von Prominenten und Politikern (zum Beispiel George W. Bush) gelang es der GCC lange Zeit, einen gesellschaftlichen Konsens zur Wichtigkeit und Richtigkeit von Umweltschutz in den USA zu untergraben beziehungsweise durch klientelspezifische Ablenkthemen in den Hintergrund zu drängen. Das war in der Konsequenz schon weit weniger harmlos.

Zum Manipulator gehört aber auch der Manipulierte. Aber wie kommt es, dass ich große Menschengruppen leichter manipulieren kann als einzelne Personen? Was sind überhaupt die wichtigsten Charakteristika des „Menschen in der Masse"? Ich zähle sie einfach einmal auf, und Sie prüfen an jedem einzelnen Punkt nach, (wenn Sie Lust haben), ob diese Charakteristika nach Gustave Le Bon (* 7. Mai 1841 in Nogent-le-Rotrou; † 15. Dezember 1931 in Paris), der als Begründer der Massenpsychologie gilt), in Bezug auf Ihr eigenes Leben als zum Beispiel Wähler oder Parteimitglied oder Ostermarschierer oder Gewerkschaftsmitglied oder Kirchentagbesucher etc. zutreffend dargestellt sind. (Sie haben übrigens richtig gelesen. Le Bon ist jetzt seit fast hundert Jahren unter der Erde. Noch immer aber lesen sich seine Kerngedanken erschreckend frisch und aktuell.)

1. Eine Masse ist impulsiv, leicht irritierbar, suggestibel, leichtgläubig, leicht zu infizieren von übertriebenen und genialen Ideen, dabei anderen Gruppen gegenüber intolerant und diktatorisch.
2. Massen transportieren meistens Ideen oder politische und kulturelle Ziele, die jedoch nur von Wenigen realisiert werden, oft sind es diejenigen, die in der Lage sind, daraus ökonomischen Nutzen zu ziehen.
3. Das Individuum kann sehr viel leichter in der Masse in Höhen aufsteigen oder in Tiefen hinabsinken (meist letzteres).
4. Moderne Massen sind vor allem durch einen schrankenlosen Egoismus charakterisiert, der Intoleranz mit sich bringt und eine fachlich intellektuelle Diskussion verhindert.
5. Die Mitglieder einer Masse büßen die Kritikfähigkeit ein, die sie als Individuen haben. Ihre Persönlichkeit schwindet.
6. Die Masse kann Persönliches nicht von Sachlichem unterscheiden.
7. Sie erliegt leicht Suggestionen, deren Wirkung der Hypnose vergleichbar ist, und wird hysterisch; sie ist leicht lenkbar.
8. Sie ist daher auch empfänglich für Legenden, die von meist heldischen Führern und Ereignissen handeln.
9. Die Meinungsbildung in der Masse erfolgt durch geistige Ansteckung.
10. Die Masse ist nur wenig intelligent.
11. Sie denkt einseitig grob und undifferenziert im Guten wie im Bösen.
12. Die Masse denkt nicht logisch, sondern in Bildern, die häufig durch einfache Sprachsymbolik hervorgerufen werden.
13. Die Masse ist leicht erregbar, leichtgläubig und sprunghaft. Ihre Emotionalität ist schlicht.
14. Die Masse ist im Allgemeinen sehr konservativ.

15. Die Masse kann nicht durch logische Argumente überzeugt werden, sondern nur emotional.
16. Die Masse handelt mitunter uneigennützig, gegebenenfalls auch tugendhaft oder heroisch, dann oft im Überschwang.
17. Die Masse ist unduldsam und herrschsüchtig.
18. Sie kann sehr grausam werden, weit über das dem Einzelnen Mögliche hinaus, und ist bei geeigneter Führung bereit zu Revolutionen.
19. Die Grundüberzeugungen der Masse verändern sich nur sehr langsam.
20. Die moralischen Urteile einer Masse sind unabhängig von der Herkunft oder dem Intellekt ihrer Mitglieder.
21. Die Masse urteilt durch vorschnelle Verallgemeinerung von Einzelfällen.
22. Ihre Überzeugungen nehmen schnell religiöse Züge an und beruhen oft auf Wunschvorstellungen.

Machen Sie sich mal den nächsten Spaß und wenden die obigen Punkte 1 bis 22 auf Geschehnisse der jüngsten Vergangenheit an. *Neo-Nazis kommen nur als Randthema in Ihrem Leben vor? Man schüttelt den Kopf und geht weiter? Sind ja nur wenige tausend Wirrköpfe? Natürlich gehören Sie nicht zu dieser Gruppe. Aber sie existiert. Sind wohl nur dumpfe Wirrköpfe. Und wie steht es um unsere islamischen Mitbürger? Thilo Sarrazin hat wochenlang mit seinem Buch „Deutschland schafft sich ab" die Massen manipuliert. Er hat Gruppen gebildet, die entweder für oder gegen seine Thesen waren. Stammtische hatten wieder ein Thema und es wurde kräftig polarisiert und geholzt. Dem freundlichen pakistanischen Taxifahrer haben wir dann aber ein Extra-Trinkgeld gegeben. Und in meinem Haus hat die türkische Familie aus dem zweiten Stock auch noch keinen Hammel über offenem Feuer gebraten. Trotzdem: Ich war nach der oberflächlichen Lektüre von Sarrazins Buch richtiggehend „sensibilisiert". Wir hatten alle ein Gesprächsthema. Auf dieser Grundlage hat man dann seine eigene informelle Gruppe gebildet. Entweder dafür – oder dagegen. Egal. Aber man fühlt sich eben in der Gruppe geschützt, aufgehoben und geborgen.*

Gartenpflege im Tennisverein

Lösen wir uns einen Augenblick von den ganz großen Manipulationsmustern. Manipulation funktioniert schon in relativ kleinen Gruppen nach einem sehr ähnlichen Prinzip. Ich weiß nicht, was Sie beruflich machen. Wenn Sie nicht mit Gruppen arbeiten (zum Beispiel als Manager), dann sind Sie vielleicht in einem Verein tätig? Im Tennisverein? Im Kegelklub? Häufiger als wir glauben finden wir uns plötzlich in einer Situation wieder, in der es für die eine oder andere Aufgabe „Freiwillige" geben muss. Sei es, dass ich als Manager eine Projektgruppe aus Freiwilligen zusammenstellen möchte, um ein neues Programm von SAP zu testen, bevor es „life" geschaltet wird, oder sei es, dass ich Freiwillige suche, die Lust haben „den kleinen Vorgarten des Klubhauses gärtnerisch zu bearbeiten". Ohne das berühmte „Freiwillige vor" funktionierte der Zusammenhalt auch in ganz kleinen Gruppen nicht mehr. Aber wie finde ich schnell Freiwillige? Wie „überzeuge ich" eine Menschengruppe vorzutreten und einen Job zu übernehmen, der unangenehm ist und zu dem man eigentlich keine Lust hat? Geht das mit Appellen? Mit dem Aufzählen sachlicher Argumente? Mit Zwang? Es geht viel einfacher.

Richtig in die Gruppe fragen

Es kommt darauf an, wie ich frage. Eine ganz einfache Umstellung meiner Wortwahl führt zu völlig anderen Ergebnissen. Und dabei ist wieder der Gruppendruck entscheidend. Ich gebe Ihnen ein Beispiel.

Tennisklub. Der Vorgarten des Klubhauses gleicht einer Dschungellandschaft. Hier ist viel Arbeit und Energie nötig, um daraus wieder ein halbwegs gepflegtes Stück Land zu machen. Jetzt können Sie sich vor Ihre Tennisfreunde stellen und bei der nächsten Versammlung an den Teamgeist appellieren, Kameradschaft und uneigennützigen Einsatz fordern und dann die simple Frage stellen: „Wer, liebe Freunde, meldet sich freiwillig am nächsten Wo-

chenende als Gärtner? Bitte um Handzeichen!" Vielleicht finden Sie auch den einen oder anderen. Dann brauchen Sie sich keine weiteren Gedanken machen. Aber wenn Sie schon „irgendwie damit rechnen, dass Ihre Kumpels am Wochenende plötzlich ganz wichtige, nicht aufschiebbare Verpflichtungen haben" – stellen Sie Ihre Frage einfach um. Sagen Sie: „Wer, liebe Freunde, hat keine Lust am nächsten Wochenende den Gärtner zu spielen? Bitte um Handzeichen!" (Machen wir eine Wette, dass Sie mehr Gärtner haben werden, als Sie überhaupt benötigen?)

Wie kommt es, dass sogar eine kleine Gruppe Gleichgesinnter einen völlig unbewussten Druck auf uns ausübt? Warum handeln wir in Gruppensituationen daher oft ganz anders als in Situationen, in denen wir als Einzelner angesprochen oder gefordert sind? Schalten wir in der Gruppe eine andere Wahrnehmungsebene ein? Schauen wir etwas tiefer. Welche Einflüsse wirken dabei auf uns ein?

Normen

Personen verhalten sich gerne im Einklang mit der Gruppenmeinung, weil sie bei anderen einen positiven Eindruck hinterlassen wollen. Viele Menschen fühlen sich unwohl oder unsicher, wenn sie andere Meinungen als die der Gruppenmehrheit vertreten müssen. Sie glauben, damit bei anderen Gruppenmitgliedern Antipathie und Abneigung hervorzurufen. Menschen verhalten sich lieber normenkonform, um von anderen als sympathisch beurteilt zu werden.

Informationen

Oftmals verfügen Menschen in bestimmten Situationen nicht über vollständige Informationen und bedienen sich der anderen, um dieses Defizit auszugleichen. Die Konformität kommt also dadurch zustande, dass man eine Unsicherheit beseitigen möchte, indem man sich auf die Meinung der Mehrheit verlässt und diese unter Umständen auch annimmt. Je schwieriger (oder unklarer) eine Situation ist, desto stärker ist auch die gezeigte Konformität.

Situation

Wenn die Gruppe in einer schwierigen und fast hoffnungslosen Situation ist, dabei niemand von außen der Gruppe hilft und keine objektiv verifizierbaren Informationen vorliegen, wird der Druck, sich auf die Gemeinschaft zu verlassen, erhöht.

Persönlichkeit

Wenn man ein hohes Bedürfnis nach Bestätigung und Gewissheit sowie ein geringes Selbstwertgefühl hat, erhöht sich der Konformitätsdruck ebenfalls. Man fühlt sich in einer Gruppe gegenüber Außenstehenden stärker und besser.

Gruppe

Ein starkes Solidaritätsgefühl, eine Rangordnung und eine hohe Übereinstimmung von Meinungen innerhalb einer Gruppe erhöhen den Konformitätsdruck. Je mehr dieser Faktoren zutreffen, desto höher ist die Wahrscheinlichkeit einer völligen und kritiklosen Anpassung an die Gruppe.

So weit so gut. In der Masse fühlen wir uns also offensichtlich wohl. Führt das auch dazu, dass die Masse uns zu altruistischen Handlungen führt? Leider nein. Das Gegenteil ist der Fall.

Jürgen von Manger hatte recht

Wir sind als Gruppe leicht zu manipulieren. Gibt uns im Notfall die Gruppe aber auch Schutz? Arthur Beaman ist ein Sozialwissenschaftler an der Universität von Montana. Er hat über das Verhalten von Menschengruppen geforscht. Besser gesagt über ihr Fehlverhalten. Seine Forschungsergebnisse stehen in direktem Zusammenhang mit dem Generalthema dieses Buches und mit dem Inhalt dieses Kapitels: bei sich selbst und bei anderen manipulative Gruppeneffekte erkennen, die das Verhalten Einzelner beeinflussen. Beaman hat sich dem Phänomen genähert, dass große Menschengruppen eher zu falschen, ja unethischen Verhaltensweisen neigen als kleine Gruppen. Hilfe anbieten, Mitleid zeigen, selbst gegen Gewalt einschreiten, selbstlose Zivilcourage zeigen: Das alles sind zwar moralisch wünschenswerte Verhaltensweisen – also der kategorische Imperativ ad Infinitum –, aber je größer die Gruppe ist, desto schwächer ist der Wunsch ausgeprägt „selbstlos zu wirken". Große Gruppen bieten also, entgegen aller Annahmen, eher geringeren Schutz als kleinere Gruppen. Am besten ist man in einer Zweier-Gruppe geschützt. A priori. Dazu gibt es eine große Zahl von Experimenten.

Ein Fallbeispiel aus Ihrem Alltag will ich Ihnen beschreiben. Als Verkehrsteilnehmer sind Sie Teil der Masse „aller am Verkehr Beteiligten". (Mit anderen Worten: Masse bedeutet nicht unbedingt, dass viele Menschen am gleichen Ort versammelt sind. Es gibt auch die informelle Masse. Die Verkehrsteilnehmer eben.) Wie häufig sehen wir im Fernsehen diese schrecklichen Berichte darüber, wie 200 Autos an einem offensichtlich schwer Verunglückten vorbei gefahren sind – statt anzuhalten und zu helfen? Zu häufig. Manchmal kann man diese Menschen anschließend befragen. Die Antworten sind bestürzend platt. Die Menschen erstaunlich normal. „Wir dachten, dass schon jemand geholfen hat – wir hätten ja nichts tun können – wir haben ja über Handy die Rettung alarmiert etc." Alles Ausreden. Wir neigen dazu, unsere Verantwortung an die Gruppe zu delegieren – wenn's unangenehm wird. Kein gutes Bild des Menschengeschlechts. Fällt allerdings direkt vor unseren Augen eine Oma um – dann sieht man schnell zwei oder drei eifrig herbeilaufende Passanten. Scheinbar gibt es keine informelle Masse, die sich als „Fußgängergruppe" fühlt.

Was lernen wir daraus? Sehr einfach. Seien Sie doppelt und dreifach vorsichtig, wenn Sie einer großen Gruppe beitreten. Einer Partei zum Beispiel. Oder einer großen Massenbewegung. Ich kann Sie nur ermuntern sich in Parteien zu engagieren – oder sich endlich mal auch der Gruppe der Atomkraftgegner anzuschließen. Aber behalten Sie ein Phänomen fest im Blick: Sie sind und bleiben ein Individuum. Ein verantwortliches Individuum.

Sie wollen sich auch anschließend noch im Spiegel anschauen können. Die Masse nimmt Ihnen davon nichts ab. Gar nichts. Um mit Jürgen von Manger zu reden: *„Bleibense Mensch."*

7.5 Manipulation durch Overload of Advice

Tut mir leid – ein Anglizismus. Aber „Überlastung mit Informationen" klingt so komisch. Ist aber damit gemeint. Menschen neigen dazu, einfache Regeln zu suchen und einfache Pfade zu finden, um sich zurecht zu finden. Das wird zunehmend anstrengender. Wir sind von einer Kakofonie völlig redundanter Informationen umgeben und wir werden durch sie manipuliert. Ich kenne eine Menge Leute, die viel zu viel Zeit vor ihrem PC verbringen. Der neue Hype: Social Media führen dazu, dass Millionen von Menschen Stunden um Stunden vor ihrem PC sitzen und weitgehend sinnfreie Mails und Postings austauschen – zu weitgehend irrelevanten Themen – mit Menschen, die sie nie kennenlernen werden. Und natürlich auch niemals aus dem Haus gingen ohne ihren Blackberry. Und wenn das noch nicht reicht: „Wie wäre es mit einem aktuellen Podcast?" Wenn der Akku des Handys platt ist, verfallen sie regelrecht in Lähmung. Eine Stunde ohne Internet führt zu Panikreaktionen.

Ding Ding bei XING

Wir sind evolutionsbiologisch noch nicht genug fortgeschritten, um mit dieser Informationsflut umzugehen. Sie hemmt geradezu eine offene, ruhige und sachliche Kommunikation mit echten – nicht virtuellen – Menschen führen zu können. Viele Menschen sind nämlich schon so mit „Blödsinn" aufgeladen, das die Begegnung mit „echten Menschen" ihnen ungeheure Mühe bereitet. Jeder darf im Netz alles sagen, jeder darf alles kommentieren.

Ich habe einmal XING getestet. Nur so aus Spaß. Nach einigen wenigen Wochen dort (und vielen Postings) habe ich ein paar sehr seltsame Phänomene bemerkt.

1. Eher schüchterne Menschen entwickeln sich geradezu zu Furien. Aus der Deckung ihres PCs zu Hause teilen sie in einer Art und Weise aus, die sie sich in direkter Diskussion nie trauen würden.
2. Manche Menschen scheinen 24 Stunden online zu sein. Es war ganz egal, ob ich morgens um acht Uhr oder nachts um drei Uhr gepostet hatte: Eine bestimmte – ziemlich große – Gruppe war immer bereit ihren Senf dazu abzugeben.
3. Wirklich gelesen wurden meine Postings selten. Nur flüchtig nach Schlagworten gesucht. Diese Schlagworte hatten regelrechte Triggerfunktionen. „Ding Ding." Das Glöckchen bimmelt, wir reagieren. Ich habe mir einmal den (fiesen) Spaß gemacht und ein völlig sinnfreies, aber wissenschaftlich klingendes Posting eingestellt. Darin waren bestimmte Triggerworte enthalten, auf die diese Gruppen immer reagierten: Verkaufen, Psychologie, Lernen und so weiter. Keiner – wirklich keiner der Kommentatoren hatte dies gemerkt. Nur ein 22-jähriger Physikstudent aus Chemnitz – aber am Ende eines Artikelbaums von 47 Folgepostings, die über drei Tage liefen. (Ich habe ihm anonym eine Flasche guten Rotwein geschickt. Er wird sich gewundert haben.)

Hier wird ein manipulativer Teufelskreis in Gang gesetzt: Wie Süchtige tummeln wir uns in virtuellen Welten. Je intensiver wir das tun – man könnte ja etwas verpassen –, umso weniger bleiben wir in Übung, aus Datenfluten echte Informationen herauszufiltern. Das sogenannte Web 2.0 manipuliert uns. Wir zahlen auch noch richtiges Geld dafür. Ob bei XING oder LinkedIN – es werden Gebühren erhoben. Bei Facebook ist alles umsonst. Bis zu dem Punkt, wo Firmen tatsächlich glauben, durch bezahlte Werbebanner ihr Image in der weitgehend von Teenies bevölkerten Facebook-Welt verbessern zu können.

Quantenphysik für Schrauber

Wir werden zu einer gesteuerten Masse, indem wir uns mehr oder weniger freiwillig in einen totalen Daten-Gau hineinbegeben. Wir verlernen zu unterscheiden, welche Personen hinter Informationen stehen. Natürlich darf sich ein Mensch mit dem sehr ehrenwerten Beruf des Automechanikers liebend gerne zu Problemen der Quantenphysik in XING-Postings äußern. Aber ob er Konsequenzen der berühmten Heisenberg'schen Unschärferelation mit der gleichen Erfahrung beschreibt wie ein Physikstudent im zehnten Semester, darf bezweifelt werden. Ich habe dieses krasse Beispiel gewählt, weil besonders esoterisch beeinflussbare Menschen diese Formel sehr gerne in einen komplett falschen Zusammenhang stellen. Sie wird als Kronzeuge dafür genommen, dass „selbst Wissenschaftler nicht alles wissen können", und dass man daher der „Mystik" auch eine Chance geben sollte. Werfen Sie diesen Stein mal in ein beliebiges XING-Forum. Und dann staunen Sie über die Hunderte von Wellen, die er erzeugt. Unglaublich! Und wissen Sie, was ich in den acht Wochen bei XING bei mir selbst festgestellt hatte? Das Teil kann süchtig machen. Ich musste mich richtiggehend zwingen diesen Feldversuch abzubrechen.

Datenmüll in der Hosentasche

Auch wenn es Ihrer Intuition widerspricht: Reduzieren Sie Ihre Informationsaufnahme. Das meiste ist ohnehin nur Datenmüll. Fernsehen inklusive. Wenn Ihnen den ganzen Tag ein WEB 2.0-Kabel aus der Hosentasche hängt, dann geht das auf Kosten der Wahrnehmung wichtiger Signale Ihres Gegenübers und auf Kosten Ihrer eigenen Sende-Fähigkeit. Sie werden schleichend manipuliert. Vergessen Sie bitte auch diese „Dr. Dingsbums Gehirntrainer". Es ist erwiesen, dass Sie damit keinesfalls Ihr Gehirn trainieren. Sie lernen nur eins besser: Das Spiel oder die Aufgabenstellung als solches – auf diesem kleinen „Tamagotchi". Aber eins verlernen Sie: Die großartige Gabe Ihres Gehirns, aus einer Vielfalt von komplexen Informationen die wichtigen und richtigen herauszufiltern und einigermaßen korrekte Assoziationen zu produzieren. Unser Gehirn arbeitet nicht linear. Es arbeitet noch nicht einmal parallel. Es arbeitet multi-polar und das nennt man ganz einfach „Assoziationen". Lassen Sie Ihr Gehirn doch einmal seinen Job machen. Müllen Sie es nicht laufend zu.

Faultiere im Internet

Leider neigen wir dazu, einen Status quo zu erhalten. Wir verwenden weit mehr Zeit darauf und gehen sogar größere Risiken ein, um eine vermeintlich stabile Situation zu erhalten, als darauf, eine Situation zu verändern.

Wir überschätzen das Risiko der Veränderung und unterschätzen das Risiko, an einer Situation zu „klammern". Risikoaversion nennen das die Psychologen.

Manipulation durch Overload of Advice ist nicht leicht abzustellen. Man hat sich daran gewöhnt. Wie ein Faultier, das jeden Tag in Zeitlupe durch den Dschungel kraucht. Obwohl ganz objektiv die meisten der Informationen, die wir uns heute aus den diversen medialen Quellen herausholen, völlig redundant und unwichtig sind. Diesen instabilen Zustand haben wir uns selbst geschaffen und können uns gar nicht mehr vorstellen, wie man ohne Fernseher, Handy, Blackberry, Internet usw. usw. auskommt. Wir sehen das Risiko des „Overloads" – aber haben nicht den Mut, an dieser Situation etwas zu verändern. „Ticken wir eigentlich noch richtig??" Wir überschätzen uns völlig (Overconfidentiality Bias genannt).

Diese unnütz verbrauchte Lebenszeit führt dazu, dass wir immer mehr Zeit darauf verwenden, diese Informationsflut in irgendeiner Weise zu ordnen. Auf Kosten der Zeit, die wir dringend benötigen, um wichtige und große Entscheidungen zu durchdenken und zu treffen.

8.
So wehren Sie sich gegen Manipulation

● ●

8.1 Strategien gegen Manipulation

Man darf die Pferde nicht nur zum Wasser führen, man muss sie auch trinken lassen. Manipulationen erkennen ist nämlich nur eine Sache – sich dagegen zu wehren, eine andere. In diesem Kapitel lesen Sie, wie man sich erfolgreich gegen Manipulation wehrt und was Sie an wohlfeilen Rezepten dazu getrost vergessen dürfen. Ich habe mich in Vorbereitung dieses Buches sehr intensiv mit den diversen „Rezepten" beschäftigt, wie man Manipulationen erkennt, und wie man sie abwehrt. Literatur gibt es ja dazu wirklich genug. Es liest sich alles ziemlich plausibel, und in den dargestellten Beispielen wird natürlich immer über die Manipulatoren gesiegt. Dazu gibt es regelmäßig eine Art Checkliste oder einen „10-Punkte-Plan" – oder kernige Merksätze: „Legen Sie sich einen Schutzpanzer zu. Denken Sie sich als Schildkröte."

Sehr oft werden die diversen Manipulationsmuster an ganz konkreten Beispielen erläutert. Da sagt jemand: „Mit deiner verdammt selbstgefälligen Art zerstörst du jegliche Motivation in unserer Gruppe!" Der andere antwortet: „Das musst du gerade sagen! Wer ist denn zum Chef gerannt, um sich hinterrücks zu beschweren?" Empfohlene Taktik: Deeskalieren: „Also Max – lass uns doch einfach sachlich bleiben. Es tut mir leid, wenn ich dich verletzt habe. Ich entschuldige mich dafür. Können wir das Thema einmal ganz ruhig besprechen? Was meinst du?" Hört sich gut an. Funktioniert aber nicht im wirklichen Leben. Dafür gibt es mehrere Gründe.

Ich versteh zwar, was Sie meinen, ich komm nur nicht auf Sie drauf ...

Jede Art von Sprache wird decodiert in Abhängigkeit von begleitenden nonverbalen Signalen. Diese Signale können die Botschaft sogar ins Gegenteil verkehren. Die wichtigsten sind:

1. Tonfall
2. Betonung
3. Mimik
4. Sprechrhythmus
5. Lautstärke
6. Körpersprache
7. Wortwahl

Wie sollte es möglich sein, diese nonverbalen Begleitsignale in einem geschriebenen Text so rüberzubringen? Das kann man vielleicht in einem Roman machen. Dort hat man genug Zeit, die einzelnen Protagonisten vor dem inneren Auge des Lesers aufsteigen zu lassen. Aber in einem Sachbuch? Das würde zu unlesbaren, quälenden Dialogen führen.

„Also Max", sagt Hans und zieht die Augenbrauen hoch. Seine Lippen werden ganz schmal und sein Tonfall gefährlich leise. „Lass uns doch einfach sachlich bleiben", zischt er hervor. „Es tut mir leid, wenn ich dich verletzt habe" – mit einem deutlich ironischen Unterton. Hans ist als Zyniker bei allen gefürchtet. Sein Verstand arbeitet messerscharf. Leider sind seine Worte manchmal wie Rasierklingen. Aber ohne seine übergroße Fachkompetenz könnte diese Gruppe ihre Aufgabe gar nicht erledigen. Da toleriert man ihn eben. Mit der Zeit haben ohnehin alle bemerkt, dass Hans ein wenig cholerisch ist – und es ihm nach zehn Minuten wieder leid tut. Man geht daher besser nicht mit ihm auf die Emotionsebene. Er beruhigt sich immer von ganz alleine. Heute scheint er aber besonders wütend zu sein. Er legt nach und betont im nächsten Satz jedes Wort ganz deutlich und pointiert. Mit einer kleinen Pause dazwischen. Seine Satzmelodie bleibt dabei permanent oben hängen. „Ich entschuldige mich dafür. Können – wir – das – Thema – einmal – ganz – ruhig – besprechen?"

Sie sehen – jetzt wird es schon schwierig. Hans hatte gar nicht die Absicht zu deeskalieren Seine Worte, die sich geschrieben recht freundlich anhörten, waren nicht etwa auf Deeskalation ausgelegt – sondern im Gegenteil

– er hat noch kräftig Öl ins Feuer geschüttet. Hinzu kommt, dass ich selbst höchst selten in dermaßen harten Formulierungen angegangen werde. So diskutieren die meisten Menschen gar nicht. Das läuft alles erheblich subtiler ab. Und es will mir auch partout nicht gelingen, mir einen Schildkrötenpanzer aufzulegen. Jetzt – wo mich mein Adrenalinspiegel eher in eine Raubkatze verwandelt hat. Wir wissen alle eines ganz genau: Ein Mensch, der mit größter Ruhe und Gelassenheit argumentiert – auf persönliche Angriffe schlicht nicht reagiert – und der mit gleichbleibend freundlicher Miene spricht, kann sich im Grunde alles erlauben. Er kann Fehler machen, er kann sie wieder korrigieren, er darf sich in der Wortwahl vergreifen und sich endschuldigen, ohne sein Gesicht zu verlieren, und so weiter. Die gute Frage ist nun: wie erreiche ich diese „Meta-Ebene der Kommunikation"? Gelassenheit. Ist ja schön und gut. Nur wie stelle ich sie her, wenn andere wirklich nur Blödsinn erzählen und völlig unsachlich argumentieren? Wenn sie intellektuell nicht mitkommen. Nicht aufgepasst haben? Wenn mir die Zeit davonläuft? Die Antwort ist ziemlich einfach und hört sich erst einmal leidlich profan an: Nehmen Sie die Menschen so, wie sie sind. Lernen Sie, welche ungewollt irrationale Verhaltensmuster existieren – und warum wir alle aus diesen Verhaltensmustern sehr schlecht herauskommen. Haben sie einen Überblick über diese Verhaltensmuster, kann Ihnen kaum noch etwas passieren. Sie sind gegen Manipulation gefeit. Mit Gelassenheit erreichen Sie alles. Deshalb habe ich dem Thema Gelassenheit auch ein separates Kapitel gewidmet. Das Thema ist einfach zu wichtig.

8.2 Mit dem Mund Geräusche machen

Aber wie erreiche ich Gelassenheit? Ein nicht ernst gemeinter Vorschlag wäre, sich für ein paar Jahre zum Meditationstraining in ein tibetisches Kloster zurückzuziehen. Wenn Sie dazu gerade keine Zeit haben – dann hilft nur, sich mit den immer wiederkehrenden Schemata von Manipulation zu beschäftigen. Damit Sie auf dem Weg dahin nicht in ein Trockendock steigen müssen – das Leben geht ja weiter – gibt es einige sehr leicht erlernbare Regeln. Der Mensch ist ein kooperatives und kommunikatives Wesen. Fangen wir also mit „Sprache" an – und kommen anschließend zu „Verhalten". Wenn Sie selbst richtig sprechen, wehren Sie Manipulationen nämlich erheblich besser ab. Sie werden auch seltener Opfer von Manipulatoren – weil man sich an Sie nicht mehr so richtig rantraut.

Sprache. Zuerst ein wundervoller Ausspruch von Steven Pinker, dem berühmten Psychologieprofessor aus Harvard:

„Während Sie diesen Text lesen, vollzieht sich in Ihnen eines der Wunder der Natur. Wir sind in der Lage, Vorgänge im Gehirn unserer Mitmenschen [...] zu beeinflussen. Indem wir einfach mit dem Mund Geräusche erzeugen, können wir zuverlässig und präzise neue (aber subjektive) Gedankenkombinationen in der Geisteswelt anderer Menschen entstehen lassen. Dies erscheint uns so normal, dass wir dazu neigen, zu vergessen, welch ein Wunder dies eigentlich ist."

In der Tat. Wir machen mit dem Mund Geräusche. Sprache ist ein wirkliches Wunder. Ich kann mich damit nicht nur verständlich machen, sondern habe eine ungeheure Variabilität zur Verfügung, um andere zu beeinflussen. Dass Menschen mit Sprache sogar manipuliert werden können, ist allgemein bekannt. Die Regeln dafür sind uralt. Neue wurden nicht erfunden. Wir fallen seit Hunderten von Jahren immer wieder darauf herein. Wir lassen uns durch Worthülsen in Herdentiere verwandeln, denen jeder Individualismus abgeht. Jede Selbstverantwortung. Jede kritische Reflexion. Sprache kann so schön klingen. Fast wie Musik. Sie kann uns ganz besoffen machen. Die richtige Wortwahl dazu und: komplexe Sachverhalte werden plötzlich klar. Die Notwendigkeit, selbst nachzudenken, wird uns abgenommen. Missbrauchen das manche Menschen? Natürlich! Was halten Sie zum Beispiel davon: „Man muss eben immer Klartext reden!" Oder: „Ich werde mir niemals verbieten lassen, Klartext zu reden." Schön auch: „Ich werde mir meinen Optimismus nicht wegreden lassen!" Hört sich markig an, ist aber eigentlich bla bla. Weder wird erwartet, dass man „Unklar-

Text" redet, noch würde das jemand verbieten wollen. Und wegreden wollte ihm ja auch kein Mensch etwas. Schon lange nicht so etwas Positives wie „Optimismus". Worthülse. Hört sich aber gut an. Diese Sätze stammen natürlich – wie könnte es anders sein – aus dem Bundestag. Dort, wo wir unsere Politiker in einer Art „Politshow" zu sich selbst reden hören. Trotzdem gibt es auch unter diesen unbeliebten Zeitgenossen den einen oder anderen, der mit der Waffe der Rabulistik sehr gut umgehen kann. Und dann glauben wir...

Sprache ist eben mächtiger als das Schwert. Ich kenne keinen einzigen „großen Führer", der mit der Macht der Sprache nicht virtuos umgehen konnte. Das muss nicht immer zu den bekannten Katastrophen führen. Manchmal sind die Sachverhalte aber so kompliziert, dass wir Führer brauchen, die uns dabei helfen, diese Gemengelage zu entwirren. Wäre es nicht so – sollten wir uns schnell vom Modell der Demokratie verabschieden. (Das will hoffentlich keiner.)

Als die Griechen noch weise waren und die Franzosen schlau

Demokratie. Sie ist es wert, einmal zurückzuschauen. Die Ursprünge der Demokratie im alten Griechenland wären ohne die Freie Rede auf den Agoras, den Marktplätzen der Städte, nicht möglich gewesen. Die Reden des griechischen Politikers Demosthenes aus dem vierten vorchristlichen Jahrhundert sind heute noch Modelle rhetorischer Brillanz. Es galt damals, schon durch die Kraft der Sprache zu überzeugen. Daran hat sich bis zum heutigen Tage übrigens nichts geändert. Damals – in der Volksversammlung und vor den Geschworenengerichten – mussten Mehrheiten gewonnen werden. Alleine durch die Macht des Wortes. Wer im öffentlichen Raum der athenischen Demokratie als Politiker überleben wollte, musste vor allem reden können. Wurde damals schon mit Rhetorik manipuliert? Da können Sie wetten.

Auch über einen anderen wortmächtigen Politiker werden wir noch einiges hören: Cicero. Cicero – ein ehrenwerter Mann. (Na ja – rückwirkend betrachtet muss er wohl ehrenwert gewesen sein.) Er war römischer Senator und seine Regeln der Rhetorik lesen sich spannend – und sind heute noch beklemmend aktuell. Was Cicero über Bildhaftigkeit und Einfachheit der Rede schrieb, „erinnert uns" an die Forschungsergebnisse der Hirnforscher im Jahre 2011. Genauer gesagt: Deren Erkenntnisse über die Aufnahmefähigkeit des Gehirns, der Subjektivität von Bewertungen und über die Abspeicherung von Inhalten im Langzeitgedächtnis.

Schwerter werden nach Gebrauch stumpf. Worte geschliffener. Geschichte wiederholt sich nicht? Keine Ahnung, wer diese Idee in die Welt gesetzt hat. Geschichte ist vor allem eine Geschichte über die Gewalt der Sprache. Und in diesem Punkt hat sich seit Demosthenes nichts geändert. Es hat sich alles nur wiederholt.

„Ich bin der Meinung, dem Dritten Stand sollte mehr Chancengleichheit gewährt werden. Er repräsentiert schließlich 95 Prozent der Bevölkerung. Zudem wird er heute von den zwei übrigen Ständen unterdrückt. Man sollte fordern, dass allen Menschen die gleichen bürgerlichen Rechte gewährt werden sollten."

Das klingt plausibel. Und Sie vermuten schon, aus welchem Zeitalter dieses Zitat stammen könnte. Aber genau das hat der Abbée Sieyès 1789 am Beginn der Französischen Revolution nicht gesagt. Er hat es einfacher und treffender formuliert. Er hatte seinen Cicero gut gelesen. Viele Historiker sehen in Sieyès den eigentlichen Agitator der Aufklärung. Oder den eigentlichen Manipulator. (Wie man's nimmt. Karl Kraus, der österreichische Schriftsteller und Satiriker (1874–1936), hat es pointiert und ironisch so ausgedrückt: *„Das Geheimnis des Agitators ist, sich so dumm zu machen, wie seine Zuhörer sind, damit sie glauben, sie seien so gescheit wie er."*) In seiner Schrift: *„Quest-ce que – le Tiers-Etat?"* (Was ist der Dritte Stand?) hat Sieyès so formuliert, dass seine Worte von denen verstanden wurden, an die sie gerichtet waren. An das gemeine Volk.

1. Was ist der Dritte Stand?
2. Alles!
3. Was bedeutet er heute?
4. Nichts!
5. Was fordert er?
6. Etwas zu sein!

Laufen wir weiter schnell durch die Geschichte: Barack Obama wurde Präsident der Vereinigten Staaten. Warum? Weil er über die manipulative Macht der Sprache verfügt. Sogar sein Vorgänger, Georg W. Bush, über den man viel Schlechtes sagen kann, besitzt diese Gabe. Hat man ihm seine Reden vorher aufgeschrieben, oder hat er sie selbst getextet? Völlig unerheblich.

„Ob wir unsere Feinde zur Gerechtigkeit bringen, oder Gerechtigkeit zu unseren Feinden. Gerechtigkeit wird stattfinden.“ (O-Ton: *„Whether we bring our enemies to justice, or bring justice to our enemies, justice will be done.“*)

Was wie ein Wortspiel klingt, hatte doch ungeheure Konsequenzen. Bush sagte diesen Satz vor dem amerikanischen Kongress, kurz nach 9/11. Der donnernde Applaus klingt mir noch heute in den Ohren. Bei Youtube kann man sich diese Rede noch anschauen. Übersetzt heißt es: „Wir werden euch angreifen. Mit allen unseren Mitteln.“ Hat er seinen Worten „Taten“ folgen lassen? Leider ja. Und viele Staaten sind ihm gefolgt. Wir auch.

Steve Ballmer auf der Tupperparty

Wenige Führer haben Welten bewegt ohne Sprache. Aber: Gemäß dem Axiom von Paul Watzlawek *„Man kann nicht **nicht** kommunizieren“* beachten Sie bitte eine weitere gewaltige Konsequenz: Worte und ihre Bedeutungen werden erst dann geglaubt (!), wenn andere, nichtsprachliche Elemente hinzukommen. Über die nonverbalen Signale haben wir schon etwas gehört Aber wie ist es mit der Person, die spricht? Kann das Aussehen und ihre Stellung im Leben eine Rolle spielen? Zusammengefasst: Ihre „Präsenz" und die verliehene Macht? Das spielt natürlich eine Rolle. Die Präsenz ist aber wohl auch abhängig von der Umgebungsbedingung, in der diese Person auftritt. Ein Steve Ballmer (CEO von Microsoft) – bullig, glatzköpfig, polternd, laut und trotzdem sympathisch – passt nur in das Biotop Microsoft. Und dazu, wie „die Welt" Microsoft wahrnimmt. Auf einer Tupperparty würde Steven Ballmer sicher kein einziges Töpfchen verkaufen. Zur Umgebungsbedingung gehört aber auch das Klima der Zeit, in der sich Kommunikation abspielt. Grauenvolle Beispiele haben wir genug erlebt. Hitler, Stalin, Mussolini wirken in der Umgebungsbedingung des 21. Jahrhunderts auf bestürzende Art und Weise lächerlich und absurd. Trotzdem haben sie gewaltige Menschenmassen angesprochen und zu Handlungen veranlasst, die man in der Rückschau nur als komplett unverständlich und bizarr bezeichnen kann. Wir sind nur zwei Generationen weiter. Hat sich unser Gehirn in zwei Generationen so gewaltig verändert? Wohl kaum. Zu Sprache – und zum Gebrauch von Sprache gehören Umgebungsbedingungen und die Zeit wie die Hand zum Handschuh. Man kann sie nicht isoliert betrachten.

Wir brauchen hier aber gar nicht verkrampft zu historisieren. In Ihrem täglichen Alltag erleben Sie das vermutlich ständig. Warum glauben Sie einer Person – und warum glauben Sie einer anderen Person nicht? Sind das rationale Überlegungen? Oder spielen unsere Emotionen hierbei wieder die dominierende Rolle? „Westerwelle mag ich nicht." Aber warum? Begründen Sie es mal ganz rational. Sind die Inhalte, für die er steht, ganz und gar falsch? Oder interessieren Sie die Inhalte schon gar nicht mehr, weil sie von nonverbalen Signalen glatt „übertönt" werden? (Warum lächelt er nicht mal entspannt?) Beantworten Sie sich diese Frage einmal im stillen Kämmerlein.

Wenn ich in einer Diskussion eine Meinung äußere, einen Vorschlag mache oder eine Behauptung aufstelle – nie kann ich in der Diskussion selbst (oder ganz selten) den Beweis dafür antreten. Ich kann nur solange mit allen Elementen der Manipulation jonglieren, bis mir die Gruppe plötzlich folgt. In die richtige Richtung ... oder ins Chaos.

Über alte Hasen und alte Gäule

Verbale Signale, nonverbale Signale und die dazu gehörende Umgebungsbedingung sind untrennbar miteinander verschränkt. Ich kann zwar den Versuch machen, diese drei Elemente getrennt zu betrachten – aber dann komme ich zu einer Scheinanalyse. Es bringt mir auch gar nichts, wenn ich mich in meinen Bemühungen, nicht auf Manipulation hereinzufallen, nur auf den Sprachgebrauch konzentriere. Das alleine wäre schon schwierig genug, weil ungeheuer facettenreich.

Ich will nicht absprechen, dass es einigen Menschen gelingen könnte, Sprache so zu neutralisieren, dass keinerlei manipulative Bewertung des Gesagten mehr möglich ist. Nach vielen Jahren Training oder nach einem Studium der (Psycho-)Linguistik. Vielleicht. Aber könnten Sie das in schwierigen Verhandlungen dann auch unerschütterlich abrufen? Ist das möglich? Nein – sicher nicht. Wir sind noch nicht einmal in der Lage, Sprache so zu gebrauchen, dass sie:

1. im Wesenskern der Bedeutung,
2. mit dem geringsten Risiko des Missverständnisses,
3. möglichst ohne Reibungsverlust
4. und ohne Mühe aufgenommen werden kann.

Wittgenstein, der berühmte österreichische Philosoph, ist über dieser Aufgabe fast zerbrochen. Seinen Versuch in seinem Hauptwerk, dem Tractatus Logico Philosophicus, eine Sprache in die Welt zu bringen, bei der keinerlei Zweideutigkeiten mehr möglich sind, wurde von ihm selbst als Irrweg erkannt und aufgegeben. Zum Glück eigentlich. Denn was wäre Sprache ohne Untertöne, Ironie ohne zweiten Boden? Schrecklich. Kalt. Computerdeutsch. Sie könnten dann noch nicht einmal einen Witz erzählen. Und niemand würde ihn auch verstehen. Keine guten Aussichten. Wir müssen also weiter damit leben, dass meine Bedeutung noch lange nicht Ihre Bedeutung sein muss. Assoziationen sind ein probates Mittel, um Sie zu manipulieren.

Ein Wortspiel:

Der Ausspruch *„Das ist ein alter"* kann – abhängig von den Umgebungsbedingungen – einmal als negativ interpretiert werden (alt und lahm) oder als sehr positiv (Keine Angst – unser Pilot ist ein „Alter"). Ein alter Hase steht synonym für Cleverness. Warum? Der Hase ist ein stark bejagtes Wild. „Alte Hasen" müssen also ziemlich clever sein ... Aber wie ist es mit einem alten Gaul? Das ist sicher kein Kompliment, dass Ihr Chef gerne von Ihnen hören würde. Gehen wir vom Wortspiel zu Formulierungen, in denen sprachliche Fallgruben stecken.

- Kommst du heute? – **Ich denke schon ...** (Ist das eine Zustimmung, oder hat der Gefragte Ihnen nur mitgeteilt, das er „gerade denkt"?)
- Ich muss zum Stammtisch gehen ... Ich **werde** zum Stammtisch gehen. (Erkennen Sie nur an den beiden Wörtchen „muss" und alternativ „werde" schon die Einstellung des Sprechers zu diesem Stammtischabend?)
- **Vergiss nicht** deine Mutter anzurufen. (Schon wieder eine Wertung. Der Sprecher nimmt an, Sie würden es vielleicht vergessen.) Vielleicht wollte er aber nur sagen: **Bitte ruf deine Mutter an.** Er hat nur nicht groß nachgedacht und die von Ihnen hineininterpretierte Wertung war gar nicht beabsichtigt? Oder anders herum: vielleicht wollte der Sprecher Sie auch bewusst provozieren, um Sie aus der Ruhe zu bringen? Bei „Vergiss nicht" schwingt schon ein stiller Vorwurf mit. Kleine Ursache – große Wirkung, wenn sich dann aus diesem kleinen Sätzchen ein Streit entwickelt. Halten Sie das für möglich?

- Du hast doch **sicher** den Müll rausgebracht? (Gleiches Schema wie oben. Gemeint war aber vermutlich: Du hast doch **hoffentlich** den Müll rausgebracht.)
- **Es sei an dieser Stelle darauf hingewiesen ...** (Politikerdeutsch. An welcher Stelle denn sonst? Eine mittlerweile unerträgliche Floskel, die uns ständig zugemutet wird.)

Sie beschleicht jetzt das Gefühl: „Das wird vielleicht schwierig"? Haben Sie keine Angst. Verabschieden Sie sich erst einmal von allen Versuchen, Strategien gegen Manipulation zu entwickeln, indem Sie auch nur den Versuch machen, im Zeitfenster der Diskussion alle Elemente von Kommunikation (richtiger Kommunikation) parat haben zu wollen, parallel abzurufen, dabei vielleicht noch Vokabeln zu gebrauchen, die gar nicht zu Ihrem Sprachschatz gehören, und gezielt falsche Fährten zu legen oder zweideutige Wertungen einzubauen, die in die eine oder andere Richtung manipulativ wirken sollen. Nach dem Muster: Ihr Gegenspieler sagt „ABC" – und die genau richtige Antwort ist „XYZ". Dabei gehen Sie unter. Es gibt nur ganz wenige schlagfertige Menschen, die auf jede provokative Bemerkung die passende Antwort haben.

„*Wenn ich mit Ihnen verheiratet wäre, würde ich Ihnen Gift geben.*" Die elegante Antwort von Winston Churchill auf einer Gartenparty: „*Wenn ich mit Ihnen verheiratet wäre, Madame, würde ich das Gift nehmen.*"

Was tun also? Die Kakofonie weiter über sich ergehen lassen? Still dulden? Auf den „Glückstreffer" hoffen? Manipulation entgeht man am besten mit einer Vorwärtsstrategie. Wenn Sie nur wenige Regeln guten Sprechens beherrschen, sucht der Manipulator sich andere Opfer. Meine Behauptung: Die Verpackung einer Botschaft ist wichtiger als der Inhalt.

Sommersprossen oder Gesichtspunkte?

Zunächst: Was ist Ihre Absicht? Die Absicht eines guten Redners? Sie wollen sicher, souverän und deutlich 'rüberkommen. Man soll ihnen abnehmen, dass Sie ein Mensch ist, der „weiß, wovon er redet". Ob Sie das wirklich immer wissen – oder mangels Zeit leider einfach schlecht vorbereitet sind, soll dabei ruhig im Dunklen bleiben. Selten haben wir ja alle Informationen zum Zeitpunkt der Entscheidungsfindung wirklich parat. Wollen Sie vermeiden, dass Manipulatoren in diese Lücke stoßen, dann sprechen Sie so, dass es keine Angriffspunkte gibt. Vielleicht ist diese Diskussion ja wichtig? Sehr wichtig? Es gibt keine zweite Chance. Jetzt haben Sie entweder echte Gesichtspunkte zu vermitteln, oder nur Sommersprossen.

8.3 Ihr Sprachstil – Mehr als mit dem Mund Geräusche machen

Generationendeutsch: Raus!

Also dieses Boxenluder finde ich total abgedreht. Echt krass Alter ... Natürlich würden Sie so etwas nie sagen. Auch nicht nach dem Genuss eines Sixpacks auf dem Nürburgring. Achten Sie mal darauf, wie sich Ihre Sprache in den letzten Jahren verändert hat. Wie viel Generationendeutsch benutzen Sie schon ganz selbstverständlich? *„Papi – mein neuer Freund ist wirklich ein echt geiler Typ"* – meine Tochter ist zarte 19 Jahre alt – und selbstverständlich meint sie damit etwas anderes. Trotzdem läuft mir als Vater ein leichter Schauder über den Rücken. „Geil" ist ein Wort, das in unsere Alltagssprache eingewandert ist. Wie viele andere Begriffe auch, – die allerdings (dummerweise) nicht von allen Menschen in die gleiche Bedeutung rückübersetzt werden. *Megamäßig* kompliziert ist das wieder nicht. Bitten Sie einfach Ihren *Lebensabschnittsgefährten* ein paar Tage alle Wörter zu *screenen*, die Ihr Deutschlehrer früher noch nicht kannte.

Gehen Sie das Risiko ein, ab jetzt nicht mehr so *hip* zu sein. Sie müssen ja nicht jeden *Hype* mitmachen. Humor ist eine tolle Sache. Leider ist in diesen Zeiten vielen Menschen der Humor abhanden gekommen. Was Sie als *kultig* empfinden, passiert nur in Ihrem eigenen Biotop. Also: Weg mit dem Wortschatz der *Generation Doof*. Daran kann man Sie leicht aufhängen und vor der Gruppe lächerlich machen.

Konjunktive nur da wo sinnvoll!

„Wie gefällt Ihnen dieser Vorschlag?" Eine ganz simple Frage. Wie können manche Zeitgenossen nur so darauf antworten: „Also – eigentlich – würde ich das ganz gut finden." Und damit endet der Satz. War das jetzt eine Zustimmung oder eine eingeschränkte Zustimmung oder eine Ablehnung? Oder eine „Null-Aussage"? Klar. Sie interpretieren solch eine Antwort erst einmal als Zustimmung. Aber liegen Sie damit auch richtig? Sätze, die beginnen mit: „Ich würde mal sagen, ich hätte da vielleicht einen kleinen Vorschlag zu machen ..." – immer wieder gerne genommen – sind „cover-my-ass"-Sätze. Kein Wunder, dass US-Amerikaner so viele Probleme damit haben zu verstehen, was wir jetzt wirklich meinen. Ein Manipulator hört diese einschränkenden Formulierungen aber sehr gut. Manipulatoren suchen sich immer leichte Opfer.

Es wäre doch viel besser, ganz schlicht zu sagen: „Ich habe einen Vorschlag." Das ist deutlicher, das ist klarer, ökonomischer und jeder versteht auch, was Sie damit meinen. „Cover-my-ass" ist die Metapher für eine Aussage, bei der man sich alle Optionen offenhält. Egal wie die Antwort ausfällt. Hauptsache man hat hinterher immer recht. Das ist ermüdend. Das ist auch ziemlich feige – und es ist ein furchtbarer Zeitdieb. Was glauben Sie, warum Meetings immer so lange dauern? Was machen Sie überhaupt in Meetings? Na – Sie reden natürlich. Was sonst? Sprechen Sie ökonomisch. Damit sparen Sie sich selbst und allen anderen mindestens 50 Prozent Zeit.

Und das Meeting ist dann auch doppelt so schnell abgearbeitet. Manipulatoren können nicht mehr auf Zeit spielen. Angriffe laufen ins Leere.

Ich sage. Nicht man sagt!

„Im Allgemeinen sagt man ja, dass diese Vorgehensweise etwas veraltet ist." Wer bitte ist „man"? Haben Sie einen Standpunkt oder geben Sie nur allgemeingültige Binsenwahrheiten bekannt? Mit „man" verstecken Sie sich in einer anonymen Masse oder berufen sich auf eine – leider in diesem Kreis nicht bekannte – Theorie oder Person. Haben Sie den Mut zu sagen: „Ich halte diese Vorgehensweise für veraltet." Haben Sie Angst, jemand könnte nachfragen und Sie um Präzisierung bitten? Sicher haben Sie ein wenig Schiss. Aber wenn Sie eine Aussage nicht belegen können, dann seien Sie vorsichtig. Im Zweifel machen Sie sie erst gar nicht. Darauf wartet der Manipulator nur. Richtig sprechen heißt auch, manchmal nicht zu sprechen: „Besser schweigen und als Narr erscheinen, als sprechen und jeden Zweifel beseitigen."

Zustimmung: Nicht als Umwegdeutsch!

„Im Grunde ist dieser Vorschlag nicht schlecht." Nicht schlecht Herr Specht. Warum sagen Sie nicht einfach: „Dieser Vorschlag ist gut." Punkt. Schluss. Aus. Klingt besser, klingt vor allem autarker. Sie beweisen damit, dass Sie einen Standpunkt haben und mit beiden Beinen auf der Erde stehen. Es klingt auch sympathischer. Sympathische Menschen sind schwer zu manipulieren. Die Gruppe könnte sich zu leicht gegen den Manipulator wenden. Das weiß er.

Schachtelsätze. Geht gar nicht!

„Also, dann sagen wir mal, das ist eine gute Sache, wir sollten allerdings – ja meine ich ja nur – auch über Alternativen nachdenken, vielleicht nicht heute, aber behalten wir mal im Hinterkopf, dass wir, bei Gelegenheit, diese Alternativen – denken Sie nicht auch – noch mal „ventilieren" und dann – ach wissen Sie, wir sollten jetzt eine Entscheidung treffen und ja – machen wir es eben so, ich habe nichts dagegen."

Viele Menschen möchten mit dieser Art zu formulieren irgendwie „flüssiger" rüberkommen. Vorbild: Fernseh- oder Radiomoderatoren. Aber bitte – die füllen doch nur die Pausen zwischen der Musik oder sind die Stichwortgeber für die Gäste! Beides sind Sie nicht. Ich nenne das schlicht: Hühnerdeutsch. Gack, Gack, Gack. Ich gebe Ihnen einen Rat: kommunizieren Sie so, dass Sie mit der Zeit anderer höflich umgehen. Achten Sie mal darauf. Ich kenne viele Menschen, deren Sprechfluss wie eine große Portion Spaghetti klingt. Er wird nur dadurch begrenzt, dass dieser Mensch auch einmal einatmen muss. Und ja – manche beherrschen sogar die Technik der „Schnappatmung" und dann geht es lustig weiter mit dem Schachtelsatz. Man will „elegant" formulieren. Und erreicht das Gegenteil. Wenn Sie das Pech haben, in Meetings zu sitzen, in denen sich viele „Radiomoderatoren" befinden, dann kriegen Sie irgendwann einen Ticker (Achtung: Neudeutsch). Sie ermüden. Körperlich. Woran das liegt? Ganz einfach: Ihr Gehirn muss viel zu viel übersetzen und interpretieren. Das kostet. Das ist teuer. Glucose und Sauerstoffverarbeitung im Gehirn steigen an. Weil dieses Organ aber noch so viele andere Aufgaben hat (... zum Beispiel Sie am Leben zu erhalten), geht das auf Kosten Ihrer anderen Organe, zum Beispiel Ihrer Muskeln. Das ist der Grund, warum Sie in manchen Gesprächen regelrecht körperliche Ermüdungserscheinungen bekommen.

Sind Sie vielleicht selbst so ein Schachtelsatz-Akrobat? Dann – ja dann dürfen Sie sich nicht wundern, wenn man Sie zwar hört, aber nicht versteht. Oder schlimmer: es vermeidet, Sie überhaupt anzusprechen. Dieser

Vorgang ist völlig unbewusst. Sprechen ist ohnehin ein unbewusster Vorgang. Sie können es einfach. Es ist sogenanntes intrinsisches Wissen. Intrinsisches Wissen ist Wissen, das Sie perfekt beherrschen. Sie erinnern sich aber nicht mehr, wie oder wann Sie es gelernt haben. Es ist aber auch sehr schwer, es wieder zu löschen. Versuchen Sie sich mal das Autofahren bewusst wieder abzugewöhnen. Also – rechnen Sie mit einer gewissen Portion Zeit, wenn Sie versuchen, ohne Schachtelsätze zu kommunizieren. Schwierig ist diese Übung nicht. Aber in zwei Tagen haben Sie wenig erreicht. Zwei Monate wären angemessener. Manche schaffen es natürlich auch schneller.

Fragen stellen und gleich selbst beantworten!

„Ich habe da mal eine Frage: Ist dieses Verfahren wirklich veraltet, oder liegt es nur daran, dass wir hier permanent versuchen modern zu sein?"

Was soll der Angesprochene darauf jetzt antworten? Soll er Ihren Ball aufnehmen und Ihre Vorannahme bestätigen, oder gestatten Sie ihm vielleicht auch eine gänzlich andere Alternative anzuführen? Das ist schlicht nicht fair. Im Grunde ist diese Frage nämlich keine Frage, sondern eine Feststellung, die wieder diesen grässlichen cover-my-ass-Aspekt in sich trägt. Nur nicht als dumm dastehen. Was glauben Sie, wie sympathisch Sie mit einer simplen Frage ankommen? Das gibt dem Angesprochenen augenblicklich das Gefühl, mehr zu wissen und es Ihnen auch mitteilen zu dürfen. Er wird Sie dafür richtig mögen. Oder finden Sie bescheiden auftretende Zeitgenossen etwa unsympathisch?

Füllwörter und Starter (quasi, eigentlich, okay …) vermeiden!

„Ich meine, wir sollten eigentlich an der Sache noch einmal arbeiten. Quasi das Thema noch einmal von vorne starten." Was wollen Sie? Das an der Sache noch einmal gearbeitet wird – oder „eigentlich" vielleicht doch nicht? Was meinen Sie? „Eigentlich" weiß ich gar nicht, warum dieses Wort eigentlich in der deutschen Sprache existiert. Ich kann mir nur wenige Zusammenhänge vorstellen, in denen dieses Wort irgendeinen Sinn macht. „Quasi" – noch schlimmer. In WORD gibt es ein kleines Synonym-Lexikon. Tippen Sie mal das Wort „eigentlich" ein. Dann rechte Maustaste. Unten finden Sie dann: „Synonyme". Weiterer Kommentar überflüssig. Viele Menschen verwenden diese Unworte auch als sogenannte „Starter". Bevor sie anfangen zu sprechen, kommt häufig die Floskel: „Also" … räusper … und dann fängt die Aussage erst an. Oder „Tja – eigentlich …". Diese Floskeln werden von anderen als Verlegenheitsfloskeln interpretiert. Sie wirken verletzbar und ziehen die Aufmerksamkeit des Manipulators direkt auf sich.

Redundante Wiederholungen in anderen Formulierungen vermeiden!

„Denken Sie bitte daran, dass wir heute pünktlich fertig werden müssen. Wir sollten zügig diskutieren. Wir verlieren immer zu viel Zeit. Ich bitte Sie sich zur Sache zu melden, aber bleiben Sie kurz und knapp. Ich habe noch einen Folgetermin, und ich kann nur innerhalb der heute festgelegten Zeit an diesem Meeting teilnehmen. Ich will nicht unhöflich wirken, aber denken Sie an die Uhr. Hier über dem Besprechungstisch ist eine angebracht. Und einen Zeitnehmer sollten wir auch gleich festlegen." Usw. Ja ja ja – man hat Sie schon lange verstanden. Sie haben Ihre – sicher wichtige – Botschaft aber total verwässert. Sie ist deutlich schwächer geworden. Obwohl Sie das Gegenteil erreichen wollten. Ihre Wiederholungen haben nur Ihre Unsicherheit verdeutlicht. Sie hatten nämlich Angst, Sie würden nicht verstanden. Das haben Sie auch prima hingekriegt.

Sprechen Sie simpel und einfach. Lassen Sie unnötige Wiederholungen mit redundanten Formulierungen weg. Sie werden merken, dass Sie damit unmittelbar Faszination auslösen. Sie haben plötzlich die Aufmerksamkeit des Publikums. Alle wenden sich Ihnen zu. Das ist sehr angenehm. Nur keine falsche Bescheidenheit. Wenn Sie dann auch noch zeigen, dass Sie etwas nervös sind, umso besser: Das macht Sie menschlicher und damit glaubwürdiger.

Superlative raus!

„Also das ist ein wirklich super-toller Vorschlag. Wirklich absolut megamäßig geil. Völlig abgedreht, aber trotzdem voll ins Schwarze getroffen." Was wollen Sie damit erreichen? Sich „einschleimen"? Glauben Sie, andere merken das nicht? Es wirkt irgendwie billig. So, als wenn Ihr Argument sich nicht selbst trägt. Sie argumentieren mit Gürtel plus Hosenträgern. Unnötig. Gebrauche gewöhnliche Wörter und sage ungewöhnliche Dinge. Ein gutes Argument braucht keine Übertreibungen.

Kommunizieren die meisten Menschen mit Superlativen? Ja – leider. Oder: Besser für Sie. Sie brauchen jeden kleinen Baustein, um Stück für Stück Ihre Argumentation aufzubauen. Also auch diesen. Sie heben sich ab. Sie erzeugen damit viel mehr Spannung als wenn Sie übertreiben. Ein gutes Argument braucht vielleicht Emotionen und Bilder, aber keine hilflosen Übertreibungen. Es muss von alleine Schusswirkung erzielen. Und das tut es auch. Hier gilt, wie auch schon in anderen Teilen dieses Kapitels erwähnt: Manchmal ist es besser zu schweigen und auf seine Zeit zu warten. Sie kommt. Spätestens dann, wenn das Publikum total ermüdet ist von dem ganzen Gequassel. Dann sind Sie dran. Geduld und Gelassenheit bringen Sie an diesen Punkt. Man muss auch nicht auf jedes Gegenargument sofort reagieren. Überlassen Sie das zur Abwechslung mal den anderen. Ein guter Verhandler macht nicht alle Fehler selbst. Er gibt auch anderen eine Chance. Sie haben dann auch den unschätzbaren Vorteil, alle Argumente und Gegenargumente zu kennen. Aber Vorsicht. Wenn aus der Diskussion heraus schon Entscheidungen getroffen werden, dann müssen Sie reagieren. Gut ist ganz einfach zu sagen: „Ich habe eine Frage, Herr Schulze." (… ich hätte da mal eine Frage … bitte nicht …). Die Frage wird beantwortet und Sie nehmen den Inhalt der Antwort einfach schweigend zur Kenntnis. Das bremst Vielredner oft total aus. Und Sie können wieder auf das in der Frage angesprochene Thema zurückkommen.

Fremdworte nur wenn nötig!

„Ich glaube, das ist **suboptimal**. Unsere **Challenges** liegen in einer anderen **Area**. Unsere **Roadmap** dahin müssen wir heute festlegen. Wie wäre es, wenn wir erst einmal einen guten **Gameplan** machen würden?" Kommt Ihnen bekannt vor. Oder? Übersetzen Sie es einfach selbst.

Übrigens: Kennen Sie das Management-Spiel „Bullshit Bingo"? Das geht so: Jeder Teilnehmer macht sich eine Liste der in seiner Firma gängigen Wortmonster. (Roadmap, Gameplan, Challenges, Facing, Screening, Judgement, Empowerment, Trigger, Relationship Management, Rushhour, Timekeeper, High-Potential etc.) Da fallen Ihnen sicher noch eine Menge weiterer Unworte ein. Die Regel besagt nun, dass jeder sich seine Liste selbst aufstellt und sie geheimhält. Wenn dann so ein Unwort in der Diskussion fällt, dürfen Sie laut: „Bingo" rufen. Derjenige, der am Ende des Meetings die meisten „Bingos" hat, ist Sieger.

Voltaire (1694 – 1778) hat das wesentlich eleganter ausgedrückt:

„Verwende nie ein neues Wort, sofern es nicht die drei Eigenschaften besitzt:

1. *Es muss notwendig sein.*
2. *Es muss verständlich sein.*
3. *Es muss **wohlklingend** sein.* "

Satz beenden. Subjekt. Prädikat. Objekt.

„Denken Sie nicht auch wir sollten, ich meine ja nur, diese Sache mit der Personalabteilung, vielleicht, na ja – man sollte das noch einmal auf den Tisch – ich lasse das jedenfalls nicht so passieren." Klar haben Sie verstanden, was gemeint ist. Aber was für ein Satzmonster. Sie haben schon gemerkt, es geht hier nicht um Grammatik oder Rhetorik – es geht einfach darum, richtiges Deutsch zu sprechen. Bekommt man dafür einen Preis von der Duden-Redaktion? (Quatsch. Jetzt werden Sie nicht albern.) Sie werden einfach besser verstanden. Denn dass Missverständnisse in der menschlichen Kommunikation die Regel sind und nicht die Ausnahme – da stimmen Sie mir sicher hundertprozentig zu. (Wenn nicht – dann bestimmt am Ende dieses Buches ...) Vielleicht haben Sie selbst noch gar nicht gemerkt, welchen Wortsalat Sie benutzen und wie selten Sie mit der Kraft der Sprache andere wirklich überzeugen können. Nein – nicht Kraft durch Hierarchie oder verliehene Autorität – Kraft durch Sprache.

Pausen sprechen!

Das ist einfach. Nehmen Sie einfach die Interpunktion eines Satzes als Gelegenheit, eine Pause zu machen. Und wenn Sie schlecht sind in der Kommasetzung, dann „sprechen" Sie einfach jeden Punkt mit. (In Gedanken natürlich, Sie Spaßvogel ...) Sie erhöhen damit die Spannung. Ihre Aussagen werden besser verstanden. Nicht nur gehört. Verstanden. Kann man nebenbei gesagt auch superleicht üben. Dazu brauchen Sie ein wenig Nerven, weil Sie natürlich heute nicht so sprechen, und es wird Ihnen künstlich und gestelzt vorkommen. Üben Sie ein wenig. In ein/zwei Tagen haben Sie diesen Bogen raus. In meinen Seminaren sind die Teilnehmer manchmal von einer regelrechten „Sprachlähmung" befallen, weil sie zwar die Richtigkeit der Argumente anerkennen, aber ihre Sprechweise sich so tief eingegraben hat (intrinsisches Wissen geworden ist), dass sie nicht schnell umschalten können. Das erzeugt dann und wann unter den Teilnehmern große Heiterkeit. (Na ja – bei den meisten wenigstens.)

Klar machen, an wen man sich wendet!

Ich meine damit, dass die meisten Menschen in einer Gruppe nicht klar sagen, an wen sie sich mit ihrem Wortbeitrag wenden. An alle? Oder an einen Einzelnen? Dass führt natürlich dazu – auch wenn Sie vorher zu dem Angesprochenen Blickkontakt hergestellt haben – dass sich viele andere jetzt bemüßigt fühlen, diese Frage auch zu beantworten oder zu kommentieren. Und „Bingo" sind Sie in einer völlig konfusen Diskussion gelandet. Jeder babbelt dazwischen und Sie haben große Mühe, die entlaufenen Pferdchen wieder alle in den Stall zu kriegen. Das kostet Nerven und vor allem Zeit.

Übrigens hört jeder gerne seinen eigenen Namen. Achten Sie mal darauf. Wenn Sie Fragen zur Diskussion stellen, dann sagen Sie doch einfach: Ich habe eine Frage an die Gruppe. Wenn Sie (wie meistens) auf den Wortbeitrag eines Einzelnen reagieren, dann starten Sie Ihren Satz mit: Herr Schulze, meine Meinung ist ... usw. Herr Schulze wird Sie dafür mögen und Ihre Argumente positiver aufnehmen und verarbeiten. Damit können Sie natürlich auch „gefährliche Zeitgenossen" wunderbar ausbremsen. Er kann Ihnen nicht mehr so leicht ins Wort fallen – Sie bieten weniger Angriffsfläche. Sie steuern eine Diskussion und lassen sich nicht steuern.

Den Satz am Anfang beleuchten, nicht am Ende!

Zwei Beispiele, die Ihnen unmittelbar klar machen, was ich meine:

Nächsten Freitag fahre ich mit dem Zug nach Berlin und treffe Herrn Müller von Nestlé, um einen Auftrag zu machen.

Um einen Auftrag *zu machen, fahre ich nächsten Freitag zu Nestlé und treffe Herrn Müller. Ich nehme den Zug.*

Was hört sich besser an? Was ist einprägsamer? Mit welchem Satz bekommen Sie sofort die volle Aufmerksamkeit? Die Frage ist schon beantwortet. Richtig? „Ich nehme den Zug" könnten Sie sogar noch weglassen. Bitte nehmen Sie alles vorher Gesagte aber **nicht dogmatisch**. Man kann wunderbar mit Untertönen und leichter Ironie spielen. Aber bitte nicht ständig. Nicht als Standard. Nicht als Regel. Weg mit Hühnerdeutsch! Gack, gack, gack macht andere Menschen müde. Eine müde Horde kann man aber sehr viel leichter manipulieren als eine aufmerksame Gruppe.

8.4 Wenn Sie vor Publikum sprechen – Mit Cicero gegen Manipulation

Jetzt fange ich mit den richtigen Gemeinheiten an. Marcus Tullius Cicero (* 3. Januar 106 v. Chr. in Alpinum; † 7. Dezember 43 v. Chr. bei Formiae) war ein römischer Politiker, Anwalt und Philosoph, der berühmteste Redner Roms und Konsul im Jahr 63 v. Chr. Cicero hat über das Reden geschrieben. De oratore. (Von der Kunst des Redens.) Nehmen Sie ein beliebiges Interview eines bekannten Politikers aus dem *SPIEGEL* und Sie werden feststellen, dass unsere Politiker ihren Cicero alle gelesen haben.

Kommen wir jetzt also zur Freien Rede. Bisher haben wir Strategien besprochen, die im direkten Diskurs Wirkung zeigen. Jetzt stehen Sie vorne und haben Ihre Chance. Sie dürfen reden. Alle anderen müssen zuhören. „Missbrauchen Sie diese Chance". (Das ist von Tucholsky. Nicht von mir. Sie dürfen ruhig schmunzeln.) Vielleicht sind gerade Sie heute der zweite Redner und wollen auf liebenswerte Weise die Argumente Ihres „sympathischen Vorredners" entkräften? Na – spüren Sie schon den Kloß im Hals? Der Vorredner war wirklich gut? Ihr Herz sinkt Richtung Hosenboden? Ihnen zittern schon die Knie auf dem Weg ans Rednerpult? Zittern Sie nicht: Hier sind ein paar einfache Regeln, wie Sie Ihre gute Botschaft auch gut verpacken können. Sie sind – wie immer – nicht schwer zu befolgen: Hier geht es um direkte Manipulation. Aber bitte beachten Sie: Diese Regeln gelten zunächst für die sogenannte Freie Rede. Also dann, wenn Ihnen (vulgo) keiner dazwischen quatscht. Sie sind in Freier Rede erheblich besser anzuwenden. Im Dialog funktionieren Sie auch. Aber das ist schon wahre Meisterschaft.

Oder: Achten Sie darauf, nicht zum *Opfer* einer flammenden Rede zu werden. Lassen Sie sich nicht manipulieren! Versuchen Sie kühl die Sachargumente herauszufiltern. Die Fallen der Verhaltensökonomie kennen Sie ja bereits. Darauf fallen Sie auf keinen Fall mehr herein. Mag die Rede auch noch so gut vorgetragen werden, und mag Ihnen der Redner auch noch so sympathisch sein. Ich sage es so lange, bis ich heiser bin: **Sachargumente alleine überzeugen höchst selten.** Am gefährlichsten sind die Redner, die durch ihr „bescheideneres und ruhiges" Auftreten den Eindruck erwecken, dass aus diesem Mund nur pure Sachlichkeit spricht. Sie beherrschen vielleicht nur den Grundsatz, den alle Politiker beherzigen: Es ist eine Kunst, gelassen zu reden, ohne sich an Worte zu binden … Übrigens: Gute Rhetorik wird häufig mit Intelligenz gleichgesetzt. Das ist aber ein Trugschluss. Ein guter Redner muss noch lange kein scharfer Analytiker oder beherzter Entscheider sein.

Ciceros Hauptargumente kann man in unsere Sprache übersetzt wie folgt formulieren:

- Sprache soll grundsätzlich volkstümlich und simpel sein.
- Der Redner soll nur wenige Behauptungen aufstellen.
- Der Redner nutze geeignete Schlag- und Reizwörter.
- Diese Reizwörter und Behauptungen sind beharrlich zu wiederholen.
- Der Redner soll übertreiben.
- Der Redner verwische die Grenzen zwischen Wahrheit und Lüge.
- Er soll wenn möglich vernebeln, wenn er auf schwankendem Grund steht.
- Den Gegner ringe man mit allen Mitteln nieder. (Cicero: *„Erkläre – mit der Miene aufrichtigen Zugeständnisses – denjenigen Teil der gegnerischen Argumentation für den beweiskräftigsten, den du am gewissenhaftesten widerlegen kannst."*)
- Vor allem soll der Redner aufs Gefühl zielen.

Die Römer haben die Redekunst als gleichberechtigt neben die Staatskunst (heute würde man sagen: Politikwissenschaft) und die Rechtskunde (heute würde man sagen „Jurisprudenz") und die Kriegskunst (heute würde man sagen „Militär") gestellt. Warum war das so? Dispute und Verhandlungen, Aussprachen und politische Diskussionen wurden grundsätzlich öffentlich abgehalten. Ohne Teleprompter. Natürlich wurden damals auch in Hinterzimmern Strippen gezogen. Wie im Bundestag heute. Aber: Vor allem wurde in den diversen öffentlichen Foren das letzte Wort gesprochen und dann per Akklamation:

- Gesetze beschlossen.
- Urteile gefällt.
- Beschlüsse gefasst.

Das römische Reich war damals mit Abstand das größte und erfolgreichste Staatsgebilde der Erde. Hunderte von Völkern unterschiedlicher Herkunft und unterschiedlicher Ethnien galt es zusammenzuhalten. Wer traf dabei die wesentlichen Entscheidungen? Der Römische Senat. Ohne Computer, ohne Handy, ohne Redenschreiber, ohne ohne ohne. Im Unterschied zum Bundestag oder zur UNO wurden die fertigen Reden nicht vorher intensiv abgestimmt und sogar verteilt – sondern aus dem Disput heraus formuliert. Und glauben Sie mir eins: Die Menschen damals waren genauso machtbesessen, eitel und schwer berechenbar wie heute. Das römische Reich dauerte fast 1.000 Jahre. Ohne Internet.

Worauf kam es an? Es kam darauf an, Menschen im Dialog und mit den Mitteln der Sprache zu überzeugen. Rede. Gegenrede. Erwiderung. Beschluss.

Die Trennung von Weisheit und Beredsamkeit lastete Cicero übrigens dem „Zerwürfnis zwischen Zunge und Verstand" an und versuchte sie sogar in seinen Schriften wieder aufzuheben. Zur bestmöglichen Verwirklichung waren seiner Meinung nach Philosophie und Rhetorik aufeinander angewiesen. Damit hat er den modernen Hirnforschern einiges vorweggenommen.

Stellen Sie sich also vor, Sie sprächen im Forum Romanum. Wenn Sie ein Bewerbungs- oder Verkaufsgespräch führen, haben Sie auch keinen „Redenschreiber" oder „Stichwortgeber". (Geschweige denn einen Teleprompter.)

Römische Politiker hatten einen Zeitpunkt, einen Tag, eine Stunde, um ihre Argumente überzeugend vorzustellen. Genauso wie Sie. Keine zweite Chance.

Aus dem Leben – Mit Max im Qualifizierungskurs

Es riecht nach Bohnerwachs. Der Boden knarzt. Linolium! Die Bestuhlung erinnert Max an seine Schulzeit. Mit seiner bella figura klemmt ihm der Stuhl am Hinterteil fest. Im Raum befinden sich etwa zwanzig melancholisch aussehende und nachlässig gekleidete „Mitschüler". Die Sonne taucht den Raum in ein fahles Winterlicht. An den Wänden kritzelige Kinderbilder. 11:00 Uhr vormittags. Max ist deprimiert. Qualifizierungskurs. Er ist auf einem Qualifizierungskurs für Arbeitslose, damit der Bezug seines Arbeitslosengeldes weiterläuft. Der Eingangsvortrag wurde von einem Rhetoriktrainer gehalten, den er für nicht minder demotiviert hält. „Cicero" – denkt er sicher „Cicero! Was soll ich von einem Mann lernen, der schon über 2.000 Jahre tot ist? Wahrscheinlich ist der Trainer im Hauptberuf Geschichtslehrer." Aber die Aufgabe liegt ihm. „Kann man Verkaufen lernen?" Das ist das Thema, darüber soll er jetzt frei reden. Als Übung sozusagen. Hatte er sich gleich rausgesucht und stellt sich nun vor das etwas gelangweilt wirkende Publikum. „Denken Sie daran, Sie müssen Ihr Publikum überzeugen. Nicht nur informieren", hatte der Trainer gesagt. Das findet Max schon komisch. „Wo liegt der Unterschied?" Jedenfalls steht er jetzt vorne und atmet tief durch. Die Blicke werden aufmerksamer. Lauernd. Fast ein wenig sadistisch. Er ist der erste heute Morgen. „Frisch, fromm, fröhlich, frei", kommt ihm in den Kopf. Nicht verwirren lassen. Noch einmal tief einatmen. Und dann los …

„Guten Morgen. Mein Name ist Max Toppmüller und ich soll darüber reden, ob man verkaufen lernen kann. Ich war 15 Jahre bei Märklin beschäftigt. Davon 11 Jahre im Verkauf. Sie sehen also, dass ich von der Sache etwas verstehe. Ich möchte Sie heute darüber informieren, dass man Verkaufen lernen kann. Diese Aufgabe werde ich bestimmt hinkriegen, weil ich viel Erfahrung habe und auf lange Jahre im Verkauf zurückblicken kann. Ich glaube, dass man das wirklich lernen kann. Davon bin ich überzeugt. Schließlich habe ich in meinem Leben nichts anderes getan. Man hat mich immer König Silberzunge genannt, weil ich mit Worten einem Baum die Borke wegschmeicheln konnte." (Keine Miene verzieht sich. Max ist irritiert. Diesen Satz hatte er

*sich lange vorher überlegt. Sollte die Zuhörer am Anfang schon zum La-
chen bringen. Keiner lacht.) „Na ja (... Pause...) jedenfalls spricht hier
ein Fachmann zu Ihnen. Lange genug habe ich erleben können, dass es
gute und schlechte Verkäufer gibt." Er hebt seinen Blick wieder von dem
Spickzettel. Das Publikum ist etwas tiefer in seine Stühle gesunken. Einige
haben jetzt die Beine ausgestreckt. „Verkaufen können ist eine Kunst. Wenn
es von Wollen käme, hieße es ja Wunst." Diesen Witz hatte er sich eigentlich für den Schluss aufgehoben. Aber er bringt ihn aus lauter Verzweiflung
jetzt schon. Weg ist der Scherz. Wieder keinerlei Reaktion. Max beginnt von
einem Fuß auf den anderen zu treten, was seinen mächtigen Oberkörper in
leicht schaukelnde Bewegungen versetzt. „Wissen Sie, liebe Zuhörer, ich habe
schon mit sehr vielen Kunden gesprochen. Wahrscheinlich über tausend. Da
bekommt man so seine Erfahrung." Die Sonne blendet ihn. Er blickt zum
Fenster. „Vielleicht kann man es hier etwas verdunkeln", hört er sich sagen.
Dabei blickt er zum Trainer. Der reagiert gar nicht. Max fängt an, leicht zu
schwitzen. „Weiter. Nur weiter reden", denkt er sich. „Verkäufer – ja – wie
ich bereits gesagt habe – die einen sind eben gut, die anderen nicht. Warum
waren die einen gut und die anderen nicht? Das ist schwer zu sagen, aber ich
will versuchen, es Ihnen klar zu machen. Bei Märklin hatten wir immer eine
Menge Berater. Und die haben den Verkäufern dann viel erzählt. Über Ein-
wandbehandlung und über Fragetechnik. Denn Sie wissen ja – wer fragt der
führt. Viele Verkäufer haben immer den Fehler gemacht, zu viel zu reden. Da
haben die Verkaufstrainer immer gesagt, dass die Verkäufer mehr zuhören
sollen. Manche haben das nie hingekriegt.*

*Gelernt haben sie auch, welche Fragen in jedem Verkaufsgespräch gestellt
werden müssen. Zum Beispiel soll der Bedarf des Kunden erst einmal festgestellt werden. Wenn man den Bedarf nicht kennt, kann man auch nichts
verkaufen. Das ist ganz wichtig. Das kann man nicht oft genug betonen.
Die besten Verkäufer konnten das – einige Verkäufer haben sogar ein paar
Standardfragen auswendig gelernt.*

Wir sind dabei immer gefilmt worden. Mit einer Videokamera. Das war immer sehr lustig, weil man hinterher sehen konnte, wie verkrampft die Leute wirkten. Das hat sie immer sehr schockiert. War aber sehr lustig, wie gesagt, – für die anderen. Auf den Urlaubsfilmen, die man macht, wirkt man ja auch immer so komisch. Ist Ihnen das schon aufgefallen? Also ich glaube, das mit der Videokamera ist keine richtig gute Idee. Man wird dadurch nur verkrampfter." Jetzt fangen einige an zu grinsen. Max ist ein wenig erleichtert. Das Grinsen beruhigt ihn. Sollte es aber besser nicht. *„Also – jedenfalls, wenn man verkaufen lernen will, muss man auch üben und dafür sind eben diese Verkaufstrainings sehr wichtig, weil man mal aus dem Alltag herausgerissen wird und die Verkaufstrainer hatten immer einen guten Spruch drauf und sie haben immer viel erzählt aus ihrem eigenen Leben und die waren ja früher auch Verkäufer gewesen und hatten immer Geschichten auf Lager, die man selbst schon mal erlebt hatte, weil man ja eben tagtäglich mit dem Geschehen an der Front konfrontiert war, und deswegen fand man sich sehr oft in diesen Geschichten wieder, was diese Verkaufstrainings immer sehr interessant machte, speziell, wenn dann jeder Kollege etwas sagen durfte oder in den Gruppenübungen auf diesen Memokarten etwas aufschreiben sollte, zu einem bestimmten Thema, zum Beispiel Neukundengewinnung und so weiter, und dass Erfolg freiwillig ist, haben die Trainer auch immer gesagt, und das stimmt ja auch, weil man eben die Angst vor dem Kunden verlieren muss, denn Verkaufen ist nichts, wovor man Angst haben muss, es ist eigentlich ganz einfach, und ach ja – die Trainer haben uns immer so richtig eingepeitscht, mit Sprüchen, ich kann Ihnen sagen, die hatten Sprüche drauf, die waren einfach klasse."*

Max fängt an zu hyperventilieren. Der Atem ist ihm ausgegangen. Schachtelsätze haben so ihre Tücken. „Ich möchte jetzt zum Schluss kommen. Meiner Meinung nach kann man verkaufen wirklich lernen. Davon bin ich überzeugt. Ich danke Ihnen dafür, dass Sie mir bisher so geduldig zugehört haben und beende meinen Vortrag mit einem kleinen Witz, der Ihnen sicher Spaß macht." Er schaut noch einmal in die Runde. Keiner scheint Interesse an seinem Witz zu haben. Der Herr ganz vorne fixiert seine Schuhspitzen.

Das tut er schon die ganze Zeit. In den hinteren Reihen fangen einige an zu tuscheln. Dabei wird leise gelacht. Das ärgert Max. Er schaut noch einmal den Trainer an. „Herr Toppmüller, wir sollten hier einen Schnitt machen", sagt der Trainer. „Das war eine schlechte Rede." Max ärgert sich jetzt richtig. Seine Wangen röten sich noch mehr. Er denkt sich: „Schlechte Rede! Unverschämt. Sonst haben die Trainer immer gesagt: ‚Da war schon viel Gutes dran, und ich danke Ihnen. Jetzt fragen wir mal Ihre Zuhörer. Aber ich bitte alle, keine persönlich beleidigenden Bemerkungen zu machen' – oder so ähnlich. Die waren wenigstens positiv. Aber der hier?" – Trotzdem ist er erleichtert. Er verbeugt sich noch einmal und geht wieder auf seinen Platz. Dabei vergisst er seinen Spickzettel vorne. Sein Publikum ist nun sanft entschlafen. Es hat sich sowieso nicht für seinen Witz interessiert. Und für die Rede schon gar nicht.

Diese kleine Geschichte könnte man noch endlos ausdehnen. Zum römischen Senator hätte Max es mit diesem Stil sicher nie gebracht. Warten Sie ab. Wer zuletzt lacht, lacht am besten. (Sie lauern jetzt auf Cicero. Ich spüre es förmlich.) Wir werden jetzt Max Toppmüller wieder im O-Ton zuhören.

Am Ende seines Qualifizierungskurses. Gleiches Thema. Und damit Sie Ciceros Regeln auch wiedererkennen, sind sie hier noch einmal:

- Sprache soll grundsätzlich volkstümlich und simpel sein.
- Der Redner soll nur wenige Behauptungen aufstellen.
- Der Redner nutze geeignete Schlag- und Reizwörter.
- Diese Reizwörter und Behauptungen sind beharrlich zu wiederholen.
- Der Redner soll übertreiben.
- Der Redner verwische die Grenzen zwischen Wahrheit und Lüge.
- Er soll wenn möglich vernebeln, wenn er auf schwankendem Grund steht.

- Den Gegner ringe man mit allen Mitteln nieder. (Cicero: *„Erkläre – mit der Miene aufrichtigen Zugeständnisses – denjenigen Teil der gegnerischen Argumentation für den beweiskräftigsten, den du am gewissenhaftesten widerlegen kannst."*)
- Vor allem soll der Redner aufs Gefühl zielen.

„Kann man Verkaufen lernen? Natürlich kann man Verkaufen lernen. Man kann alles lernen. Auch Verkaufen kann man lernen. Wir sitzen hier und teilen das gleiche Schicksal. Wir sind arbeitslos. Das ist eine traurige Realität. Verzweifeln Sie nicht. Hören Sie heute von mir, dass man Verkaufen lernen kann. Wissen Sie, ich hatte einmal einen Verkaufsleiter, der hat immer gesagt: „Toppmüller, Sie sind die Seele des Verkaufs. Ohne Sie würde hier nichts mehr laufen. Wie machen Sie das bloß?" Na ja – ich habe es eben gelernt. Nicht erlebt. Ich musste lernen, wie man im Verkauf richtig agiert. Und das habe ich getan. Gehen Sie in den Verkauf, meine Herren, egal was Sie vorher getan haben. Es werden Verkäufer gesucht wie die Stecknadel im Heuhaufen. Sie verdienen mehr Geld, Sie erhalten die Anerkennung, die Sie verdienen. Sie kommen raus aus der Arbeitslosigkeit. Egal, ob Sie Buchhalter waren oder Taxifahrer, Einkäufer oder Disponent. Jetzt ist die Zeit, sich neu zu orientieren. Ergreifen Sie diese Chance. Verlieren Sie Ihre Angst. Verkaufen kann man lernen. Das ist gar nicht so schwer. Erfolg haben. Endlich wieder Erfolg haben. Natürlich – ich kenne die vielen Vorurteile gegen diesen Berufsstand. Oft wird gesagt: „Ich kann anderen Menschen nichts aufschwatzen." Das ist Blödsinn. Sie müssen im Grunde nur genau das tun, was Sie sowieso schon den ganzen Tag machen. Es gibt keine vorstellbare Art von Kommunikation, die völlig frei davon ist, den anderen überzeugen zu wollen.

Wenn meine Frau sagt: „Max – ich möchte dieses Jahr wieder nach Milano Marittima fahren" – und mir hängt Milano Marittima schon zum Hals raus. Was machen Sie dann? Natürlich. Sie „verkaufen" Ihrer Frau, dass es spannend wäre, dieses Jahr einmal nach Ägypten zu fahren. Dabei erzählen Sie ein wenig über die Pyramiden, die Altstadt von Kairo, das exotische Ambiente – und die herrlichen Strände in Ägypten. Verkaufen kann man lernen. Zum Beispiel dadurch, dass Sie sich jetzt daran erinnern, was Sie ohnehin schon jeden Tag tun: Sie erzählen spannende Geschichten, wenn Sie jemandem etwas „verkaufen" wollen. Nicht einfach: „Ich will dieses Jahr aber nach Ägypten." Das erzeugt nur sofortige Gegenwehr. Sie erzählen eine spannende Geschichte. Mit beiläufiger Miene. So ganz nebenher. Sie erheben Ihre Stimme dabei nicht – Sie lassen Ihre Stimme ruhig schweben. Sie reden in einfachen Sätzen. Langsam. Verkaufen kann man lernen.

Natürlich wissen Sie, meine Herren, dass es auch auf den richtigen Zeitpunkt ankommt. Timing ist alles. Warten Sie auf den richtigen Augenblick. Beim Abendessen vielleicht. Wenn Ihre Liebste schon ein wenig angeschickert ist. Vom Wein. Die Stimmung passt. Sie wollen Erfolg haben? Das ist einfach. Viel einfacher als Sie glauben. Erfolg ist genau das, was wir alle hier im Grunde suchen. Es wird Ihnen Ihr Selbstwertgefühl zurückgeben. Verlieren Sie Ihre Angst. Vergessen Sie ihre eigenen Vorurteile. Verkaufen kann man lernen.

Natürlich, meine Herren, es gehört etwas mehr dazu, als einfach gute Geschichten zu erzählen. Oder in kurzen Sätzen zu sprechen. Hauptsatz. Nebensatz. Schluss. Oder die Nerven zu haben, den richtigen Zeitpunkt abzuwarten. Oder nicht alle Kugeln in der ersten Runde zu verschießen. Aber es ist im Grunde keine große Kunst. Verkaufen kann man lernen.

Ja – davon bin ich ganz felsenfest überzeugt. Nicht alles kann ich hier berichten. Meine Erfolge, auch meine Niederlagen im Verkauf. Und natürlich nicht alle Regeln, die es zu beachten gibt. Aber ich kann Sie trösten. Es sind nicht viele Regeln. Mit wenig Übung kommen auch Sie wieder zurück an einen spannenden und aufregenden Arbeitsplatz. Verkaufen macht Spaß. Verkaufen ist der schönste Job der Welt. Und das Beste ist: Verkaufen kann man lernen. Danke."

Klingt schon besser. Oder? Viel besser. Haben Sie gemerkt, was anders war? Toppmüller ist sofort ins Thema eingestiegen. (Definitiv keine gute Einleitung ist: *„Liebe Gäste, liebe Neger, mein Name ist Heinrich Lübke und ich* *bin der Deutsche Bundespräsident.*") Toppmüller hat sich gar nicht damit aufgehalten zu sagen, wie er heißt. Das hatte er wortlos vorher mit dickem Filzstift auf das Flipchart geschrieben. Er hat das Thema auch getroffen. Das Thema war nämlich nicht: „Berichten Sie über alle Regeln des Verkaufs" – sondern nur die Beantwortung der Frage: „Kann man verkaufen lernen?" Er ist auf sein Publikum eingegangen. Er hat die Gefühle des Publikums angesprochen. Er hat seine Hauptthese „Verkaufen kann man lernen" „unermüdlich wiederholt". Er hat in kurzen Sätzen gesprochen. „Volkstümlich." Er hat nur wenige „Grundbehauptungen" aufgestellt. Diese gleichfalls mehrfach wiederholt. Er hat natürlich übertrieben. Er hat absolut gekonnt manipuliert. Verkaufen ist selbstverständlich nicht nur reines Zuckerschlecken. Aber das hat er nicht thematisiert. Er hat dabei auch ein wenig vernebelt. Er hat andere sprechen lassen. Seinen Verkaufsleiter, und er hat sich selbst in der dritten Person zitiert. Er hat sich in direkter Rede selbst sprechen lassen. („Ägypten") Er hat Reizworte benutzt. „Erfolg", „Aufschwatzen" und noch einige mehr.) War wirklich besser. Max Toppmüller lernt. Er ist zwar ein wenig aus der Übung aber: „you got to start from somewhere" …

Eine sehr unpopuläre Feststellung

Über den richtigen Einsatz von Sprache erreiche ich also Gelassenheit. Der Mensch ist jedoch nicht nur ein kommunikatives Wesen, sondern auch ein kooperatives. Gelassenheit erreiche ich also auch über richtiges Verhalten (in Verhandlungen). Erlauben Sie mir dazu eine Eingangsbemerkung: Es gibt keine „redliche" oder „unredliche" Verhandlungsstrategie. Natürlich wollen wir uns alle mit moralisch einwandfreien Mitteln durchsetzen. Solange das geht. Leider verhaken sich in den meisten Diskussionen pure Emotionen mit faktischen Sachargumenten. Mit Sachargumenten gewinnt man nur dann, wenn die anderen auch sachlich bleiben. Tun sie aber selten. Oder wenn sie nicht viel zu befürchten haben. Ist gleichfalls selten. Sicher kann jeder verstehen, „dass die Reisekosten viel zu hoch sind".

Schließlich gibt es dazu Vergleichszahlen aus vielen Benchmarks. Aber warum soll gerade ich einen Firmenwagen fahren, der eine „Nummer zu klein" ist (Ohh – die Nachbarn werden tuscheln …) – oder warum soll gerade ich nicht mehr Businessclass fliegen (Ohh – ich verliere meinen „Senator-Status"…). Wenn Diskutanten persönliche Vorteile zu verlieren haben, dann kämpfen sie häufig mit einer versteckten Agenda. Da geht es dann nicht mehr um das große Ganze – sondern nur noch um die eigenen kleinen Privilegien. Zugeben wird das niemand. Niemals! Es „geht allen immer nur um die Sache".

Was tun sie jetzt? Sich per ordre de Mufti durchsetzen? Schön, wenn Sie das können. Aber wenn es eine Diskussion mit gleichberechtigten Mitgliedern ist? Was tun Sie dann? Flammende Appelle verkünden? Na Prosit. Die werden nicht wirken.

Wenn Sie von einer Sache ganz und gar überzeugt sind, dann dürfen Sie mit gleichen Waffen zurückschlagen. Hauptsache Ihre gute Sache setzt sich durch. Nur der Sieg zählt. Die Verlierer scharen sich am Schluss ohnehin meistens um den Sieger. Der Sieg hat nämlich viele Väter. Die Niederlage ist ein Waisenknabe.

8.5 Mit Henry Fonda zurückschlagen – eine fast immer funktionierende Abwehrstrategie

Wir brauchen eine Abwehrstrategie, die omnipotent ist. Sich in allen Situationen entfaltet. Leicht zu lernen ist. Leicht umzusetzen. Sie brauchen auf keinen Fall „Karteikarten im Kopf". Ich biete Ihnen an, diese omnipotente Strategie anhand eines einfachen Szenarios zu entwickeln. Sie haben heute keine Nerven, sich „Szenarien" vorzustellen? Na gut: Kaufen Sie sich einfach den dazugehörigen Film: *Die 12 Geschworenen* von Sydney Lumet. Die Version in schwarz-weiß mit Henry Fonda.

Stellen Sie sich vor, Sie wären Mitglied eines Geschworenenkomitees, das über Schuld oder Unschuld eines Menschen zu urteilen hätte, der wegen Mordes angeklagt ist. Ihm droht die Todesstrafe. Nicht der Richter fällt dieses Urteil. Das Geschworenenkomitee alleine hat darüber zu befinden. Und Sie sind Teil davon. Aber die Abstimmung muss einstimmig sein. Ist das Abstimmungsergebnis nicht einstimmig, muss der Prozess unter Umständen wiederholt werden, oder der Angeklagte wird gänzlich freigesprochen. Bei der Anhörung der Beweisführung der Staatsanwaltschaft sind Ihnen jedoch ein paar Zweifel gekommen. Sie sind so stark, dass Sie nicht mehr annehmen, dass die vorgebrachten Beweise wirklich ein Todesurteil rechtfertigen. Bestürzt stellen Sie jedoch nach der ersten Probeabstimmung fest, dass Sie der Einzige sind, der diese Zweifel hat. Alle anderen Geschworenen sind fest von der Schuld des Angeklagten überzeugt. Alles scheint ihnen über jeden Zweifel erhaben. Zeitdruck kommt hinzu. Die anderen Geschworenen drängen Sie, Ihre Meinung zu revidieren, „weil man hier nicht endlos herumsitzen will – wo doch alles so klar ist". Das geschieht in den ersten Minuten durchaus sachlich und wohlmeinend. Im Zuge Ihrer Argumentation wird die Diskussion jedoch immer unsachlicher. Alle anderen verlieren zunehmend an Geduld. Persönlich diffamierende Angriffe gegen Sie werden häufiger. Man beschimpft Sie. Man droht Ihnen. Die wahren Charakterzüge der anderen Geschworenen werden dabei ganz deutlich. Es gibt Polterer, Zyniker, Narzissten, Histrioniker, Paranoiker und so weiter. Es sieht nach 30 Minuten so aus, als wenn Sie ein Schneeball in der Hölle wären. Und so fühlen Sie sich auch. Ihr Adrenalin pendelt sich auf dem Höchststand ein. Vor allem bei persönlichen Beleidigungen. Sie bekommen einen Tunnelblick. Tunnelblick ist die von Mutter Natur fest eingebaut Haltung, die Sie in die Lage versetzt, Angreifer gezielt auszuschalten oder ihnen auszuweichen: Angreifen. Weglaufen. Totstellen. Alles ziemlich unbrauchbar in Kontroversen, in denen es darauf ankommt, folgenden Ausspruch von Mahatma Gandhi zu beherzigen: „Wenn du im Recht bist, kannst du dir leisten, die Ruhe zu bewahren; und wenn du im Unrecht bist, kannst du dir nicht leisten, sie zu verlieren. "

Hier sind die (ziemlich einfach zu befolgenden) Ratschläge für Situationen, wenn Sie als Teil einer Gruppe von den übrigen Gruppenmitgliedern dazu gedrängt werden, deren Meinung zu übernehmen:

1. Gehen Sie niemals, wirklich niemals, in eine schwierige Verhandlung, ohne sich vorher eine Strategie zurecht gelegt zu haben. Das kostet Sie die ersten Male viel Zeit. Beim vierten oder fünften Mal rattern Sie die einzelnen Punkte in Minuten ab. Hier gilt wie immer: Übung macht den Meister. Damit meine ich keinesfalls kurz vor einer wichtigen Diskussion mal eben im Kopf ein paar Szenarien durchzuspielen (... wie wir das alle tun), sondern tatsächlich Zeit zu investieren und nachzudenken. Dabei sollten Sie zunächst folgende Aspekte überlegen: Was ist das Wesen einer Strategie?

- Eine Strategie bleibt grundsätzlich geheim. Ich teile Sie natürlich meinen Kontrahenten weder mit noch lasse ich sie erkennen, dass ich überhaupt eine Strategie habe.
- Eine Strategie ist grundsätzlich kein „Gameplan", der immer aufgeht.
- Eine Strategie beschreibt nur die im Moment erkennbaren Möglichkeiten. Meine eigenen und die angenommenen Möglichkeiten des Kontrahenten.
- Ich muss bereit sein in der Kontroverse meine Strategie zu verändern. Ich habe also grundsätzlich viele Varianten eingebaut. Allerdings, wenn sich alle von mir angenommenen Varianten als untauglich erweisen, muss ich auch in der Lage sein, die Strategie gänzlich fallenzulassen. An Strategien zu kleben kann tödlich sein. Oder: Gegen Zielsetzungen ist nichts einzuwenden, sofern man sich dadurch nicht von interessanten Umwegen abhalten lässt.
- Aufklärung I. Wie im Krieg: Perfekte Aufklärung ist der halbe Sieg. Was weiß ich über die Absichten meines Kontrahenten? Seine offenen Absichten, aber auch über seine „versteckte Agenda"?

- Aufklärung II. Wie schätze ich meine Kontrahenten nach Typ und Persönlichkeit ein? Mit einem bekannten Narzissten muss ich grundsätzlich völlig anders verhandeln als mit einem bekannten Paranoiker. An dieser Stelle nur: Unterschiedliche Typen senden anders und empfangen anders. Was für den einen richtig ist, kann für den anderen völlig kontraproduktiv sein.

Nun zu Ihnen selbst. Ihrem Verhalten. Mein Rat: Lassen Sie sich von Anfang an stark unterschätzen.

Das wird Ihnen schwerfallen, wenn Sie dazu neigen, eine Diskussion manchmal zu dominieren. Oder wenn Sie sich nicht zurückhalten können und sich wohl dabei fühlen, anderen vorzuführen, was für ein Wortkünstler Sie sind. Wenn Sie gleich am Anfang vorpreschen, verraten Sie aber viel zu viel über sich selbst und vielleicht sogar über die einzelnen Bausteine Ihrer Strategie. Lassen Sie die anderen erst einmal kommen. Nicht zwei Minuten. Länger. Viel länger. Lachen Sie dabei nie über die vermeintliche Dummheit anderer Leute. Sie ist Ihre Chance. Schlucken Sie's runter, wenn jemand dümmliche Argumente bringt oder unsachlich wird. Vorsicht. Vielleicht will er gerade Sie damit provozieren? Sieger wird derjenige, der als LETZTER durchs Ziel geht.

2. Verschießen Sie nicht alle Kugeln in der ersten Runde! Das hat man schon oft gehört. Und zustimmend genickt. Aber wie häufig erlebe ich in meinen Seminaren, dass die „Alphamännchen" im Versuch, die Diskussion abzukürzen und zu „versachlichen", nach vorne preschen und alle ihre Argumente sogar auflisten und auf ein Flipchartblatt schreiben? Ziemlich oft. Achtung: Ihre Argumente entfalten sich nur dann gut, wenn sie zeitversetzt positioniert und über den gesamten Diskussionsverlauf verteilt werden. (Ihre Goldene Kugel lassen Sie dabei erst einmal im Magazin. Die heben Sie sich für Notsituationen auf.) Menschen sind nicht so schnell im Hören, Verarbeiten und Überdenken von neuen Gesichtspunkten. (Der Groschen ist kein Sturzbomber. Kommen Ihre Argumente als Kleingeld daher, sind sie schnell verbraucht.) Ihre Kontrahenten greifen sich bewusst einen Punkt heraus, nämlich den, den man leicht entkräften kann oder welcher unbewusst Emotionen geweckt hat. Darauf stützt sich dann die weitere gegnerische Taktik. Die anderen Punkte fallen dabei glatt unter den Tisch. Sie können dann schwerlich wieder darauf zurückkommen. Nach dem Motto: „DAS hatte ich doch schon vor einer halben Stunde gesagt." Das klingt etwas besserwisserisch – machen Sie doch allen anderen den versteckten Vorwurf, sie hätten nicht gut aufgepasst. Das kann die ganze Gruppe gegen Sie aufbringen. Auch die Wohlmeinenden. Übrigens: Wenn Sie die Geduld haben abzuwarten, kommt vielleicht zufällig eines Ihrer noch versteckten Argumente aus der Gruppe selbst? Hurra! Jetzt brauchen Sie es nur noch zu verstärken. Es ist manchmal ganz gut, wenn man nicht immer und in allen Punkten der alleinige Lieferant toller Argumente ist. Das schafft unnötig Neider.

3. Bilden Sie keine leichtsinnigen Koalitionen I. Nicht jeder, der Ihnen in ein/zwei Punkten zustimmt, ist auch sicher in Ihrem Lager. Menschen können umfallen wie die Fliegen. Manche Typen warten erst einmal ab, wie sich das Fähnchen dreht, und stehen am Schluss unerwartet im Lager des vermeintlichen Gewinners. (Dumm gelaufen.)

4. Bilden Sie keine leichtsinnigen Koalitionen II. Spüren Sie von einem Mitspieler Zustimmung und äußert er diese auch öffentlich, dann bedanken Sie sich keinesfalls bei ihm. Damit stupsen Sie ihn in eine sichtbare Koalition mit Ihnen. Ihrer beider Stimmen werden dann grundsätzlich im weiteren Verlauf als eine Stimme gewertet. Damit verlieren Sie einen wichtigen Mitstreiter. Stimmen von vermeintlich unabhängigen Mitspielern sind wesentlich wertvoller und werden als ZWEI Stimmen gewertet.

5. Persönliche Angriffe und Beleidigungen. Auf Beleidigungen oder Übergriffe reagiert man grundsätzlich niemals. NIEMALS. Gar nicht. Weder in Wort noch in Körperhaltung noch in Mimik noch in Gestik. Das ist sehr schwer. Man fühlt sich „von der Seite angespielt und gefoult" – und reagiert wie der Pawlow'sche Hund. Einer klingelt – und Sie sabbern. Vertrauen Sie dem Urteilsvermögen der Gruppe. Garantiert haben auch alle anderen diesen persönlichen Angriff bemerkt. Sie freuen sich darüber nicht etwa – nein, sie haben Angst, selbst so „angemeiert" zu werden. Sie bekommen plötzlich großen Kredit aus der Gruppe, wenn Sie beleidigt werden und nicht darauf reagieren. Warum ist das wichtig? Weil die Kraft der faktischen Argumente fast niemals ausreicht, andere zu überzeugen. Denken Sie daran: Sie können Ihre Argumente selten während der Diskussion beweisen. Sie sind also darauf angewiesen, dass andere Ihnen schlicht glauben. Je sympathischer und verletzlicher Sie rüberkommen, desto mehr Sympathie ernten Sie. Sympathischen Menschen glaubt man eher. Und nein! Man hält Sie dann nicht für „führungsschwach". Für „führungsschwach" hält man Sie nur dann, wenn Sie am Ende die Diskussion nicht gewinnen. Ein Fußballtrainer hat mal gesagt: „Ein Spiel ist erst vorbei, wenn es vorbei ist." Klingt albern. Aber wie recht hat der Mann damit!

Übrigens: Man rächt sich auch für Beleidigungen nicht. Häufig beobachtet: Jemand wird persönlich angegriffen. Er beteiligt sich an den nächsten 10 bis 15 Minuten der Diskussion nicht mehr. Warum? Er denkt nach, wie er sich rächen kann. Und plötzlich schießt er. Die Karawane ist aber schon weitergezogen. Und da wirkt seine Replik plötzlich unpassend und unverständlich. Sie fällt deshalb auf den „Beleidigten" zurück. Die anderen haben zwar registriert, was passiert ist, – es aber nach ein paar Minuten schon wieder vergessen. Die anderen waren ja emotional nicht stark berührt. Deswegen verschwindet dieser Vorgang sehr schnell aus den Köpfen der Mitspieler. Sehr häufig weiß man im Nachhinein nämlich nicht mehr, wer den Streit begonnen hat. (Übrigens ist das bei fast allen Kriegen auch so ...) Last but not least: Vielleicht haben Sie es aber nur mit einem kühl berechnenden Gegenspieler zu tun, der sehen wollte, wo Sie Schusswirkung zeigen. Er hat Sie gekonnt „sabbern" lassen.

6. Seien Sie wenn möglich nie der erste Redner – versuchen Sie wenn möglich erst die anderen Verhandlungspartner ihren Punkt machen zu lassen. Das hat Vorteile: Sie haben schon einmal einen ersten Eindruck von Typ und Persönlichkeit Ihrer Gegner. Sie hören vielleicht ihre wichtigsten Argumente. Wenn Sie qua Amt oder als Einladender aus Höflichkeit gezwungen sind, am Anfang ein paar einleitende Worte zu sprechen, dann belassen Sie es bei einer schlichten Anmoderation. Mehr nicht. Halten Sie sich mit Meinungsäußerungen dabei strikt zurück. Versuchen Sie nicht dem Gespräch schon eine Richtung zu geben. Lassen Sie die anderen kommen. Die Diskussion dauert lange genug. Sie haben Zeit.

7. Identifizieren Sie Ihren größten Widersacher so früh wie möglich. Provozieren Sie ihn auf nette Art, damit er seine Argumente zu früh verschießt. Wenn Sie Glück haben, handelt es sich bei Ihrem größten Widersacher um eine „starke Persönlichkeit". Die können sich dermaßen provozieren lassen, dass sie Dinge sagen, die sie eigentlich verschweigen wollten. (Dankeschön.) Gehört dazu Mut? Da können Sie wetten. „Ja der Herr Müller. Ist Ihr Friseur krank? Oder warum erzählen Sie uns diese Geschichte?" Das ist ein Beispiel. Wenden Sie es wortgetreu nur an, wenn Sie schon über viel Verhandlungserfahrung verfügen. Und auch nur in dieser Situation. Sonst niemals. Zu gefährlich. Übrigens: Auch „gelächelt" zeigt Ihre Provokation Wirkung.

8. Mischen Sie sich nie in Streitereien anderer Kontrahenten ein. Wenn sich zwei den Schädel einschlagen wollen: Bitteschön. Sind schon zwei Figuren auf dem Schachbrett weniger. Sie sind hier nicht als „Schlichter" aufgerufen, sondern Sie wollen die Verhandlung gewinnen. Streiten sich zwei Kontrahenten unsachlich und vielleicht sogar auf unfaire Art und Weise, ist dies ein Nebenkriegsschauplatz. Gehen Sie nicht darauf. Sie dürfen sich nicht verzetteln. Das fällt manchmal sehr schwer. Man kann am Anfang eines bitterbösen Disputs – mitten in der Verhandlung – auch selten erkennen, ob um der Sache willen gestritten wird oder ob sich nur zwei Hirsche gerade emotional verhaken. Warten Sie ab. Aber was ist, wenn einer dieser Hirsche bereits in Ihrem Lager steht? Sollen Sie ihm dann beistehen? Nein. Denken Sie daran, es soll möglichst nicht offensichtlich werden, dass er bereits mit Ihnen koaliert. Und vermutlich kann er sich ohnedies selbst wehren.

9. Abwarten. Polterer schießen sich meistens selbst ab. Sehr häufig gibt es in der Gruppe den sogenannten „Polterer". Er ist meistens ein Histrioniker, der sich gerne aufspielt, dabei manchmal aufspringt, rumkarjohlt – na: „poltert" eben. Polterer sind häufig im hundertprozentigen Sendemodus. Auch wenn Sie auf ihn reagieren, wird er Sie gar nicht hören. Nein – nicht hören wollen – nicht hören können. Sinnlos, Ihre Kraft an ihm zu verbrauchen. Warten Sie ab. Die Gruppe ist bald so ungeduldig, dass sie ihn von ganz alleine ausgrenzt. Fallenlässt. Was fällt sollte man grundsätzlich fallen lassen. (Sie greifen ja auch nicht in ein fallendes Messer.) Dazu gehört eine große Portion Nervenstärke. Das ist mir sehr klar. Mir hat so ein stark übergewichtiger Polterer in einem Meeting einmal vor Wut die Brille vom Kopf gerissen. Mit Absicht. Wie habe ich reagiert? Na – wie John Wayne eben! Ich habe ihm eine gelangt. Klatsch. Das war nicht gut. Er stand plötzlich ganz verdattert und unsicher da. Mit seinem dicken Bauch. Hemd aus der Hose gerutscht. Und hat fast geheult. Wegen der Demütigung. Obwohl er derjenige war, der den Angriff gestartet hatte, sah die Gruppe das plötzlich nicht mehr. Man schlug sich sofort auf seine Seite. Die Verhandlung habe ich dann auch verloren.

10. Die Zeit ist auf Ihrer Seite! Je länger eine Verhandlung dauert, desto besser. Notfalls sorgen Sie für künstliche Verzögerungen. (Pausen einfordern, nachfragen, obwohl Sie das Argument eigentlich schon kapiert haben.) Wenn den Diskutanten die Verhandlung zu lange dauert – „Jetzt müssen wir aber endlich zum Punkt kommen" – gehen Sie nicht darauf ein. Drängeln Sie nicht. Verzögern Sie. Je länger eine Verhandlung dauert, umso mehr Zeit haben Sie, Ihre Strategie zu optimieren, und umso mehr haben Sie Zeit, Ihre Gegner richtig in die Typ- und Persönlichkeitsskala einordnen. Hinzu kommt: Weil Sie sich im Verlauf der Diskussion nicht haben herausfordern lassen, alle anderen aber bereits „gespuckt und gegeifert" haben (sorry), sind Sie deutlich wacher. Es ist sehr anstrengend, seine Emotionen auszuleben. Das kostet Energie. Unterschätzen Sie daher nicht den Faktor Müdigkeit. Viele Menschen wollen aus Müdigkeit irgendwann eine lang diskutierte Sache zum Ende bringen und machen am Schluss einer Verhandlung gerne deutlich mehr Konzessionen als am Anfang.

11. Billige Siege einkassieren! Manchmal sind Sie ganz überrascht, warum Ihnen ein Gegenspieler urplötzlich beispringt. Er kippt um, ohne dass Sie damit gerechnet haben und ohne dass es dafür einen sachlich erkennbaren Grund gibt. Manchmal macht er auch gar kein Hehl daraus, „dass ihm die ganze Angelegenheit langsam auf den Geist geht". (Vielleicht hat er Karten für ein Fußballspiel oder muss seine Kinder aus der Schule abholen?) Plötzlich kippt er. Jetzt werden Sie erleben, dass die Moralisten unter Ihren Kontrahenten sehr herb darauf reagieren. Sie haben ja einen Mitstreiter verloren und schlimmer noch: Aus Gründen, die keiner versteht. Man wirft ihm alles Mögliche vor. Ein Umfaller. Ein Mann ohne Prinzipien, ohne Moral und ohne Ehre. Ein „Weichei". Kann ja alles stimmen. Auch wenn er ein ganz schlimmer Finger ist – ganz ohne Moral und Ehre – so kann Ihnen das wirklich völlig schnurz sein. Hauptsache er ist in Ihrem Lager gelandet. Aus welchen Gründen auch immer. Das ist ein billiger Sieg. Bitterer Lorbeer. Aber gut. (Sie haben ja nicht verhandelt, um darüber zu entscheiden, ob Russland morgen mit Biowaffen angegriffen werden soll oder nicht. Entrüsten Sie sich nur wegen wirklich wichtiger Dinge im Leben.)

12. Arbeiten Sie stark mit Relationen. Geben Sie dem Gehirn Ihres Gegenübers immer einfache Vergleichsmöglichkeiten. Das Gehirn möchte schnell erkennen und gibt Schnelligkeit vor Genauigkeit den Vorrang. Wenn das Gehirn einen Vergleich gefunden hat, dann fällt ihm das „Erkennen" sehr viel leichter, und das „Glauben" ebenfalls. Relationen können richtig gebildet werden – oder bewusst falsch. „80 Prozent der Wähler halten den Wahlsieg in Hamburg für eine Bestätigung der Regierungsarbeit in Berlin." Klingt ganz gut. Ist aber bewusst irreführend. Gegenwehr: „60 Prozent der Wahlberechtigten sind gar nicht erst zur Wahl erschienen. Das verschweigen Sie. Wir können also überhaupt nicht wissen, wie alle Hamburger Wahlberechtigten (nicht „Wähler") über die Regierungsarbeit denken". „95 Prozent unserer Kunden sind mit unserer Dienstleistung sehr zufrieden." Gegenwehr: „Na und? Vielleicht befinden sich unter den fehlenden 5 Prozent ja gerade unsere zehn größten Kunden?" „Wir möchten bei bestimmten komplexen Projekten mehr Mitspracherecht der gesamten Task-Force, wenn es um die Umsetzung geht." Eine berechtigte Forderung. Gegenwehr: „Eine Firma kann nicht basisdemokratisch geführt wird, weil wichtige zeitkritische Entscheidungen dann viel zu lange dauern würden." Das stimmt wohl. Bezieht sich aber nicht auf die ursprüngliche Forderung. Es wurde ja nicht gefordert, dass bei allen Entscheidungen jeder mitreden darf. Nur bei ganz bestimmten Projekten. Die Relation wurde hier bewusst falsch gewählt. Ein Beispiel:

Während des Schreibens las ich im April 2011 auf meinem Webbrowser die Meldung: **Tripolis brennt!** *Ich eilte zum Fernseher. Was stellte sich heraus – die Meldung hätte richtigerweise gelautet: Es brennt in Tripolis an mehreren Stellen. Sic.*

13. Nutzen Sie „Priming". Priming kann man im weitesten Sinne mit „Prägung" übersetzen. Menschen werden unbewusst von Umgebungsbedingungen stark beeinflusst. Die können Sie in einer Diskussion aber schlecht herbeiführen. Der Meetingraum ist nun mal so ausgestattet wie er eben ausgestattet ist. Viel lieber würden Sie dieses Gespräch mit Heimvorteil führen. Vielleicht zu Hause. Vor Ihrem Kamin. Geht aber gerade nicht. Sie müssen also eine „virtuelle Umgebungsbedingung" herstellen. Eine Umgebungsbedingung, in der Ihre Kontrahenten sich irgendwie wohlfühlen. Wie geht das? Ganz einfach. Erzählen Sie zu Anfang eine nette, kurze Anekdote. Lassen Sie alle einfach mal schmunzeln. Wenn Sie ein guter Witzerzähler sind (ich bin das leider gar nicht), dann dürfen Sie auch ruhig Gelächter erzeugen. Muss der Witz zum Thema passen? Wäre schön – ist aber nicht zwingend. Hauptsache Sie nutzen den eigenartigen Effekt aus, dass Menschen, die einmal gelacht haben, sich unbewusst besser fühlen. Befreiter. Wohlwollender. Milder gestimmt sind. Natürlich stimmt es, dass oft das sowieso vorhandene „gute Gefühl" zur Heiterkeit führt. Aber umgekehrt funktioniert es lustigerweise auch. Ich lache – und fühle mich plötzlich besser. Den Zusammenhang mit der folgenden Diskussion erkenne ich gar nicht. Wir sind eben sehr schlecht darin, Wirkungen die richtigen Ursachen zuzuordnen. Das dürfen Sie ruhig ausnutzen. Seien Sie jetzt aber vorsichtig mit Ihrer Lebenserfahrung. Natürlich kennen Sie diesen Effekt schon. Aber dass er in den meisten Fällen auch wirkt, man ihn sogar als Baustein einer Strategie einsetzen kann – das empfehle ich stark zu verinnerlichen.

14. Ankerheuristik. Jetzt merken Sie etwas. Alle irrationalen Verhaltensweisen aus den Gesetzen der Verhaltensökonomie können Sie umdrehen – und für sich arbeiten lassen. Wenn Sie eine falsche Bezugsgröße in die Diskussion einbringen, werden Ihre Mitdiskutanten dazu verleitet, Äpfel mit Birnen zu vergleichen. Sie setzen nämlich nicht vergleichbare Informationen miteinander in Bezug.

15. Give peace a chance. Last but not least: Schließen Sie nach einem Sieg immer Frieden mit Ihren Feinden. Man trifft sich bekanntlich immer zwei Mal im Leben.

9.
Das ultimative Mittel gegen Manipulation – Gelassenheit

Gelassenheit ist die wirksamste Geisteshaltung gegen Manipulation. Was sich zunächst ein wenig profan anhört, hat doch sehr große Implikationen. Zum Einstieg eine Geschichte, die zeigt, dass Gelassenheit in kritischen Situationen überlebensnotwendig ist:

An diesem kalten Wintermorgen am 15.1.2007 in New York City ist Flug 1549 zu einem Routineflug nach Charlotte, North Carolina, gestartet. Es kommt zu einem Ereignis, das die 155 Passagiere und fünf Besatzungsmitglieder in einem Airbus A 320 nie vergessen werden. Hören wir den Originalfunkverkehr zwischen den verschiedenen Airtraffic Controllern und dem Piloten:

„Cactus 1549. Seven hundred, climbing to fivethousand."

Der Pilot Chesley B. Sullenberger meldet seine über 70 Tonnen schwere Maschine mit dem Rufzeichen „Cactus 1549" vom Controller des Airports LaGuardia ab, um auf seine nächste Flughöhe zu kommen: „Fivethousand."

„Cactus 1549 New York departure radar contact climb and maintain one fivethousand." –

„Maintain one five thousand Cactus 1549" – „Cactus 1549 turn left heading two seven zero."

„– ah – this is – uh – Cactus 1549 – hit birds – we lost thrust in both engines. We are turning back towards LaGuardia." –

„Okay – yeah, you need to return to LaGuardia. Turn left heading of – uh – two two zero." –

„two two zero" – „Tower. Stop your departures we got an emergency returning. It's 1549 it's a – ah – bird strike. He lost all engines. He lost thrust in the engines. He is returning immediately." – „Cactus 1549 nine. Which engines?
„ – „He lost thrust in both engines he said" – „Got it" – „Cactus 1549. If

we can do it to you, do you want to try to land runway one three?" – „ We are unable. We may end up in the Hudson." – „Okay Cactus 1549 it's going to be left traffic to runway three one." – „Unable „ – „Okay, what do you need to land?" –

„Cactus 1549. Runway four is available if you want to make left traffic for runway four" – „ I am not sure we can make any runway. Oh – what's over to our right? Anything in New Jersey, may be Teteboro?" – Okay – yeah – off to your right side is Teterboro airport. Do you want to try to get to Teterboro?" – „Yes" – „Teterboro – uhh – Empire actually LaGuardia Departure got an emergency inbound." – „– Okay – go ahead" „Cactus 1549 over the Georg Washington bridge wants to go to your airport right now." – „He wants to go to our airport. Check. Does he need any assistance?" – „Ah yes, ah – he had a bird strike. Can I get him in for runway one?" – „Runway one. That's good." – „Cactus 1549. Turn right two eight zero. You can land runway one at Teterboro." –

„We can't do it". – „Okay, which runway would you like at Teterboro?" -

„We are gonna be in the Hudson" –

„I am sorry, say again Cactus?" –

Dann nur noch Stille.

Chesley Sullenberger sitzt jetzt am Steuer eines Segelflugzeuges, mit 155 Passagieren und fünf Besatzungsmitgliedern an Bord, Gewicht über 70 Tonnen. „Birdstrike." Vogelschlag. Beide Triebwerke haben ihren Dienst eingestellt. „Double flame out." Er bricht den Funkverkehr mit dem Controller ab, um sich nur noch auf die Wasserlandung mit einer voll besetzten und voll getankten A 320 auf dem Hudson River in New York zu konzentrieren. Dieses Manöver wird im Simulator selten oder nie geübt. Er ist jetzt darauf angewiesen, dass er seine jahrzehntelange Erfahrung und Ausbildung in Se-

kunden abrufen kann. Und nicht die Nerven zu verlieren. Sullenberger ist 59 Jahre alt.

Der Rest ist Geschichte. Sullenberger schafft es, seine Maschine sauber auf der Wasseroberfläche des Hudson Rivers aufzusetzen, inmitten des New Yorker Häusermeers. Eine fliegerische Meisterleistung ohne Beispiel. Alle Passagiere und die Crew entkommen mit heilen Knochen einer Katastrophe. Die Bilder der Menschen, die auf den Tragflächen der Verkehrsmaschine ausharren, bis sie von Rettungskräften geborgen werden, sind weltweit über die Bildschirme geflimmert. Wir erinnern uns alle noch daran. Nun – wenn Sie den Tonfall von Sullenberger auf dem Original-Tonband der Flugsicherung hören, können Sie es fast nicht glauben: Ruhig. Trocken. Kein Zittern in der Stimme. Im Angesicht des (fast) sicheren Todes: Absolut cool und konzentriert. Gelassen. (Den Original-Ton können Sie auf meiner Homepage www. vertriebslabor.ch hören.) Was machte Sullenberger so gelassen? Ganz einfach. Er verfügte über eine ungeheure Routine.

Routine bekomme ich durch: Lernen, Versuchen, Irrtum, Lernen, Versuchen, Irrtum etc. Irgendwann klappt es. Wie Autofahren. Aber nicht morgen. (Sind Sie einverstanden?) Routine im Erkennen von Manipulation und im Umgang mit Strategien gegen Manipulation entsteht natürlich am besten mit einem guten Trainer an Ihrer Seite. Denn ich glaube mal, dass Sie – genau wie ich – ohne einen Anstoß von außen dazu neigen, „Dinge" zu verschieben. Auf die lange Bank. Wie die Steuererklärung oder die unaufgeräumte Garage. Leider stehe ich aber im Moment nicht neben Ihnen. (Oder zum Glück. Wie man's nimmt.) Sie müssen es also selbst versuchen. Das geht. Ist aber nicht ganz einfach. Nochmals: Routine bekommt man nur durch Versuch und Irrtum. Ohne Routine werden Sie bei der Anwendung der vielen gut gemeinten Ratschläge aus diesem Buch aber nie wirklich „echt" rüberkommen. Als Person mit gelassener Präsenz.

Im Tunnel des Adrenalinschocks

Gelassenheit brauchen Sie, wenn Sie eigentlich aufgeregt sein müssten. Die meisten Menschen, die ich danach frage, bezeichnen sich als im Großen und Ganzen „gelassen". (Mit Verlaub: das bezweifele ich.) Gelassen zu sein in einer Situation, die mir nichts abfordert, die meinen Adrenalinspiegel nicht ansteigen lässt, ist ganz einfach. Jeder kann das. Kein Problem. Wie schnell man jedoch seine „Gelassenheit" verlieren kann, zeigt sich nur in Stresssituationen. Dann zum Beispiel, wenn Sie erkennen, dass jemand versucht Sie gerade kräftig zu manipulieren. Das ärgert Sie ungemein. Sie fühlen sich unfair behandelt. Sie regen sich darüber auf. Damit war der Manipulierer aber schon zu 50 Prozent erfolgreich. Zwar haben Sie seine perfiden Manipulationsversuche erkannt – vielleicht weil Sie dieses Buch gelesen haben – aber trotzdem: Ihr Adrenalin ist hochgeschwappt. Sie können nicht mehr gut wahrnehmen. Sie kennen das ja schon: Der Hormoncocktail, den Mutter Natur Ihnen jetzt in guter Absicht eingeschenkt hat, hindert Sie daran, mehrere Abwehrstrategien einigermaßen schnell zu durchdenken. Sie tunneln. Mit allen Ihren Sinnen. Ihnen fällt nichts ein, um den Spieß umzudrehen. Denn es wäre ja höchst intelligent, den Manipulierer nicht erkennen zu lassen, dass Sie ihn schon erwischt haben. Nur so können Sie ihn mit seinen eigenen Waffen schlagen. Den Manipulierer manipulieren. DAS ist die hohe Kunst. (Und er hat's gar nicht gemerkt. Das macht Spaß.)

Kommen wir nach dem Entwickeln von Routine zu einer weiteren Strategie, um Gelassenheit zu erreichen. Um Gelassenheit herzustellen, dann, wenn man sich gerade so schön aufregen wollte. (Nein – keine Angst. Ich schicke Sie nicht zu einem „Hypnotherapeuten". Ihr Bett nach „Feng-Shui" aufzustellen hilft auch nur den wirklich „Gläubigen". Valium werde ich gleichfalls nicht empfehlen.) Ich empfehle einen Weg, der zwar langwierig ist, aber dafür spannend und äußerst effektiv. Mein Credo: Gelassenheit gewinnt man durch Menschenkenntnis und Wissen über den Menschen.

Buchhalter und Kreative im Schädel

Man kann Menschen im Prinzip und mit allem Vorbehalt ganz grob in zwei Gruppen aufteilen. Der Buchhalter löst Aufgaben durch logisches Denken, und der Kreative löst Aufgaben durch wildes Assoziieren. Verantwortlich dafür ist die typabhängig unterschiedliche Verteilung der Rezeptoren für bestimmte Neurotransmitter auf die linke oder rechte Gehirnhälfte. Das Gehirn ist in zwei Hälften eingeteilt. Sehr ähnlich einer Walnuss. Die beiden Hälften sind durch den sogenannten Balken (lat. corpus callosum) gut verdrahtet. Über diesen Balken koordinieren sich beide Gehirnhälften. Früher hat man geglaubt, die linke Gehirnhälfte wäre allein für die Logik zuständig, die rechte nur für die Kreativität. Das ist heute überholt. Es gibt zwar in der Tat einige Bereiche im Gehirn, die dual ausgebildet sind, aber die funken nicht völlig losgelöst vom Rest des Gehirns. Fast jedes Neuron ist mit 10.000 anderen Neuronen verbunden. Mit einigen Bereichen mehr, mit anderen weniger. Trotzdem, ganz falsch ist diese Annahme nicht. Ganz vorsichtig: es scheint so zu sein, dass in der linken Gehirnhälfte eher ein „Buchhalter mit Ärmelschonern" wohnt und in der rechten ein „Kreativer mit Punkerfrisur". Herausgefunden hat man das bei sogenannten Splitbrain-Patienten.

Splitbrain-Patienten sind sehr bedauernswerte Epileptiker, die auf kein Medikament mehr reagieren und bei denen epileptische Anfälle so stark sind, dass jedes Mal Gehirngewebe dabei geschädigt wird. Trennt man den Balken durch, kappt man also den Verbindungsstrang zwischen den beiden Gehirnhälften, lassen diese Anfälle deutlich nach. Natürlich kann man jetzt genau studieren, welche Aufgaben beide Hälften mehr oder weniger dominant haben. Beide „Personen" – der Buchhalter und der Kreative – können sich dann voll austoben. Keiner kontrolliert mehr den anderen. Stellt man diesen Patienten Aufgaben, die zum Beispiel nur durch Kreativität zu lösen sind oder durch wildes Assoziieren, dann lösen sie diese Aufgabe perfekt. Leider neigen sie auch dazu, ihren Lösungen einen quasi absoluten Wahrheitsgehalt zuzumessen. Bei Aufgaben, die nur durch logisches Denken zu lösen sind, übernimmt die linke Gehirnhälfte. Da sich beide Hälften aber nicht mehr gegenseitig kontrollieren können (Was wäre eine Werbeagentur ohne den Controller: Ein absolutes Chaos …), funktioniert die Mustererkennung des Gehirns nicht mehr gut. Sie neigen dazu, Dinge zu „erkennen", die tatsächlich nicht vorhanden sind. Aber trotzdem, auch bei Splitbrain-Patienten arbeitet das Gehirn immer nach einer festgelegten Hierarchie, und zwar nach der Gesetzmäßigkeit:

1. Finde ein Muster.
2. Finde eine Regel.
3. Finde eine Gesetzmäßigkeit.
4. Finde einen Zusammenhang.
5. **Und zwar schnell.**

Wo soll ich suchen?

1. Im Aktualbewusstsein
2. Im Arbeitsgedächtnis
3. Im Kurzzeitgedächtnis
4. Im Langzeitgedächtnis
5. Im Unterbewusstsein

… und jetzt vergleiche!

… und jetzt handele!

Vergessen Sie die armen Splitbrainer jetzt. Diese Hierarchien, nach denen das Gehirn arbeitet, sind so angelegt, dass jede Information – egal über welches Sinnesorgan sie übertragen wird – an zwei wichtigen Organen im Gehirn vorbei muss. Am Hippocampus und am Mandelkern. Der Hippocampus ist der Vorsortierer von Informationen. Er lässt nur Informationen durch, die er für plausibel hält. Den Rest schmeißt er einfach weg. Er prüft aber neue Informationen gleichfalls auf bereits vorhandene Wissensmuster.

Erkennt der Hippocampus (assoziiert er) diese Muster als real in seinem Sinne, „leitet er die Information weiter" an den Mandelkern. Die Amygdala. Die Amygdala „prüft", welche Art von Emotionen vielleicht schon dazu abgespeichert sind, und reichert die Information mit diesen emotionalen Wissensfetzen an.

Was schließen Sie daraus? Natürlich. Keine einzige Information erreicht den sogenannten präfrontalen Cortex (da – wo wir Entscheidungen letztlich treffen), ohne bereits höchst subjektiv mit Emotionen angereichert zu sein. Emotionen, die tief in Ihrem Unbewussten geschlummert haben. Davon haben Sie keinerlei Kenntnis. Und werden Sie auch niemals haben. Leider – diese Informations-Anreicherungen sind nicht geordnet, nicht gewichtet, nicht immer im klaren Zusammenhang mit dem, was Sie gerade erkennen. Sie sind manchmal ein wildes Durcheinander. Muster aus dem Unbewussten werden dabei häufig in einen komplett falschen Zusammenhang gestellt. Und rückwirkend auch noch rationalisiert. Kleines Beispiel gefällig?

Können Sie immer ganz korrekt beschreiben, warum Ihnen manche Menschen spontan sehr unsympathisch sind? Nein. Niemand kann das. Wir glauben das nur, weil diese eigenartige Heuristik einsetzt: Wir rationalisieren rückwirkend. „Ein Verteidigungsminister mit gegelten Haaren entspricht nicht der Vorstellung, die ich von diesem Amt habe." Patsch. Jetzt kämpft der arme Bursche die ganze Zeit gegen dieses Vorurteil. (Ich weiß, er hat bereits aufgegeben). Im Grunde hat er Sie aber vielleicht nur an Ihren Deutschlehrer erinnert. Der, der Sie in der zweiten Klasse immer blamiert hat. Das haben Sie völlig aus Ihrem Aktualbewusstsein verdrängt. Ihr Unbewusstes hat diese Information allerdings noch. Weil Ihr Gehirn aber tunlichst Verwirrungen vermeiden will, stellt es einen Zusammenhang her, der zwar beruhigt, aber völlig falsch ist. Damit Ruhe auf der Gorch Fock ist. Basta.

Mit dem Mandelkern ins Unbewusste

Also dominieren Emotionen doch alles? Ja. Emotionen sind prinzipiell stärker als der Verstand. Ohne Emotionen, also ohne die positive Begleitung durch den kompletten Apparat des limbischen Systems wären wir lernunfähig. Und damit meine ich nicht nur Schul-Lernen, sondern das ständige Verarbeiten von neuen Erfahrungen. Lebenslang. Hat sich ein Vorurteil einmal gebildet (weil es sich zu einem Zeitpunkt, den wir nicht mehr erinnern – verbunden mit Glücksgefühlen – ins Langzeitgedächtnis gegraben hat), ist es fast unauslöschlich und begleitet uns ein Leben lang. Sie haben sicher schon gehört, dass es letztlich unsere Neurotransmitter sind, die über unsere Gefühlswelt bestimmen. Es sieht im Moment so aus, als wenn sich in der rechten Gehirnhälfte mehr Rezeptoren für Dopamin und Serotonin befinden als in der linken. Dopamin ist unter anderem dafür zuständig, unsere Vorfreude und unsere Begeisterung zu erzeugen. Es ist das wahre Glückshormon. Serotonin erzeugt eher eine Art von großer Zufriedenheit. Man könnte es als Zufriedenheitshormon bezeichnen.

Die Unterschiede zwischen diesen Typen Buchhalter und Kreative sind nicht gigantisch. Nur Nuancen. Aber die reichen schon aus, um einen Menschen eher in die linke oder eher in die rechte „Ecke zu stellen". Wenn Sie dies wissen, können Sie gelassener sein. Treffen Sie in einem wichtigen Gespräch nun auf den Kreativen (Sie selbst sind aber mehr der Buchhalter), dann fällt es Ihnen leichter, ihn so zu nehmen wie er ist. Sie halten ihn dann nicht mehr für einen „Blödmann" – nur weil sein Büro aussieht wie ein Müllabladeplatz. Umgekehrt gilt das gleiche. „Er kann ja nichts dafür." (Der Depp.) „Und manipulieren kann DER mich schon lange nicht."

Gelassenheit ist zum einen der Gemütszustand, den Sie brauchen, um Manipulation überhaupt zu erkennen. Sie ist die Grundlage. Und sie ist zum anderen der Gemütszustand, in dem Sie Manipulation abwehren können. Ohne diese Grundlage werden Sie sich schwerlich – auch mit Routine – an die vielen Aspekte dieses Buches erinnern können, wie Sie erfolgreich dagegen vorgehen können, wenn Sie manipuliert werden. (Sie fallen jetzt nicht mehr auf obskure esoterische Erklärungsfantasien herein. Ist ja auch schon etwas.) Sie denken, mit Schlagfertigkeit in Diskussionen und Verhandlungen weiter zu kommen als mit einer gelassenen Haltung? Sehen Sie: „Schlagfertigkeit" ist ein sehr stumpfes Schwert. (Mir jedenfalls fallen die vielen Metaphern und der Wortwitz, wie sie „schlagfertige" Redner parat haben, im Streit gar nicht erst ein. Aber hinterher immer.)

Mit Seneca gegen Manipulation

Gelassenheit ist also das beste Mittel gegen Manipulation. Aber wie erreiche ich das? Gelassen bleiben. Das ist leichter gesagt als getan. Wie bereits erwähnt führt Wissen über den Menschen und sein ziemlich gut vorhersagbares Verhalten zu Gelassenheit. Das ist ein langer Weg – je nachdem wie konsequent ich ihn gehe. Eine Abkürzung finden Sie in der Philosophie der Stoiker. Sie können die komplizierten philosophischen Gedankengänge der meisten Stoiker getrost ignorieren. Nehmen Sie sich einfach Seneca vor. Seneca hielt Zorn für eine Art des Wahnsinns. „Wir werden weniger zornig sein, wenn wir weniger (von anderen Menschen) erwarten." Anders gesagt: Je mehr ich über andere Menschen weiß, desto weniger können sie mich manipulieren.

Seneca will uns sagen, dass die Ängste vor vielleicht eintretenden Katastrophen größer sind als das Entsetzen über ein tatsächliches Unglück – und das es eine Vergeudung von Lebensfreude ist, sich in ängstlichen Szenarien zu verlieren, statt sie sich einmal als tatsächlich real und objektiv wahrscheinlich vorzustellen. *„Was eine lange Reihe von Geschlechtern unter mancherlei Anstrengungen, doch von der Huld der Götter begünstigt, aufgerichtet hat, das lässt ein einziger Tag in alle Winde verfliegen. Alles Menschenwerk ist zur Vergänglichkeit verurteilt, wir leben inmitten einer Umgebung, der keine Dauer beschieden ist. Wenn du aller Bekümmernisse ledig werden willst, so stelle dir vor, dass alles, wessen Eintreten du befürch-*

test, auch unbedingt eintreten wird. " Seneca fordert uns auf, jeden Tag nur ein kurzes Weilchen an die Macht der Schicksalsgöttin zu denken und uns mit dem Gedanken anzufreunden, dass wir nichts vorhersagen können, dass schon die nächste Stunde das Leben tragisch verändern könnte.

Es ist auch eine eigentümliche Angewohnheit von uns Menschen, bei Verletzungen der Seele immer zuerst eine Absicht dahinter zu sehen. Natürlich würden wir auch nicht „beleidigt" sein, wenn es regnet. Aber es würde uns vermutlich treffen, wenn ein Freund einen geliehenen Geldbetrag nicht rechtzeitig zurückzahlt. Wir sind manchmal durch harmlose Ereignisse gekränkt. Durch ein Lachen an falscher Stelle von einem Kollegen, durch vermeintliche Zurückweisung durch einen Vorgesetzten, durch hinterbrachte Gerüchte, die sich fast immer automatisch von selbst grotesk vergrößern. Seneca vergleicht das Unglück mit dem Tier in der Schlinge, sie zieht sich immer fester, je mehr das Tier dagegen ankämpft. *„Es gibt nur ein Erleichterungsmittel gegen den Druck schwersten Unglücks: Geduld und Fügsamkeit."* Dies ist aber beileibe kein Aufruf Senecas zur Passivität. Im Gegenteil. Aber: Das Beste ist zu ertragen, was man nicht besser machen kann!

Wenn man sich dieser Gedankenwelt einmal näher zuneigt, dann wird man feststellen, dass sich bei einer gelassenen Grundhaltung im Gegenteil Optimismus ausbreitet, Ruhe, Heiterkeit und Kraft wächst. Diese Ruhe kann so stark und positiv sein, dass sie sich auf andere Menschen überträgt. Sie hat etwas tröstend Anziehendes und sendet kraftvolle Signale. Menschen, die innere Ruhe ausstrahlen, werden seltener Opfer gezielter Manipulation. Man traut sich nicht recht sie zu manipulieren. Und man fürchtet deren Gelassenheit mehr als deren Zorn. Menschen mit einer gelassenen Grundhaltung nehmen andere nicht mehr so ernst. (Sich selbst aber auch nicht mehr.) Das entspannt schwierige Situationen deutlich und versetzt Sie erst in die Lage, Manipulation von einem Profi zu durchschauen.

10.
Schlafen Sie drüber

In den vorangegangenen Kapiteln habe ich Ihnen viele überraschende Beispiele irrationalen Verhaltens geschildert. Natürlich – das würde Ihnen
sicher alles nie passieren. Sie können sich verteufelt noch einmal nicht
vorstellen, dass ein „denkender Mensch" auf diese Manipulationen hereinfallen könnte. Nicht im Leben. Sie befinden sich jederzeit im „Hier und
Jetzt" – treffen keine irrationalen Entscheidungen und lassen sich vor
allem nie dazu manipulieren, etwas zu tun, was Sie eigentlich nicht tun
wollten. Das mag schon sein. Vielleicht sind Sie ja ein physiologisches
Wunder. Ein Mensch, dessen mentale Verarbeitungskapazität weit über die
anderer Spezies hinausgeht. Denn dann könnten Sie mit Ihrem Aktualbewusstsein erheblich mehr Gedanken parallel verarbeiten als andere Menschen. (Schreiben Sie mir. Wir gehen gemeinsam nach Stockholm. Zum
Nobelpreiskomitee. Scherz beiseite.)

Die wirklich spannende Frage ist: Gibt es Gründe dafür, warum wir so häufig auf Manipulationen hereinfallen oder warum wir uns so oft selbst manipulieren? Ja – die gibt es, und es sind tatsächlich physiologische Gründe.
Wir sind nämlich gar nicht so clever wie wir von uns selbst annehmen. Wir
sind tatsächlich ziemlich beschränkt. Was in unserem Aktualbewusstsein
abläuft, ist selten das, „was ist", sondern häufig das, „was unser Gehirn
für plausibel hält". Unser Aktualbewusstsein (ihres auch …) ist – entgegen
allen Annahmen – überhaupt nicht in der Lage, mehr als fünf oder sechs
Informationen gleichzeitig zu verarbeiten. Die Verarbeitungskapazität dieses Bewusstseins ist grässlich beschränkt. Wenn Sie bewusst lesen würden
(dieses Buch zum Beispiel), dann bräuchten Sie vermutlich Jahrzehnte, bis
Sie diesen Text entschlüsselt hätten. Sie würden mühsam Buchstabe für
Buchstabe zusammensetzen zu Wörtern. Diese Wörter zu einem Satz. Den
Satz grammatikalisch in einen verständlichen Kontext setzen, die Fakten
von Metaphern versuchen zu trennen. Sprichworte decodieren auf ihren
tieferen Sinngehalt („Der Kandidat warf das Handtuch" ist ein schönes
Beispiel für eine Doppeldeutigkeit, die erst entschlüsselt werden muss)
und dann alles in eine Reihenfolge übersetzen, der sich Ihnen irgendwie
erschließt. Na klar – so lesen Sie nicht. Aber wie lesen Sie sonst? Könnte

es sein, dass schon beim „einfachen" Vorgang des Lesens Bereiche Ihres Bewusstseins mitarbeiten, die mit bloßem Nachdenken gar nicht nachzuvollziehen sind? Bereiche Ihres Gehirns, die ganz automatisch mit Ihrem bewussten Denken kooperieren, es vielleicht sogar erst möglich machen? Und was wären das dann für Bereiche? Sie vermuten schon, worauf ich hinauswill.

Wir sind am Schluss dieses Buches wieder beim Unbewussten angekommen. Dem gigantischen Datenspeicher Ihres Gehirns, der Ihnen hilft, wahrzunehmen, Ideen zu entwickeln, Pläne zu machen, Entscheidungen zu treffen. Gigantisch ist der Speicher tatsächlich. Psychologen haben das mal umgerechnet. Dazu gibt es Verfahren, die ich hier aber nicht weiter erläutern will. Sie sind kompliziert und tun für das Verständnis dieses Buches nichts zur Sache. Nur kurz: Man verwendet dazu das binäre Zahlensystem und rechnet Sinneseindrücke in die Computersprache um. So kann man sehr gut feststellen, dass Sie gerade nicht mehr als 60 Bits/Sekunde parallel verarbeiten. (Ja Sie. Sie als Leser. Während Sie diesen Text lesen.) Ist das jetzt viel oder wenig? Es ist niederschmetternd wenig. Wir können das deutlich besser. 11,2 Millionen Bits/Sekunde scheint eine Grenze zu sein, bei der wir aussteigen. 11,2 Millionen Bits/Sekunde können wir verarbeiten. Schon alleine der Sehsinn verbraucht davon etwa zwei Drittel. Nur: Wenn diese Verarbeitungskapazität ganz offensichtlich nicht in unserem Aktualbewusstsein abläuft – wo dann? Natürlich: Im Unbewussten. Dort, wo es eine riesige Großraumküche gibt, die alle Sinneseindrücke Ihres Lebens zusammenkocht. Seit Geburt – und tatsächlich auch schon davor. Nach Rezepten, die Sie nie erfahren werden, und mit Gerichten, die Sie nie bestellt haben. Serviert wird auch nicht nach festen Rhythmen. Den Koch werden Sie nie kennenlernen, den Kellner auch nicht. Der Zugang zur Küche ist Ihnen vollständig verborgen – und das wird auch immer so bleiben. Aber eins ist sicher: Diese Küche ernährt Sie. Ohne sie würden Sie mental völlig verhungern und hätten nicht mehr Intellekt als eine Amöbe. (Das wäre fatal für mich. Amöben kaufen keine Bücher.)

Kann man das auch in Prozentzahlen ausdrücken? Wie viel Prozent unseres Gehirns kann man in der Abteilung „Unbewusstes Denken" vermuten? Wie viel Prozent gehören dem sogenannten Oberkommando? Dem Großhirn? Tja – leider – 99 Prozent der Verarbeitungskapazität und der Verarbeitungsfähigkeit des Gehirns sind uns vollständig unbewusst, finden sich ergo in der Abteilung fürs Unbewusste wieder. Das ist eine heftige Behauptung. Wirklich messen wird man das nie können. Es ist nur ein Näherungswert – aber im Grunde spielt es gar keine Rolle, ob es nun 95,7 Prozent oder 99 Prozent sind. Es ist auf jeden Fall ein ganz erheblicher Prozentsatz. Der überwiegende.

Im Unbewussten werden innere, aber auch äußere Eindrücke zusammengekocht. Zu einer manchmal ausgezeichneten Nahrung – sie wird uns dann als „tolle" Idee serviert und schmeckt köstlich. Oder eben nicht: Es gibt leider heute nichts zu essen. (Keine „tolle Idee" erleuchtet uns …) Das wäre nicht weiter schlimm, denn etwas Diät tut uns allen ja gut. Nur: Ab und zu – wenn wir Hunger haben auf „tolle Ideen" – spielt uns der Koch des Unbewussten einen Streich: Es gibt Fertigpizza. Grusel. Wir essen sie zwar, weil wir großen Hunger haben – aber sie macht unsere Gedanken nicht fitter. Nur fetter. Kein Erkenntnisgewinn. Jetzt habe ich oben gesagt, dass Ihnen der Zugang zu dieser großen Küche für immer verborgen bleiben wird. Das stimmt auch. Sie können noch so lange suchen, Sie werden den Weg in diese Unterwelt des Gedächtnisses und der Gedanken niemals finden. (Mentaltrainer behaupten zwar das Gegenteil – aber es gibt weit absurdere Sachen, für die Menschen Geld ausgeben. Es sei ihnen also jeder Euro Honorar gegönnt. Und schließlich können Sie sich dabei zwei Tage köstlich unterhalten. Leider: Es ist und bleibt Quatsch. Unsinn reinsten Wassers.)

Wenn Sie aber den Zugang zur Großraumküche Gehirn nicht finden können, gibt es dann eine andere – direkte – Methode, um das versammelte Wissen Ihres Lebens wenigstens manchmal besser zugänglich zu machen? So, dass Ihr riesiger Erfahrungsschatz Ihnen aktiv hilft, wenn Sie eine Entscheidung treffen sollen oder wollen? In dem Augenblick? Nein – leider.

Sie müssen einen mentalen Umweg machen. Auf direktem Weg kommen Sie nicht in die „Gehirnküche". Dieser Umweg kommt Ihnen jetzt vermutlich trivial vor. Möglicherweise nehmen Sie ihn sowieso schon (Oft genug und systematisch ...??): Schlafen Sie eine Nacht drüber!

Ihre Großmutter hatte recht. Obwohl sie noch gar nichts über Hirnforschung wusste. Sie hatte recht mit ihrem Ausspruch: „Nichts überstürzen. Eile mit Weile." Warum hatte sie recht? Sie hat schlicht „erfahren", dass gute Gedanken nicht auf Knopfdruck produziert werden können. Aber manchmal kommen sie trotzdem spontan. Wenn man dem Gehirn etwas Zeit gibt. Gehen Sie mit einem Problem also ruhig ins Bett. Oder joggen. Oder nehmen Sie ein entspannendes Bad. Das ist bei Menschen ganz unterschiedlich. Ruhephasen entspannen Sie. Sie machen Sie gelassen. Gelassenheit ist höchste Aufmerksamkeit. Plötzlich „erkennen" Sie. Plötzlich „fällt es Ihnen wie Schuppen von den Augen". Pardauz: Warum habe ich nicht daran gedacht?

Allerdings: Was nicht drin ist, kann das Gehirn auch nicht dazuerfinden. Wenn Sie für Ihre Französischklausur nicht gelernt haben, wird auch Ihr Gehirn keine Vokabeln assoziieren. Wenn Sie nie intensiv über Religion geforscht haben, wird Ihnen auch der „göttliche Funke" nicht kommen. Wenn Sie sich nie mit den Gesetzen der Schwerkraft und der Relativität von Zeit und Raum (ein wenig) beschäftigt haben, wird Ihnen Ihr Gehirn allenfalls Blödsinn vorschlagen. (Ja – das tut's manchmal auch... Zum Beispiel Astrologie und Horoskope.)

Was das Gehirn in Ruhe aber sehr gut kann, ist das Neusortieren von bereits vorhandenen Gedächtnisinhalten. Das Neubewerten davon. Das Ordnen und schließlich das Sichtbarmachen. Nur: Es gilt eben auch für das Gehirn der Satz: Unsinn rein – Unsinn raus. Das Gehirn macht Sie nicht von selbst intelligenter. Auch die so häufig zitierte „Intuition" hat nichts mit Intelligenz zu tun. Das Gehirn kann aber eines sehr gut: In die oben erwähnte Küche gehen, in alle Töpfe gucken, dem Koch am Bart ziehen, den Küchenjungen prügeln und dafür sorgen, dass die Mahlzeiten mit Verspätung zwar, aber dann wirklich lecker und nahrhaft serviert werden. Wieder vorausgesetzt: Sie haben die Einkaufsliste abgearbeitet. Keine Zutaten – keine Intuition. So isses.

Wenn Sie sich also gegen Manipulationen schützen wollen, dann merken Sie sich einen einzigen kleinen Satz (nennen Sie es Mantra meinetwegen): „Heute bleibt die Küche kalt. Heut gehn wir in den Wie...wald." Ergänzen Sie den Satz. Der Werbespruch fällt Ihnen sofort ein. Und schwupps: Jetzt habe ich Ihnen einen sogenannten somatischen Marker gesetzt. Vor wichtigen Entscheidungen wird Ihnen dieser Satz jetzt immer vor dem inneren Auge erscheinen. Sie können nichts mehr dagegen machen.

Der Marker wird Sie daran erinnern, vor wichtigen Entscheidungen zwei Dinge zu tun. Ganz einfach:

1. **Alle in der Zeiteinheit X verfügbaren Informationen zu sammeln.**
2. **Pausen einzulegen, bevor Sie endgültig entscheiden.**

Orientieren Sie sich daran, damit Sie nicht zu oft „im Wienerwald" stehen. Denn der ist zwar sehr schön, aber auch riesig und fast endlos. Sie verirren sich. Und dann erscheint der Manipulator mit seinem Grinsen. Verscheuchen Sie ihn. „Husch Husch – ich muss erst nachdenken." Vor dieser Reaktion hat er Angst. Er ist ein ziemlich feiger Geselle. Er verschwindet dann ganz von selbst.

Haben Sie ein schönes Leben!

Literaturliste

Selbst ist der Mensch: Körper, Geist und die Entstehung des menschlichen Bewusstseins von Antonio Damasio

Der Spinoza-Effekt: Wie Gefühle unser Leben bestimmen von Antonio R. Damasio

Ich fühle, also bin ich: Die Entschlüsselung des Bewusstseins von Antonio R. Damasio

Auf der Suche nach dem Gedächtnis: Die Entstehung einer neuen Wissenschaft des Geistes von Eric R. Kandel

Bauchentscheidungen: Die Intelligenz des Unbewussten und die Macht der Intuition von Gerd Gigerenzer

Der Beobachter im Gehirn: Essays zur Hirnforschung von Wolf Singer

Fühlen, Denken, Handeln: Wie das Gehirn unser Verhalten steuert von Gerhard Roth

Aus Sicht des Gehirns von Gerhard Roth

Anleitung zum Unglücklichsein von Paul Watzlawick

Wie wirklich ist die Wirklichkeit? Wahn, Täuschung, Verstehen von Paul Watzlawick

Der Mann, der seine Frau mit einem Hut verwechselte von Oliver Sacks

Der zählende Mensch. Was Emotionen mit Mathematik zu tun haben von André Frank Zimpel

Der einarmige Pianist: Über Musik und das Gehirn von Oliver Sacks

Abschied vom IQ: Die Rahmen-Theorie der vielfachen Intelligenzen von Howard Gardner

Dem Denken auf der Spur: Der Weg der Kognitionswissenschaft von Howard Gardner

Generation Doof: Wie blöd sind wir eigentlich? von Stefan Bonner und Anne Weiss

Alles Zufall: Die Kraft, die unser Leben bestimmt von Stefan Klein

Massenpsychologie und Ich-Analyse von Sigmund Freud

Zur Psychopathologie des Alltagslebens. Über Vergessen, Versprechen, Vergreifen, Aberglaube und Irrtum von Sigmund Freud

Der Teil und das Ganze von Werner Heisenberg

Blink! Die Macht des Moments von Malcolm Gladwell

Überflieger: Warum manche Menschen erfolgreich sind – und andere nicht von Malcolm Gladwell

Nudge: Wie man kluge Entscheidungen anstößt von Richard H. Thaler und Cass R. Sunstein

EQ. Emotionale Intelligenz von Daniel Goleman

Soziale Intelligenz: Wer auf andere zugehen kann, hat mehr vom Leben von Daniel Goleman

Welcome To Your Brain: Ein respektloser Führer durch die Welt des Gehirns von Sandra Aamodt, Samuel Wang und Lisa Haney

Wie wir lernen: Was die Hirnforschung darüber weiß von Sarah-Jayne Blakemore

Jenseits von Gut und Böse: Warum wir ohne Moral die besseren Menschen sind von Michael Schmidt-Salomon

Süße Träume: Die Erforschung des Bewußtseins und der Schlaf der Philosophie von Daniel C. Dennett

Was zu entdecken bleibt: Über die Geheimnisse des Universums, den Ursprung des Lebens und die Zukunft der Menschheit von John Maddox

Über die Entstehung der Arten durch natürliche Zuchtwahl von Charles Darwin

Das Gehirn: Anatomie, Sinneswahrnehmung, Gedächtnis, Bewusstsein, Störungen von Rita Carter

Psychologie von Philip G. Zimbardo

Der Sprachinstinkt. Wie der Geist die Sprache bildet von Steven Pinker

Das unbeschriebene Blatt: Die moderne Leugnung der menschlichen Natur von Steven Pinker

Einführung in die Kognitive Linguistik von Monika Schwarz

Ich weiß, dass du lügst: Was Gesichter verraten von Paul Ekman

Bedienungsanleitung für ein menschliches Gehirn von Gerald Hüther

Das Gehirn: Von der Nervenzelle zur Verhaltenssteuerung von Richard F. Thompson

Die Suche nach dem Bauplan des Lebens: Evolutionstheorien, Gentechnik, Gehirnforschung von Gerhard Staguhn

Das egoistische Gen von Richard Dawkins

Weitere Bücher für Ihren Erfolg

Winfried Neun
**Warum es uns so schwerfällt,
das Richtige zu tun**
Die Psychologie der Entscheidungen
September 2011
ISBN 978-3-86980-112-4
Preis: 24,80 € • 25,50 € [A] • 37,80 CHF
Art.-Nr. 857
www.BusinessVillage.de/bl/857

In dieser inspirierenden Reise durch unsere Evolution, unsere Emotionen und unser Gehirn werden Sie erkennen, warum wir so anfällig für falsche Entscheidungen sind und was wir dagegen machen können.

Constantin Sander
Change! Bewegung im Kopf
Ihr Gehirn wird so, wie Sie es benutzen.
Mit neuen Erkenntnissen aus Biologie und
Neurowissenschaften
ISBN 978-3-86980-013-4
Preis: 24,80 € • 25,50 € [A] • 37,80 CHF
Art.-Nr. 813
www.BusinessVillage.de/bl/813

Barack Obamas Motto „Change" hat Menschen angespornt und elektrisiert. Aber wie geht eigentlich Veränderung? Leicht verständlich und unterhaltsam belegt Dr. Constantin Sander anhand neuer wissenschaftlicher Erkenntnisse aus der Neuropsychologie und Biologie, wie persönliche Veränderung gelingen kann.

www.BusinessVillage.de

Expertenwissen auf einen Klick

Gratis Download:
MiniBooks – Wissen in Rekordzeit

MiniBooks sind Zusammenfassungen ausgewählter
BusinessVillage Bücher aus der Edition PRAXIS.WISSEN.
Komprimiertes Know-how renommierter Experten –
für das kleine Wissens-Update zwischendurch.

Wählen Sie aus mehr als zehn MiniBooks aus den Bereichen:
Erfolg & Karriere, Vertrieb & Verkaufen, Marketing und PR.

→ www.BusinessVillage.de/Gratis

BusinessVillage
Update your Knowledge!

Verlag für die Wirtschaft